清华经济-金融系列图书

K线技术分析

周　峰◎编著

清华大学出版社
北京

内 容 简 介

为了能够让更多的投资者参透K线，正确地掌握炒股方法，提高投资水平，编者将20年来在实际操作中总结提炼的炒股方法进行归纳。本书首先讲解K线的基础知识，如K线的起源、组成、意义、含义、类型、运用注意事项等；然后通过案例剖析讲解K线的支撑与压力、大阳线实战分析、其他重要单根K线实战分析、见底K线组合实战分析、看涨K线组合实战分析、见顶K线组合实战分析、看跌K线组合实战分析；接着讲解K线抄底实战分析、K线逃顶实战分析、K线整理形态实战分析、K线缺口实战分析；最后讲解K线与成交量实战分析、K线与均线实战分析、K线与趋势实战分析。本书通过解密K线，使读者领会主力操盘的意图，掌握K线的实战运用法则，从而成为股市大赢家。

本书结构清晰、功能详尽、实例经典、内容全面、技术实用，并且在讲解过程中既考虑读者的学习习惯，又通过具体实例剖析，讲解K线运用中的热点问题、关键问题及种种难题。

图书在版编目（CIP）数据

K线技术分析 / 周峰编著 . —北京：清华大学出版社，2022.7(2025.5重印)

（清华经济 - 金融系列图书）

ISBN 978-7-302-60269-9

Ⅰ . ① K⋯ Ⅱ . ①周⋯ Ⅲ . ①股票交易－基本知识 Ⅳ . ① F830.91

中国版本图书馆CIP数据核字(2022)第036830号

责任编辑：李玉萍
封面设计：王晓武
责任校对：张彦彬
责任印制：刘 菲
出版发行：清华大学出版社
    网   址：https://www.tup.com.cn，https://www.wqxuetang.com
    地   址：北京清华大学学研大厦A座   邮   编：100084
    社 总 机：010-83470000   邮   购：010-62786544
    投稿与读者服务：010-62776969，c-service@tup.tsinghua.edu.cn
    质 量 反 馈：010-62772015，zhiliang@tup.tsinghua.edu.cn
印 装 者：大厂回族自治县彩虹印刷有限公司
经 销：全国新华书店
开 本：170mm×240mm   印 张：24.5   字 数：470千字
版 次：2022年8月第1版   印 次：2025年5月第8次印刷
定 价：79.80元

产品编号：076613-01

前言

投资者都知道，股市如战场，输赢就在一瞬间。为了成为股市中的赢家，很多投资者忙着看股评，参加股市沙龙，钻研股票操作图书，可谓乐此不疲。但结果呢？令人遗憾的是，最终效果都不理想。

到底是什么原因造成这种状况呢？究其根源，在于大多数投资者对 K 线理解不够全面、不够深入，不能站在主力的角度去思考 K 线背后的含义、去理解 K 线所预示的多空双方力量的变化。另外，不能把其他分析技术（趋势、均线、成交量）融入 K 线技术中去灵活地应用，从而建立属于自己的交易系统（包括预测系统和买卖决策系统），以实现投资资金每年翻倍增长。

为了能让投资者在充满诱惑、变幻莫测、风云诡谲的股市中保护自己并使自己获胜，本书编者愿意将历经成千上万次"腥风血雨"、悲喜交加的股市实战后所总结的教训和经验，奉献给有志于在充满风险、充满寂寞的征程上默默前行的"征战者"，奉献给屡败屡战、愈挫愈勇并立志最终战胜失败、战胜自我的勇者。

📚 本书特点

特　　点	说　　明
15 章实战精讲	本书体系完善，由浅入深地对股市 K 线战法进行了 15 章专题精讲，内容涵盖了 K 线的基础知识、K 线的支撑与压力、大阳线实战分析、其他重要单根 K 线实战分析、见底 K 线组合实战分析、看涨 K 线组合实战分析、见顶 K 线组合实战分析、看跌 K 线组合实战分析、K 线抄底实战分析、K 线逃顶实战分析、K 线整理形态实战分析、K 线缺口实战分析、K 线与成交量实战分析、K 线与均线实战分析、K 线与趋势实战分析等

续表

特　点	说　明
132 个实战技巧	本书结合股市 K 线战法,讲解了 132 个交易技巧,内容涵盖了在上升趋势中支撑与压力的应用、在下跌趋势中支撑与压力的应用、在横向盘整趋势中支撑与压力的应用、突破大阳线的实战分析技巧、触底大阳线的实战分析技巧、见顶大阳线的实战分析技巧、大阴线实战分析、长十字线实战分析、螺旋桨实战分析、早晨十字星和早晨之星实战分析、锤头线和倒锤头线实战分析、两红夹一黑和上升三部曲实战分析、下探上涨形和上涨二颗星实战分析、黄昏十字星和黄昏之星实战分析、双飞乌鸦和三只乌鸦实战分析、射击之星和吊颈线实战分析、绵绵阴跌形和徐缓下跌形实战分析、下降抵抗形和下跌不止形实战分析、空方尖兵和下降三部曲实战分析、下跌三颗星和断头铡刀实战分析、双底实战分析技巧、头肩底实战分析技巧、圆底实战分析技巧、潜伏底实战分析技巧、V 形底实战分析技巧、双顶实战分析技巧、头肩顶实战分析技巧、圆顶实战分析技巧、尖顶实战分析技巧、K 线整理形态实战分析、底部反转阶段缺口的实战分析、上涨阶段缺口的实战分析、顶部反转阶段缺口的实战分析、下跌阶段缺口的实战分析、成交量图形实战分析、利用均线和 K 线买入实战分析、利用均线和 K 线卖出实战分析、葛兰碧的均线买卖八法则、K 线与趋势线买入实战分析、K 线与趋势线卖出实战分析、K 线与通道线实战分析、K 线与黄金分割线实战分析等
200 多个实战案例	本书结合理论知识,在其讲解的过程中,列举了 200 多个案例,进行分析讲解,让广大投资者在学习理论知识的同时,更准确地理解其意义和实际应用
90 多个技能提示	本书结合股市 K 线战法中遇到的热点问题、关键问题及种种难题,以技能提示的方式奉送给投资者,其中包括 K 线买入技巧、K 线卖出技巧、K 线跟庄技巧等
语言特色	本书从基础知识和基本操作开始讲解,读者无须参照其他图书即可轻松入门;另外本书充分考虑没有基础的读者的实际情况,在文字表述方面尽量避开专业术语,用通俗易懂的语言讲解每个知识点的应用技巧,从而突出容易学、上手快的特点

本书结构

章节介绍	内容体系	作 用
第1章	本章首先讲解K线的基础知识，如K线的起源、组成、意义、含义、类型；接着讲解K线的识别、组合、形态；然后讲解如何快速看明白K线图；最后讲解如何透过K线看大势、K线运用的注意事项	从整体上认识什么是K线，并掌握如何通过K线看大势及运用注意事项，为后面章节的学习打下良好基础
第2章到第8章	讲解K线的支撑与压力、大阳线实战分析、其他重要单根K线实战分析、见底K线组合实战分析、看涨K线组合实战分析、见顶K线组合实战分析、看跌K线组合实战分析	要想在股票市场中成为赢家，必须精通各种K线的实战分析技巧，因为K线战法提供了精准的进场与出场点，可以大大提高投资者的盈利能力
第9章到第12章	讲解K线抄底实战分析、K线逃顶实战分析、K线整理形态实战分析、K线缺口实战分析	要想在股票市场中取得成功，不仅要掌握各种K线的实战技巧，还要熟悉K线抄底、K线逃顶、K线缺口的实战技巧，因为这些实战技巧可以给投资者提供更稳健、更可靠的盈利机会
第13章到第15章	讲解K线与成交量实战分析、K线与均线实战分析、K线与趋势实战分析	投资者在利用K线进行交易时，还要把其他分析技术（成交量、均线、趋势）融入其中，这样可以大大提高投资成功率

本书服务

　　本书赠送的资料均以二维码形式提供，读者可以使用手机扫描下面的二维码下载并观看。其中附送资料共包含2部分。

第1部分包括本书PPT课件，电子书（K线速查手册、炒股软件快捷键速查手册、软件入门手册），股票交易教学视频（炒股的常用理论、成交量分析、均线分析、技术指标分析、识顶和逃顶方法和技巧、趋势线分析、形态分析、选股方法和技巧、识底和抄底方法和技巧）。

第2部分同花顺股票分析软件教学视频，其视频包括同花顺报表分析和财务分析功能、同花顺选股和预警功能、同花顺扩展行情功能、同花顺模炒拟股和实战炒股，还包括自选股、资讯信息及实用功能。

第1部分　　　　　　　　第2部分

📚 本书适合的读者

本书主要适用于刚刚入门炒股，但缺少实战经验的投资者、股票投资爱好者、想提高股市操盘技巧并实现稳步赢利的中长期投资者。本书还可以作为大中专院校的股票投资实训教材；同时也可以作为各大证券、基金、理财等投资公司的业务培训、指导客户、与客户沟通的参考读物或实训教材。

📚 创作团队

本书由周峰编写，下面人员对本书的编写提出过宝贵意见并参与了部分编写工作，他们是张新义、周凤礼、陈宣各、周令、张瑞丽、周二社、王征、周俊庆等。由于时间仓促，加之水平有限，书中的缺点和不足之处在所难免，敬请读者批评指正。

编者

2022年4月

目 录

第1章

K 线技术快速入门

　　K 线是股价历史走势的记录，将每日的 K 线按时间顺序排列起来，就是一张 K 线图。通过对 K 线图的分析，可以得知当前股市多、空力量的对比状况，并能进一步判断出市场多、空双方谁更占优势，以及这种优势是暂时性的还是决定性的，从而预测股市未来的发展趋势。本章首先讲解 K 线的基础知识，如 K 线的起源、组成、意义、含义、类型等；接着讲解 K 线的识别、组合、形态；然后讲解如何快速看懂 K 线图；最后讲解如何透过 K 线看大势、K 线运用的注意事项。

1.1 初识K线

炒股最重要的是要学会看懂 K 线图，即要看懂 K 线这本无字天书，因为 K 线分析是所有投资者入市之初就必须掌握的基础知识。对于短线投资者来说，K 线分析更是其行走市场的重要法宝，甚至是其唯一有效的获利工具。那么，K 线究竟是什么，下面进行详细讲解。

1.1.1 K线的起源

K 线是用来记录交易市场行情价格的曲线，因其形状如同两端有蕊芯的蜡烛，故而在西方被称为蜡烛图（中国人习惯称之为阴阳线）。

K 线起源于日本德川幕府时代的 1710 年以后。当时日本大阪的堂岛大米会所开始经营世界最早的期货合约，K 线就是为记录大米每天涨跌的价格而发明的。

K 线实际上是为考察市场走势提供了一种可视化的分析方法，简洁而直观，虽然不具备严格的逻辑推理性，但是却有相当可信的统计意义。它真实、完整地记录了市场价格的变化，反映了价格的变化轨迹。

经过 300 多年的演化，特别是经过西方社会近 30 来年的推广，K 线技术目前被广泛应用于世界的股票市场、期货市场、外汇市场、黄金白银市场等领域，已成为技术分析中的最基本的方法之一。

1.1.2 K线的组成

K 线是由股价的开盘价、收盘价、最低价和最高价组成的，打开同花顺炒股软件，按下键盘上的 F3，然后按回车键，就可以看到上证指数的日 K 线图，如图 1.1 所示。

图1.1　上证指数（000001）的日K线

图 1.1 显示的是 2020 年 12 月 25 日到 2021 年 4 月 9 日的上证指数（000001）每个交易日的 K 线图。

> 🔊提醒：同花顺炒股软件是完全免费的，并且功能强大，下载地址：http://download.10jqka.com.cn。

从图 1.1 中可以看出，K 线是一条柱状的线条，由实体和影线组成。在实体上方的影线称为上影线；在实体下方的影线称为下影线。实体分阳线和阴线，当收盘价高于开盘价时，实体部分一般是红色或白色，称为阳线；当收盘价低于开盘价时，实体部分一般是绿色或黑色，称为阴线，如图 1.2 所示。

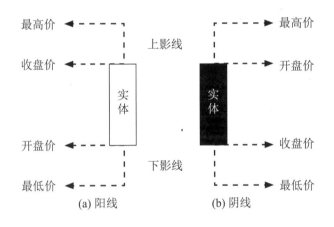

图1.2 阳线和阴线

K 线具有直观、立体感强、携带信息量大的特点，它吸收了中国古代的阴阳学说理论，蕴含着丰富的东方哲学思想，能充分显示股价趋势的强弱，显示买卖双方力量平衡的变化，从而较准确地预测后市。

利用 K 线图，投资者可以对变化多端的股市行情有一目了然的直接感受。K 线图最大的优点是简单易懂，并且运用起来十分灵活；最大的缺点在于忽略了股价在变化过程中的各种纷繁复杂的因素，而将其基本特征显示在投资者面前。

1.1.3 K线的意义

K 线是一本无字天书，是一种阴阳交错的历史走势图，实际上包含着因果关系。从日 K 线图上看，上个交易日是当前交易日的"因"，当前交易日是上个交易日的"果"；而当前交易日又是下个交易日的"因"，而下个交易日是当前交易日的"果"。正是这种因果关系的存在，股评家才能根据 K 线阴阳变化找出股市规律，并以此预测股价走势。

K 线的规律体现为一些典型的 K 线或 K 线组合出现在某一位置时，股价或大盘指数将会按照某种趋势运行，当这些典型的 K 线或 K 线组合再次出现在类似位置时，就会重复历史的走势。如底部出现早晨之星时，股价往往会由此止跌回升，掌握这一规律后，当再遇到底部出现早晨之星时，就可以判断股价反转在即，认真分析行情后可以考虑择机建仓。

K 线的规律是投资者在长期实战操作中摸索出来的，作为新投资者，需要在学习别人经验的基础上，通过实战来提高自己观察和分析 K 线的能力，只有这样才能掌握 K 线的规律，才能灵活地应用 K 线。

1.2　K 线的含义

以日 K 线为例（每个交易日形成一根），一根标准的 K 线，可以反映出每个交易日内的 9 种信息，分别是开盘价、收盘价、最高价、最低价、实体、阳线、阴线、上影线、下影线。

开盘价：又称开市价，是指每个交易日开盘后第一笔买卖成交的价格。

收盘价：又称收市价，是指每个交易日收盘前最后一笔买卖成交的价格。

最高价：是指每个交易日成交价格中的最高价格。有时最高价只有一笔，有时也不止一笔。

最低价：是指每个交易日成交价格中的最低价格。有时最低价只有一笔，有时也不止一笔。

实体：是指开盘价与收盘价之间的波动幅度。

阳线：收盘价高于开盘价，价格上涨，称为阳线。

阴线：开盘价高于收盘价，价格下跌，称为阴线。

上影线：是指位于实体上方，实体与最高价之间的连线。

下影线：是指位于实体下方，实体与最低价之间的连线。

需要注意的是，每根 K 线具有判断和指导意义的主要是实体和影线，具体如下所述。

实体：指 K 线的实体部分，一般是股市买卖气氛和力度的象征。例如，大阳线象征着上涨气氛和买盘力度强烈，大阴线象征着下跌气氛和卖盘力度强烈，小阳线象征着上涨气氛和买盘力度较小，小阴线象征着下跌气氛和卖盘力度较小。

影线：是上涨或下跌过程中被折回后的痕迹。上影线象征着股价的上涨遇到阻挠和反抗，下影线象征着股价的下跌遇到阻挠和反抗。需要注意的是，上、下影线的长度与反抗力度成正比。

为了更好地掌握 K 线，投资者还需要进一步深入了解开盘价、收盘价、最高价、最低价。

1.2.1 开盘价

开盘价是很多投资者深思熟虑一晚后的交易结果，如果没有重大消息的影响，一支股票的开盘价应与昨日的收盘价保持一致，否则就说明开盘价很可能受到主力的干预，至于主力为什么这么做，则需要深入研究与思考。

上交所、深交所定在上午 9:15 到 9:25 开盘，大量买或卖某种股票的信息都被输入计算机内，但此时计算机只接收信息，不撮合信息，即不进行成交。在正式开市前的一瞬间（上午 9:30）计算机开始工作，十几秒后，计算机撮合定价，按成交量最大的首先确定的价格产生了股票当日的开盘价，并及时反映到屏幕上，这种方式就叫集合竞价。

如果集合竞价高于前一个交易日的收盘价，称为高开；如果集合竞价等于前一个交易日的收盘价，称为平开；如果集合竞价低于前一个交易日的收盘价，称为低开。

1. 高开

一般来说，高开很多和低开很多的开盘，都是要冲破数个价位的买卖单，所以成交量也会较同期有所放大。高开如图 1.3 所示。

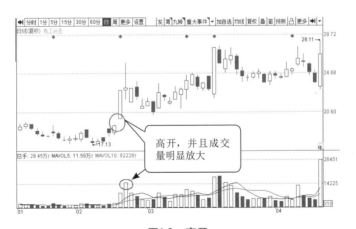

图1.3 高开

2021 年 2 月 19 日（星期五），电工合金（300697）的收盘价为 14.42 元，2 月 22 日（星期一），电工合金（300697）的开盘价为 14.94 元，即高开。需要注意的是，这一天成交量明显放大。

高开的原因有很多种，要根据具体情形加以判断。高开的原因主要有 4 种，分别是内幕交易，主力对倒试盘、拉升或出货，震荡盘整吸筹，拉高吸筹。

　　第一，内幕交易。内幕交易就是主力与自己熟知的人员进行的一场有约定性的交易，例如主力的朋友或利益相关者的筹码需要获利套现，主力便会安排其在集合竞价的状态下进行交易，以完成某种特定意义的利益输送行为。内幕交易常常会在集合竞价阶段完成，即在集合竞价的状态下完成利益输送行为，这是因为此时还无法看到股价当天的运行趋势，一般投资者是不会在昨天收盘价附近挂出大量买卖盘的。此时，在某一高位进行大笔交易，不仅完成的时间非常短，并且不影响股价随后的正常运行，同时也避免在连续竞价中要突破大量买卖盘障碍才能完成该笔交易的麻烦。如果开盘后，股价波动不大，且成交量也恢复正常，那么说明集合竞价中的上述行为只是一次性的利益输送，但这一看盘细节也意味着主力先让利益相关者撤离，此后股价在短期内下跌的可能性相当大。

　　第二，主力对倒盘、拉升或出货。很多时候，主力喜欢通过高开很多的行为，使自己的股票一大早就进入当日股市的"今日涨幅排名"，这样就可以得到短线投机者的关注，而这些数以万计的短线投机者基本上都是职业投资者，通常也都是大户。主力通过高开、量大的特征来吸引市场注意力，无非就是想测试买盘力量，为其后的拉升或出货做好准备。打开同花顺炒股软件，单击菜单栏中的"报价/涨幅排名/沪深A股涨幅排名"命令，就可以看到沪深A股涨幅排名信息，如图1.4所示。

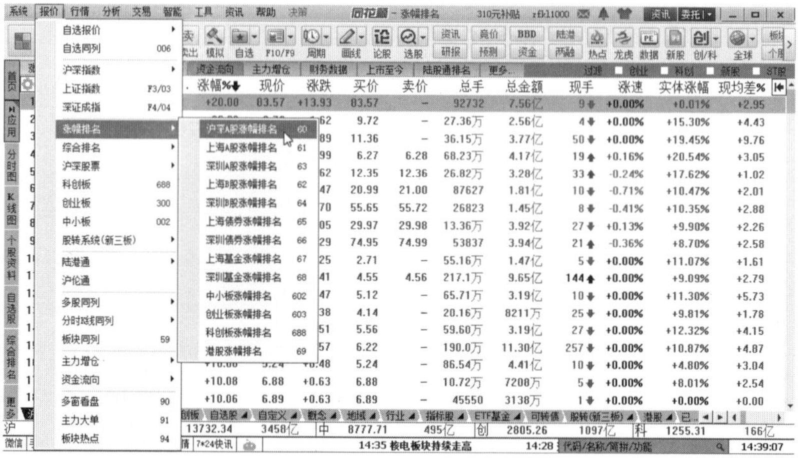

图1.4　沪深A股涨幅排名信息

　　第三，震荡盘整吸筹。在震荡整理过程中，如果个股莫名其妙地高开，并且交易量不大，随后又无声无息地任股价自行滑落，这可能是主力在做开盘价。主力通过制造高开低走的K线图，可以恐吓部分持股者在随后的震荡过程中出局。

　　第四，拉高吸筹。股票高开也可能是主力在采用打压策略而不易获得筹码的情况下，反手所采取的高价收购的策略，其思路是：当股价高开甚至涨停后，必然会引起死气沉沉的持股者的注意，而当涨停板被打开或股价冲高回落之时，汹涌的抛盘就会接连挂出，正好落入主力的口袋，这一现象主要发生在股票的底部区域，特别是新股的底部区域。

2. 平开

平开是最常见的开盘方式，但成交量大的平价开盘还是需要注意的。

成交量大，是相对于同期的成交量来说的，比如开盘第一笔的成交量就达到了前一个交易日成交量的 1/10。这种开盘现象常常有两种可能，具体如下所述。

第一，主力与大户之间的一次内幕交易。大户与主力是相识的，由于种种原因需要将筹码兑现，与主力协商后在集合竞价时间段进行交易。

第二，主力利用自己的几个账户对倒开盘。主力利用自己的多个账户对倒放大量开盘，这样就可以吸引市场投资者，特别是短线投机者的注意力。对倒开盘说明主力有所动作，值得投资者关注，但此时还无法确定主力是想向上大幅拉升股价，还是想诱多出货。

成交量大的平价开盘后进入连续竞价阶段，如果股票恢复了正常，那么说明开盘是第一种情况，没有什么特别的研究意义。如果在连续竞价中出现了不同于以往的非正常交易，那么说明此时的开盘性质属于第二种情况，特别是当盘中出现几次大手笔的交易，但并没有影响股价的正常运行时，主力“做量”的可能性就更大，之后可能会出现放量上冲或放量下行，总之会出现有利于主力后期运作的 K 线图。

在股票的分时走势图中，按下键盘上的“01”，然后按回车键，就可以看到股票当前交易日的成交明细，如图 1.5 所示的是电工合金（300697）2021 年 4 月 14 日的成交明细。

电工合金 300697 成交明细　□筛选　大单下限 200　大单上限　手

时间	成交	现手	笔数	时间	成交	现手	笔数	时间	成交	现手	笔数	时间	成交	现手	笔数
09:15	8.61	11 ←	0	09:20	10.88	53 ←	0	09:30	10.43	57 ↓	19	09:31	10.64	1 ↓	1
09:15	8.58	16 ←	0	09:21	10.88	53 ←	0	09:30	10.48	13 ↑	7	09:31	10.66	5 ↑	1
09:15	8.58	109 ←	0	09:21	10.88	53 ←	0	09:30	10.54	270 ↑	23	09:31	10.69	34 ↑	5
09:15	8.58	125 ←	0	09:21	10.88	56 ←	0	09:30	10.51	59 ↓	19	09:31	10.69	27 ↓	13
09:16	8.58	132 ←	0	09:21	10.88	56 ←	0	09:30	10.55	73 ↑	14	09:31	10.70	15 ↑	4
09:16	8.58	207 ←	0	09:22	10.88	56 ←	0	09:30	10.55	27 ↓	4	09:31	10.71	2 ↑	2
09:16	8.58	244 ←	0	09:22	10.88	56 ←	0	09:30	10.56	35 ↑	10	09:31	10.71	4 ↓	3
09:16	8.58	375 ←	0	09:22	10.84	56 ←	0	09:30	10.60	112 ↑	14	09:31	10.71	125 ↓	19
09:16	8.58	409 ←	0	09:22	10.84	57 ←	0	09:30	10.58	76 ↑	13	09:31	10.70	98 ↓	31
09:16	8.58	426 ←	0	09:23	10.69	110 ←	0	09:30	10.58	19 ↓	2	09:31	10.70	36 ↓	27
09:17	8.58	502 ←	0	09:23	10.69	111 ←	0	09:30	10.58	57 ↓	18	09:32	10.71	26 ↑	13
09:17	8.58	581 ←	0	09:23	10.69	116 ←	0	09:30	10.62	80 ↑	10	09:32	10.70	17 ↓	9
09:17	8.58	581 ←	0	09:23	10.60	132 ←	0	09:30	10.58	28 ↓	8	09:32	10.71	17 ↑	7
09:17	8.58	581 ←	0	09:24	10.60	132 ←	0	09:30	10.57	2 ↑	2	09:32	10.75	195 ↑	13
09:17	10.66	12 ←	0	09:24	10.60	183 ←	0	09:30	10.58	26 ↑	7	09:32	10.77	71 ↓	36
09:17	10.73	12 ←	0	09:24	10.60	216 ←	0	09:31	10.55	3 ↓	5	09:32	10.80	57 ↑	14
09:17	10.66	12 ←	0	09:24	9.08	342 ←	0	09:31	10.60	107 ↑	20	09:32	10.80	198 ↑	10
09:18	10.66	12 ←	0	09:24	10.00	343 ←	0	09:31	10.60	24 ↑	4	09:32	10.81	63 ↑	9
09:18	10.73	12 ←	0	09:24	10.00	374 ←	0	09:31	10.57	30 ↓	4	09:32	10.80	75 ↓	9
09:18	10.76	12 ←	0	09:25	10.44	374 ←	0	09:31	10.56	279 ↑	30	09:32	10.85	35 ↑	7
09:19	10.76	12 ←	0	09:25	10.50	458 ↓	45	09:31	10.58	23 ↑	17	09:32	10.82	16 ↑	4
09:19	10.76	12 ←	0	09:30	10.41	568 ↓	42	09:31	10.60	46 ↑	31	09:32	10.80	48 ↓	8
09:19	10.92	51 ←	0	09:30	10.41	486 ↑	41	09:31	10.62	29 ↑	12	09:32	10.80	77 ↓	4
09:20	10.89	53 ←	0	09:30	10.41	294 ↑	16	09:31	10.65	9 ↑	8	09:32	10.81	302 ↓	28
09:20	10.88	53 ←	0	09:30	10.43	89 ↑	14	09:31	10.65	5 ↑	4	09:32	10.84	10 ↑	5

图1.5　电工合金（300697）2021年4月14日的成交明细

在这里可以看到，时间在 9:15—9:25 时计算机接收股票集合竞价明细，时间在 9:30 时就可以看到连续竞价明细，即开盘成交价格及成交量。

3. 低开

如图 1.6 所示的是华西证券（002926）2020 年 11 月 12 日至 2021 年 4 月 14 日的日 K 线图。2021 年 1 月 15 日（星期五），华西证券（002926）的收盘价为 11.82 元；2021 年 1 月 18 日（星期一），华西证券（002926）的开盘价为 11.46 元，即低开。

图1.6　华西证券（002926）2020年11月12日至2021年4月14日的日K线

低开很多的开盘，常常有 3 种原因，分别是内幕交易、震仓或吸筹、出货。

第一，内幕交易。主力的朋友或利益相关者可能需要拿一些低价筹码，因而主力就会安排其在集合竞价的状态下进行交易，俗称"发红包"。这种现象意味着主力迟早会拉升股价，或者当天就会拉升股价。所以，低开很多的开盘现象值得投资者关注，这从当日"今日跌幅排名"中可以找到蛛丝马迹。它的特征是：低开后股价瞬间回位，可能继续前一个交易日的走势，也可能马上就上涨。

第二，震仓或吸筹。在股票阶段性上涨时，通过使股价低开低走的方式，主力可以诱使抛盘出来以达到震仓的目的。有时震仓的过程可能只有几十分钟，有时也可能会持续几天，这要看主力的计划和策略。如果当时的买盘比较积极，可能股价当天就能还原；如果没有出现适当的成交量，则说明主力没有逼出抛盘，后面会继续震仓。此外，打压吸筹也是主力常用的一种方式，只是它常出现在股票的底部区域。震仓的目的是使震出的股票主要被市场中的其他投资者接走，这样提高持仓成本，便于后面高股价的稳定；吸筹的目的是使震出的股票主要被主力所吸收。

第三，出货。低开出货是最常见的出货方式之一，识别它的前提是个股前期涨幅过大，至于涨幅何谓大、何谓小，每支股票都不能一概而论，需要投资者的识别。当主力要出货时，有时会出现不顾一切的砸盘动作，低开甚至跌停开盘都很正常。

1.2.2 收盘价

收盘价作为一天交易的总结，往往是全天交易最集中，也是多空较量最激烈的一段时间，对下一个交易日的盘面走势具有重要的指标作用。

在股市中，成交量与股价的关系（简称量价关系）历来受到技术分析派的重视。而在成交价四个重要指标（开盘价、最高价、最低价和收盘价）中，最重要的就是收盘价。这是因为在计算各种技术指标时，往往用得最多的是收盘价。此外，尾盘是多空一日拼斗的结果，开盘是序幕，盘中是过程，收盘才是定论。在股市中，临收市前半小时甚至 15 分钟的变化往往对第二个交易日开盘及前一个小时的走势有一定的影响。所以收盘价有一种承前启后的特殊意义，既能回顾前市，又可预测后市。

1.2.3 最高价

最高价是指股票在每个交易日，从开市到收市的交易过程中所产生的最高价格。需要注意的是，我国股市有涨停板制度，即为了减少股市交易的投机行为，规定每支股票每个交易日的涨跌幅度，达到上涨上限幅度的就叫涨停。

当前，主板和中小板股票的涨停为 10%，即 600 开头的股票、00 开头的股票的涨停为 10%。例如，某支股票上一个交易日的收盘价为 59.62 元，那么该股票的涨停价为 65.58 元 [59.62×(1+10%)]，这样该股票的最高价不会超过 65.58 元。

如果主板和中小板的股票 ST 了，那么该股票的涨停为 5%。例如，某 ST 股票前日的收盘价为 10 元，那么该 ST 股票的涨停价为 10.5 元 [10×(1+5%)]，这样该 ST 股票的最高价不会超过 10.5 元。

> 📄 提醒：ST 表示特别处理。如果哪支股票的名字前加上 ST，就是给市场一个警示，该股票存在投资风险，起到警告作用，这种股票风险大收益也大。如果加上 *ST，那么就是表示该股票有退市风险，希望警惕的意思，具体就是在 4 月左右，公司向证监会交的财务报表，连续 3 年亏损，就有退市的风险。

还需要注意，创业板、科创板股票的涨停为 20%，即 300 开头的股票、688 开头的股票其涨停为 20%。例如，某支 300 开头的股票前日的收盘价为 8.10 元，那么该股票的涨停价为 9.72 元 [8.10×(1+20%)]，这样该股票的最高价不会超过 9.72 元。

1.2.4 最低价

最低价是指股票在每个交易日，从开市到收市的交易过程中所产生的最低价格。需要注意的是，我国股市也有跌停板。当前，主板和中小板股票的跌停为 10%，即 600 开头的股票、00 开头的股票其跌停为 10%。例如，某支股票前日的收盘价为 59.62 元，那么该股票的跌停价为 53.66 元 [59.62×(1－10%)]，这样该股票的最低价不会低于 53.66 元。

如果主板和中小板的股票ST了，那么该股票的跌停为5%。例如，某ST股票上一个交易日的收盘价为10元，那么该ST股票的跌停价为9.5元 [10×(1 − 5%)]，这样该ST股票的最低价不低于9.5元。

还需要注意，创业板、科创板股票的跌停为20%，即300开头的股票、688开头的股票其跌停为20%。例如，某支300开头的股票前日的收盘价为8.10元，那么该股票的涨停价为6.48元 [8.1×(1 − 20%)]，这样该股票的最低价不会低于6.48元。

1.3 K线的类型

K线按不同的标准来分，可以划分为不同的类型，下面进行具体讲解。

1.3.1 按形态来分类

按形态来分类，K线可以分为3种，分别是阳线、阴线和同价线。

1. 阳线

阳线，即收盘价高于开盘价的K线，阳线按实体大小可分为大阳线、中阳线和小阳线，如图1.7所示。

2. 阴线

阴线，即收盘价低于开盘价的K线，阴线按实体大小可分为大阴线、中阴线和小阴线，如图1.8所示。

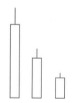
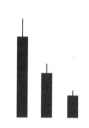

图1.7　大阳线、中阳线和小阳线　　图1.8　大阴线、中阴线和小阴线

3. 同价线

同价线是指收盘价等于开盘价，两者处于同一个价位的一种特殊形式的K线，同价线常以"十"字形和"T"字形表现出来，所以又称十字线和T字线。同价线按上、下影线的长短、有无，又分为长十字线、十字线、T字线、倒T字线和一字线，如图1.9所示。

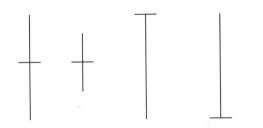

图1.9　长十字线、十字线、T字线、倒T字线和一字线

1.3.2 按时间来分类

按时间来分类，K 线可分为两种类型，即短周期 K 线和中长周期 K 线。其中，短周期 K 线包括 1 分钟 K 线、5 分钟 K 线、15 分钟 K 线、30 分钟 K 线、60 分钟 K 线、日 K 线等。

打开同花顺炒股软件，在日 K 线图状态下，单击工具栏上的，弹出下拉菜单，如图 1.10 所示。

图1.10　日K线图的周期下拉菜单

在下拉菜单中，单击"30 分钟"子菜单命令，就可以看到上证指数的 30 分钟 K 线图，如图 1.11 所示。

图1.11　上证指数（000001）的30分钟K线

中长周期 K 线包括周 K 线、月 K 线、季 K 线、年 K 线。

在下拉菜单中，单击"年线"子菜单命令，就可以看到上证指数的年 K 线图，如图 1.12 所示。

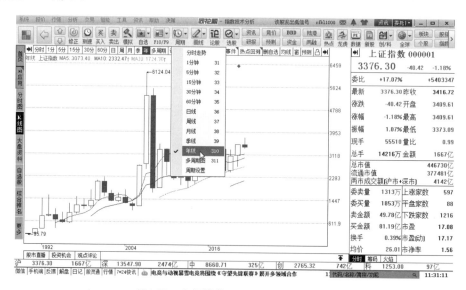

图1.12　上证指数（000001）的年K线

提醒：按下键盘上的F8，可以实现不同分析周期的切换。

不同的 K 线有不同的作用，短周期 K 线反映的是股价短期走势；长周期 K 线反映的是股价超中长期走势。

所有 K 线的绘制方法都相同，即取某一时段的开盘价、收盘价、最高价、最低价进行绘制。如周 K 线，只需找到周一的开盘价、周五的收盘价，一周中的最高价和最低价，就能把 K 线绘制出来。现在计算机软件已相当普及，不需要手工绘制各种 K 线图，但投资者最好懂得其原理及绘制方法，这样对研究判断股票走势是很有好处的。

1.4　K线的识别

无数的 K 线组成了一幅连续的 K 线分析图，但每根 K 线都有其自身的含义。K线可以分为强势 K 线、较强势 K 线、弱强势 K 线和无势 K 线。

1.4.1　强势K线的识别

强势 K 线共有 4 种类型，分别是光头光脚阳线、光头光脚阴线、大阳线和大阴线。注意这些强势 K 线出现在趋势的末端，则很可能盛极而衰，如图 1.13 所示。

光头光脚阳线：意味着极端强势上涨，后市看多。

光头光脚阴线：意味着极端强势下跌，后市看空。

大阳线：意味着强势上涨，后市看多。

大阴线：意味着强势下跌，后市看空。

图1.13　强势K线

1.4.2　较强势K线的识别

较强势 K 线共有 4 种类型，分别是光头阳线、光头阴线、光脚阳线和光脚阴线。注意这些较强势 K 线出现在趋势的末端，则已显示疲软之势，如图 1.14 所示。

光头阳线：意味着较强势上涨，影线表示曾一度遭遇空方反击。

光头阴线：意味着较强势下跌，影线表示曾一度遭遇多方反击。

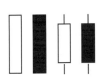

图1.14　较强势K线

光脚阳线：意味着较强势上涨，影线表示遇到空方反击。

光脚阴线：意味着较强势下跌，影线表示遇到多方反击。

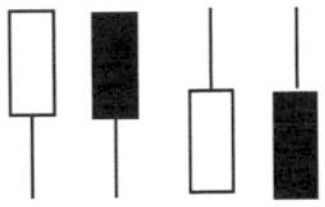

> 📶提醒：这4种K线都说明对方曾经反击过，尽管尚未成功，但要注意，反击开始了。

1.4.3 弱强势K线的识别

弱强势 K 线从图形上来看是四种，其实是两种，如图 1.15 所示，1 和 2 是一种，3 和 4 是一种。如果弱强势 K 线出现在趋势的末端，往往有变局的意味。

1 和 2 如果出现在连续上涨的顶部，则称之为上吊线，表示曾遇到剧烈反击，后市有变；如果出现在连续下跌的底部，则称之为锤子线，表示曾遇到过剧烈反击，后市有变。

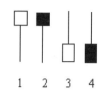

3 和 4 如果出现在连续上涨的顶部，则称之为射击之星或流星线，意味着摸高受阻，后市有变；如果出现在连续下跌的底部，则称之为倒锤子线，意味着曾经大涨，后市有变。

图1.15　弱强势K线

> 📶提醒：弱强势K线都有较长的影线，出现在连续运动后，说明对手剧烈反击过，后市有变。

1.4.4 无势K线的识别

无势 K 线表示趋势僵持不下，但如果出现在趋势的末端，比前面的大阴阳线，则更有变局之意，如图 1.16 所示。

1、2 和 3 分别表示小阳线、小阴线、十字星线，当它们出现时，一般不能确定后市运动方向。但在连续上涨后出现，说明涨势停顿，后市有变；在连续下跌后出现，说明跌势停顿，后市有变。

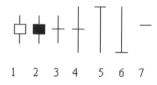

4 为长十字线，又称为长十字星线，其意义与十字星线一样，但疲软的性质和僵持的意义更强烈。

图1.16　无势K线

5 如果出现在连续上涨的顶部，称为风筝线，这表明遇到剧烈反击，后市有变；如果出现在连续下跌的底部，则称为多胜线，这表明曾遇到剧烈反击，后市有变。

6 如果出现在连续上涨的顶部，称为灵位线，这表明摸高受阻，后市有变；如果出现在连续下跌的底部，则称为空胜线，这表明遇到过剧烈反击，后市有变。

> 📶提醒：上面这6种无势K线，说明多、空双方僵持不下，失去了方向感，但在连续涨、跌势的末端，则往往意味着情况不妙。

7 为一字线，说明开盘价、收盘价、最高价、最低价在同一价位，出现于股市中的涨跌停板处。

总体来说，阳线实体越长，越有利于价格上涨；阴线实体越长，越有利于价格下跌。但连续强势上涨后，须谨防盛极而衰；连续强势下跌之后，可能否极泰来。如果影线相对实例来说非常小，则可以忽略不计，即等同于没有；如果影线很长，则说明多、空双方争斗非常剧烈，后市不确定。十字星的出现往往是过渡信号，而不是反转信号，它意味着市场暂时失去了方向感，投资者可以再继续观察几个交易日。

1.5 正确认识K线

初学 K 线，不能只看表面现象，K 线在不同的位置、不同的时间，所传递的信息是不同的。在运用 K 线时要注意具体问题具体分析，具体如下所述。

第一，市场中没有放之四海而皆准的方法，利用 K 线分析股市也仅仅是经验性的方法，不能迷信。

第二，分析 K 线必须结合关键位置上的表现，即要看股价在支撑位、压力位、成交密集区、有意义的整数区、绝对高位、相对高位、绝对低位、相对低位等关键位置的表现形式。

第三，K 线分析方法必须与其他方法相结合，用其他分析方法已经作出了买卖决策后，再用 K 线选择具体的出入市时机。

第四，注意对关键 K 线的分析，即对大阳线、大阴线及重要的 K 线组合的分析，另外还要关注重要 K 线的成交量。

第五，分析 K 线，要看一系列 K 线的重心走向，也就是 K 线均价的走向。

第六，根据自己的实战经验，加深认识和理解 K 线和 K 线组合的内在和外在的意义，并在此基础上不断修改、创造和完善一些 K 线组合，做到"举一反三，触类旁通"。

总之，对于 K 线，最重要的首先是它的相对位置，不同的位置意味着不同的价格区间；其次它是什么模样，即是带影线还是不带影线、多长或多短等；最后才是它的颜色，是阴线或者阳线，千万不要因为大阳线或大阴线就匆忙下结论。

有时，对于连续出现的几根 K 线，也许不容易识别其意义，我们不妨做些简化或压缩工作，通过将连续的几根 K 线简化成一根 K 线的形式，能更直观地了解价格运动的本质，如图 1.17 所示。

简化 K 线的方法具体如下所述。

第一，取第一根 K 线的开盘价作为简化后的开盘价。

第二，取所有 K 线中的最高价作为简化后的最高价。

第三，取所有 K 线中的最低价作为简化后的最低价。

第四，取最后一根 K 线的收盘价作为简化后的收盘价。

图1.17　简化K线

简化 K 线的目的，是让我们更直观、更清楚地认识 K 线，从而了解 K 线的本质。但要注意并不是所有的相邻 K 线都可以简化，如图 1.18 所示。

随着炒股时间的增长，投资者一旦明白了 K 线的本质，就没有必要做简化动作了。

图1.18　不可简化的K线

1.6　K线组合

单根 K 线在实战运用过程中，往往会发出错误的信号，如果将几根 K 线按不同的规则组合在一起，就会形成不同的 K 线组合。K 线组合可以传递更多信息，这样投资成功率就会大大提升。

底部看涨 K 线组合出现时，告诉投资者股价很快就会上升，要赶快建仓；顶部看跌 K 线组合出现时，告诉投资者风险已大，要及时获利了结。

K 线组合方式多种多样，实战价值最高的有希望之星、黄昏之星、红三兵、黑三鸦、塔形顶、塔形底等经典组合。通过掌握 K 线组合，投资者可以增强盘感，从而提升自己洞察盘面、捕捉交易信号的能力。

> 📶提醒：各种经典K线组合，在后面章节会详细讲解，这里不再展开。

1.7　K线形态

K 线形态分析源于西方的技术分析。众所周知，K 线图是记录股票价格的一种方式，在股价起起落落时，它们都会在图形中留下一些交易者购买或抛售的痕迹。K 线形态分析就是根据图形中过去所形成的特定价格形态，预测价格未来发展趋势的一种方法。当然，这是一种纯粹的经验性统计，因为在股票购买或抛售的过程中，K 线图常常会表现出一些可以理解的、重复的价格形态，如 M 头、W 底等。

股价的运行总是伴随着上涨和下跌，如果在某一时期，趋势向上，虽然有时出现下跌，但却不影响升势，即股价不断创出新高，使投资者看好后市；如果在某一时期，趋势向下，虽然有时出现上涨，但却不影响跌势，即股价不断创出新低，使投资者看淡后市。

从一种趋势向另一种趋势转换，通常需要一段酝酿时间，在这段时间内，趋势如果转换成功，就是反转形态；如果转换不成功，即还按原来的趋势运行，就是持续形态。K 线形态如图 1.19 所示。

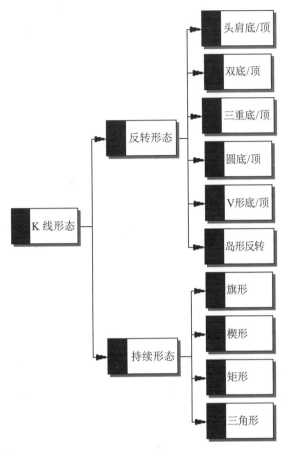

图1.19　K 线形态

1.7.1 | 反转形态 |

　　反转形态的形成起因于多空双方力量对比失去平衡，变化的趋势中一方的能量逐渐被耗尽，另一方转为相对优势。它预示着趋势方向的反转，股价在多空双方力量平衡被打破之后正在探寻新的平衡。在股市中，反转形态是重要的买入或卖出信号，投资者有必要掌握并灵活运用反转形态。

　　反转形态分为两类，即底部反转形态和顶部反转形态。底部反转形态共 6 种，即头肩底、双底、三重底、圆底、V 形底、底部岛形反转。顶部反转形态也有 6 种，即头肩顶、双顶、三重顶、圆顶、V 形顶、顶部岛形反转。

　　🔊 提醒：反转形态后面章节会详细讲解，这里不再展开。

1.7.2 持续形态

股价在向某个方向经过一段时间的快速运行后，不再继续原趋势，而是在一定区域内上下窄幅波动，等待时机成熟后再继续前进，这种不改变股价运行基本走势的形态，被称为持续形态。

持续形态的完成过程往往不会超过3个月，而且多数出现在日K线图上，周K线图上很少出现，在月K线图中几乎没有出现过。持续时间不长的原因是持续经不起太多的时间消耗，士气一旦疲软，则继续原有趋势就会产生较大的阻力。

对于持续形态，如果你是中长线投资者，在整个持续形态中可以不进行操作，只等形势明朗后，再去具体操作。但对于短线投资者来说，不可以长达3个月不进行操作，而应以K线的逐日观察为主。也就是说，当股价在这些形态中来回折返的时候，也会产生很多次短线交易机会。因此，短线投资者对长期价格形态并不在意，而仅仅是对某些重要的突破位比较在意。

持续形态共有9种，分为3类，第一类是经过短暂的持续后，股价向上突破，如上升三角形、上升和下降楔形；第二类是经过短暂的持续后，股价向下突破，如下降三角形、下降旗形、上升楔形和扩散三角形；第三类是在持续过程中，多空双方力量势均力敌，不能确定是向上突破还是向下突破，一切都由盘面而定，如收敛三角形和矩形。

> 📶提醒：持续形态后面章节会详细讲解，这里不再展开。

1.8　快速看明白K线图

面对形态各异的K线及其组合，投资者有时很迷惑。看涨时不涨，看跌时不跌，或看对了方向，但没有抓住赚钱的机会，这正是投资者没有正确认识和熟练运用K线的结果。若想真正发挥K线威力，快速看明白K线图，需要注意三点，分别是看K线的阴阳、数量及重心方向；看K线实体大小及上下影线长短；看K线需要关注成交量，如图1.20所示。

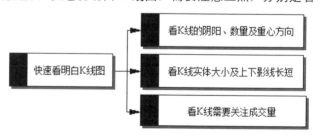

图1.20　快速看明白K线

1.8.1 看K线的阴阳、数量及重心方向

阴阳代表多空双方的力量变化对比，象征着股价行情趋势的上涨和下跌。阳线代表多方力量强于空方力量，表示股价处于上升行情中，并可能继续上涨；阴线代表空方力量强于多方力量，表示股价处于下跌行情中，并可能继续下跌。

以阳线为例，在经过一段时间的多空双方搏斗之后，收盘时，收盘价高于开盘价，表明多方力量占据上风，在没有外力作用下，股价仍可能按照原来的方向和速度运行，一段时间内可能继续惯性上行。因此，阳线预示着后市股价仍会继续上涨。这符合技术分析中三大假设之一的价格呈趋势性波动，而这种趋势性，即顺势而为，正是技术分析中最应该遵守的操盘理念。

> 📶提醒：技术分析的三个基本假设，分别是市场行为包容消化一切、价格以趋势方式演变、历史会重演。

一般来讲，在上涨行情中，阳线的数量要多于阴线的数量，这时股价的重心是向上的，这预示着价格仍可能继续惯性上涨，这样投资者手中的筹码如果继续持有，就可以实现躺着赚钱了。在下跌行情中，阴线的数量要多于阳线的数量，这时股价的重心是向下的，这预示着价格仍可能继续惯性下跌，手中还有筹码的投资者，要及时止损，否则亏损会越来越大，如图 1.21 所示。

图1.21　海天味业（603288）2020年11月13日至2021年4月15日的日K线

1.8.2　看K线实体大小及上下影线长短

大阳线、大阴线、小阳线、小阴线、十字星等各种各样的 K 线构成了一个复杂的股市，又因为各种 K 线组合的不同、各种 K 线的分析周期不同，它们记录着不同的股市行为，还在一定程度上预示着行业未来的发展趋势。

实体大小代表股市行情发展的内在动力，实体越大，上涨或下跌的趋势越明显；反之，趋势不明。以阴线为例，阴线的实体越长，说明空头的力量越强大，代表着下跌动能越大，其下跌动能大于实体较小的阴线。同理，阳线实体越大，上涨动能越大。

影线代表可能的转折信号，向一个方向的影线越长，越利于价格向相反方向变动，即上影线越长，越利于股价下行；下影线越长，越利于股价上行。以上影线为例，在经过一段时间的多空搏斗之后，多头终于在重压之下败下阵来，不论 K 线是阴还是阳，长上影线已构成下一阶段的上涨压力，价格向下运行的可能性更大。同理，下影线暗示着价格向上攻击的可能性更大，如图 1.22 所示。

图1.22　雅克科技（002409）2020年12月11日至2021年4月15日的日K线

1.8.3　看K线需要关注成交量

成交量代表的是股市资金力量的消耗，表示多空双方搏斗的动能大小和激烈程度，而 K 线是搏斗的结果。只看 K 线，不关注成交量，就不能对股价后期的走势作出正确的判断。成交量是动因，K 线是结果，要想了解每根 K 线的内在动能大小，必须结合成交量来分析。成交量如图 1.23 所示。

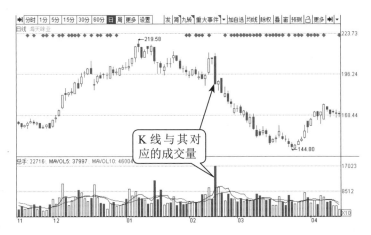

图1.23　海天味业（603288）2020年11月16日至2021年4月15日的日K线和成交量

例如，出现大阴线，表明下跌力量很强，价格继续下跌的可能性很大，再结合成交量来分析，这一天成交量也很大，表明多空双方激烈搏斗之后，空方力量完胜，后市继续下跌的可能性很大。因此手中还有筹码的投资者最好及时卖出，然后观望。

1.9　透过K线看大势

K 线作用很大，利用 K 线可以判断大盘或个股的大势，下面来详细讲解如何利用 K 线识大势。

利用 K 线认识和了解大盘、个股的运行趋势，只有登高远眺，然后从大到小，由粗到细地详细观察，才能如愿以偿。例如，要查看某支股票，就要先看它的月 K 线，甚至季 K 线、年 K 线，这样就可以对该股票的整个运行情况有所了解，然后再看其周 K 线、日 K 线，对一些重点部分还可以把它放大，近期趋势还可以看它的 60 分钟 K 线、30 分钟 K 线，甚至 5 分钟 K 线。

这样由大到小、由粗到细查阅、研究 K 线图有何好处呢？通过查看大盘的年 K 线或月 K 线，就可以了解大盘 20 年来究竟是如何走的。例如，月 K 线 5 连阴，就要想到会出现一次报复性反弹，甚至反转，所以投资者看到月线 5 连阴后，就不要再盲目斩仓。又如，看到某月的月 K 线实体特别长，技术上称为巨阳线，巨阳线之后就是一轮持续的下跌，原因是短期内升幅过大，透支了未来行情，当然要调整。所以投资者看到巨阳线后，要心中有数，无论当时日 K 线走势有多好，都是表面现象，总体调整趋势是不会改变的，这时一定要逢高减仓或退出观望。

另外，投资者从月K线上还可以看到大盘现在的技术图形，如头肩顶、双头、双底、头肩底，并且能够明确技术图形的颈线在什么位置，密集成交区在什么位置，等等。这些都是投资者需要注意的。

> 📶提醒：K线技术图形在后面章节要详细讲解，这里不再多说。

总之，投资者不能只看日K线，因为这样有点儿坐井观天的味道，也不能看日K线、周K线、月K线时随便看看，不去互相对照、重点分析，让查看K线图始终处于一种无序状态。如果这样，投资者就不能了解大盘或个股的整个运行趋势，更不能感受K线的作用和魅力。

> 📶提醒：在利用K线识大势时，还可以把上证指数K线、深证指数K线、上证180指数K线、沪深300走势K线等互相对照。分析某支股票时，可以把它与属于同一板块的个股相互对照；分析某一时期的强势股时，可以把不同时期的强势股K线图拿出来互相对照，等等。这样就可以发现一些别人看不见的东西，从而给自己的实际操作带来巨大的帮助，并获得更大的收益。

1.10　K线运用的注意事项

每一个K线图都在试图向投资者做出手势，告诉投资者市场正在发生的变化。投资者只有静下心来，才能看明白市场主力在告诉我们什么，并且辨别信息是不是主力的真正意图，例如根据K线理论，某K线告诉投资者可以加仓跟进了，但也有可能是主力在反技术操作，即诱多，这时投资者一旦加仓，就很可能被套。

K线不是一门科学，而是一种行为艺术和投资哲学的实践，其本质是市场群体心理因素的集中反映。投资者可以掌握它的性，但把握不了它的度，它给每个人留下了太多主观判断的空间。如果试图量化它，则最终不得不陷入败局，如著名的投资大师江恩，晚年也只记录手法和操作规则，而不言其他。

在股票市场，没有完美的分析技术，即任何技术都有其缺点，K线的缺点就是发出的错误信号太多，当然优点也很明显，就是可以卖个高价获得较大的收益。所以投资者在利用K线技术进行操作时，分析K线，不能拘泥于图形，而要究其内在的本质，洞悉多、空双方的力量对比变化。

对于K线技术，投资者一定要在心中熟记常用的K线图，并且明白其具体意义及发出的买卖信号，然后再结合市场特征、主力操作手法、其他分析技术进行综合研判，最终作出买卖决定。

> 📶提醒：任何技术都是在特定条件下运用才是正确的。

第 2 章

K 线的支撑与压力

在股市中，支撑与压力是非常重要的。当股价遇到支撑，就可以进场做多，即买入；当股价遇到压力，就可以清空手中的筹码，即卖出。本章首先讲解支撑与压力的基础知识；然后讲解支撑与压力在上升趋势、下跌趋势、横向盘整趋势中的应用；最后讲解支撑与压力的转换。

2.1 初识支撑与压力

下面来看一下什么是支撑和压力，及支撑和压力是怎样形成的。

2.1.1 什么是支撑和压力

下面利用买卖双方的力量来描述支撑和压力。

支撑是指在下跌途中，买方力量逐渐累积，直到与卖方力量能够抗衡，这样股价就跌不下去了，从而形成支撑的区域，即支撑。

压力是指在上涨途中，卖方力量逐步增大，直到与买方力量达到均衡，这样股价就涨不上去了，从而形成压力的区域，即压力。

在上升趋势中，支撑和压力呈现一种不断上升的形态，如图 2.1 所示。

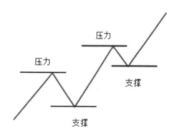

图2.1 上升趋势中的支撑和压力

在下降趋势中，支撑和压力呈现一种不断降低的形态，如图 2.2 所示。

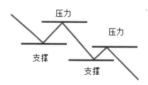

图2.2 下降趋势中的支撑和压力

需要注意的是，在上升趋势中，压力代表上升过程中的停顿，通常在充分调整后，会冲破该压力，继续向更高点前进。在下降趋势中，支撑代表下跌过程中的停顿，通常经过小幅反弹之后，价格会跌破支撑，继续向更低点前进。

2.1.2 支撑是怎么形成的

股市的价格在支撑区域震荡盘整一段时间后，累积了较大的成交量，当股价由上向下向支撑线靠近时，空方获利筹码已清，手中已无打压抛空筹码；这时多方就会趁低吸纳买进，形成需求。另外，部分套牢者套牢已深且久，手中的筹码锁定，不会轻易卖出，故在这一价格区间需求大于供给，自然形成了强有力的支撑，如图 2.3 所示。

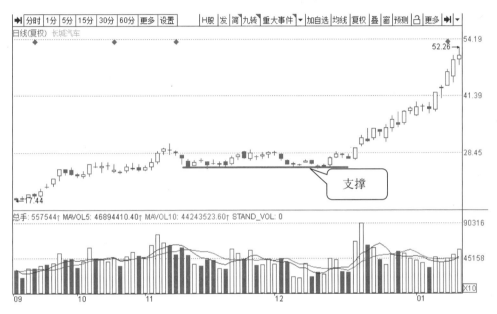

图2.3　长城汽车（601633）2020年9月24日至2021年1月13日的日K线

长城汽车（601633）的股价经过一波上涨之后，开始横盘整理。在盘整过程中，每当价格回调到 25 元附近时，价格就开始止跌上行，当价格上行到 28.5 元附近时，价格又开始下行，就这样来回震荡。这表明价格在 25 元附近，空方力量已小于多方力量；而当价格上涨到 28.5 元附近时，多方力量又小于空方力量。就这样在 25 元附近形成了支撑，到 28.5 元附近出现了压力，所以在 25 元附近可以进场做多，当价格上涨到 28.5 元附近即可卖出。

需要注意的是，当前是上升趋势，价格向上突破的概率很大，所以当价格向上突破时，筹码可以继续持有。如果手中没有筹码或者筹码太少，可以在突破时继续买入该股票。

2.1.3 压力是怎么形成的

和支撑一样，压力通常也出现在成交密集区，这个区间累积了较多的成交量，当股票价格在该密集区以下时，股票有大量套牢者。每当股价上涨到该区域时，特别是接近压力线时，套牢者就会急于解套而卖出，这样就会有大量抛盘者出现，股票供给大于需求，所以这时股价很容易就会下跌。当价格下跌到支撑位时，对后市看好的投资者又会买进，价格再度回升，就这样反复多次，上方压力就形成了，如图 2.4 所示。

图2.4　浪莎股份（600137）2020年10月15日至2021年1月13日的日K线

　　浪莎股份（600137）的股价经过一波反弹，最高反弹到 17.21 元，随后价格开始震荡下跌。经过两周的下跌之后，价格又开始横盘整理，每当价格反弹上涨到 16 元附近时，价格就会受压下行，但每当价格下跌到 15.50 元附近时，价格又开始反弹上行。就这样反反复复震荡了一个多月，这样在 16 元附近就出现了压力，而到 15.50 元附近就出现了支撑。需要注意的是，当前是下跌行情，投资者可以在 15.50 ～ 16 元做短线，但一旦价格跌破 15.50 元，投资者要及时卖出手中的筹码，否则就会越套越深。

2.2　支撑与压力的应用

　　前面讲解了支撑与压力的基础知识，下面来讲解一下支撑与压力的应用。

2.2.1　在上升趋势中支撑与压力的应用

　　在上升趋势中，支撑与压力是逐步上移的。每当价格回调到支撑位附近时，可以买入股票，当股价上涨到压力位附近时，可以卖出股票。但需要注意的是，一旦价格突破了压力位，手中的筹码就不要再卖出了，而应继续持有。当然如果投资者手中还有资金，还可以继续加仓买进。

　　如图 2.5 所示的是金发科技（600143）2020 年 6 月 23 日至 2021 年 1 月 26 日的日 K 线图。

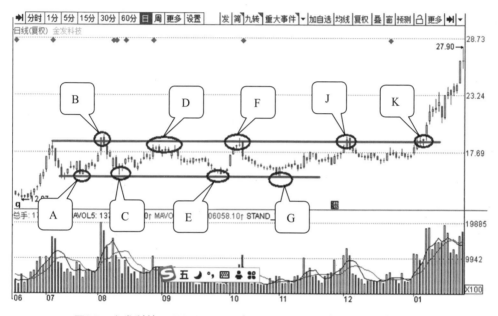

图2.5　金发科技（600143）2020年6月23日至2021年1月26日的日K线

　　金发科技（600143）股票创出 12.97 元低点后，开始上涨，经过半个月时间的上涨，最高上涨到 18.69 元，然后出现了横盘整理走势。在横盘震荡过程中，每当价格回调到 15.5 元附近，价格就得到支撑，开始上涨，但每当上涨到 18.5 元附近，价格就会再度受到压力而下行。所以 15.5 元附近就是支撑位，就是买入点，即 A、C、E、G 点都可以买入该股票。18.5 元附近就是压力线位，就是卖出点，即 B、D、F、J 点都可以卖出手中的股票。但需要注意的是，在 K 点，股价突破了压力，这意味着横盘整理行情结束，又开始一波上涨行情，手中的筹码继续持有即可，如果手中还有资金，还要果断地加仓买进该股票，因为上涨趋势才是真正赚钱的好机会。

　　上涨行情也不会一直涨下去，总有一天会反转向下的。所以当股价经过较大幅度上涨之后，再度出现横盘整理时，就要小心了。一旦价格跌破支撑位，就可能开始真正的下跌行情了，这时手中还有筹码的投资者，要及时卖出该股票。

　　如图 2.6 所示的是中科曙光（603019）2020 年 4 月 28 日至 2020 年 9 月 11 日的日 K 线图。中科曙光（603019）的股价经过几波上涨之后，创出 212.85 元的高点，随后价格开始快速下跌。经过半个月的快速下跌之后，价格出现了反弹，需要注意的是，价格反弹没有再创新高，并且反弹的高点一次比一次低，这意味着上升趋势有可能已结束。这时可以看到，价格经过一段时间窄幅震荡之后，在 A 处，跌破了支撑位，这意味着价格要开始快速下跌了，所以手中有筹码的投资者要及时果断地止损，否则越套越深，最终会损失惨重。

图2.6　中科曙光（603019）2020年4月28日至2020年9月11日的日K线

2.2.2 在下跌趋势中支撑与压力的应用

在下跌趋势中，支撑与压力是逐步下移的。每当价格下跌到支撑位附近时，短线高手可以轻仓买入股票，当股价上涨到压力位附近时，卖出股票。当然如果投资者没有时间盯盘或不是短线高手，最好不要碰下跌初期的股票，因为投资者一旦买进后，不能及时出来，就会损失惨重。总之，在下跌趋势中，不要轻易买进，空仓是最好的策略。

> 📶提醒：如果投资者买进一支下跌趋势的股票，特别是该股票处在下跌初期，一旦价格跌破支撑位，就不要心存幻想，及时果断止损是最重要的。

如图 2.7 所示的是金杯汽车（600609）2020 年 8 月 6 日至 2021 年 1 月 14 日的日 K 线图。

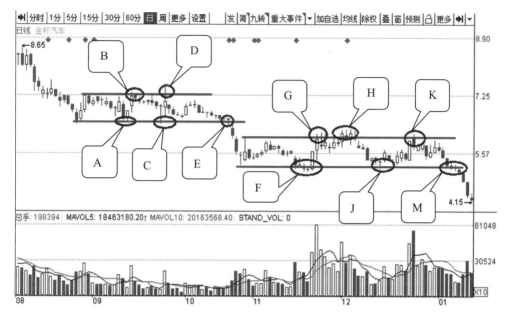

图2.7　金杯汽车（600609）2020年8月6日至2021年1月14日的日K线

金杯汽车（600609）的股价经过一波反弹后，创出 8.65 元高点，然后开始快速下跌。经过半个月的快速下跌之后，开始横盘整理，每当价格下跌到 6.50 元附近时，股价就开始反弹，但反弹到 7.20 元附近时，股价就开始再度下跌，这样反反复复多次。所以，6.50 元附近就是支撑位，可以买进，但需要注意，当前是下跌趋势，一定要见好就收；7.20 元附近就是压力线，手中有筹码的投资者要及时卖出。由此可知，A、C 点是轻仓买入点，而 B、D 点是较高的卖出股票的位置。需要注意的是，在 E 点如果投资者买进股票了，但第二天价格就快速下跌，这时要及时止损。

股价跌破 6.50 元附近支撑后，又开始快速下跌。下跌到 5.20 元后，价格再度反弹，反弹到 6.20 元附近时，价格再度下跌，这样反反复复，形成横盘整理走势。这样 5.20 元就是支撑位，所以在支撑位处可以轻仓买进，即 F、J 点。由于仍是下跌趋势，所以一有盈利就要及时止盈。6.20 元附近就是压力位，即 G、H 和 K 点是卖出手中股票的位置。需要注意的是，在 M 点，价格再度跌破支撑位，所以手中仍有筹码的投资者要果断止损，否则短时间内就会出现较大的亏损。

下跌行情也不会一直跌下去，总有一天会反转向上的。所以当股价经过较大幅度下跌之后，再度出现横盘整理时，就要留心了。一旦价格突破压力，就可能开始是真正的上涨行情了，这时空仓等待的投资者就可以重仓买进了。

如图 2.8 所示的是江苏索普（600746）2020 年 8 月 26 日至 2020 年 12 月 10 日的日 K 线图。

图2.8　江苏索普（600746）2020年8月26日至2020年12月10日的日K线

江苏索普（600746）的股价经过几年的震荡下跌，从最高点20.41元一路下跌到6元左右。由于下跌时间很长，并且下跌幅度较大，所以当股价再度震荡盘整时，就要注意是否有反转的可能了，即由长期的下跌趋势转为上升趋势。

股价每次下跌到5.90元附近时就开始反弹上涨，但每上涨到6.25元附近时，又开始震荡下跌，所以5.90元附近就是支撑位，可以轻仓买进该股票。当价格上涨到6.25元附近时，不能向上突破，就可以卖出该股票。但需要注意的是，一旦股价向上放量突破6.25元附近时，就意味着价格要开始一波上涨了，所以投资者手中的筹码可以继续持有。如果投资者手中还有资金，要果断加仓做多，这样短时间就会有不错的盈利。

2.2.3 在横向盘整趋势中支撑与压力的应用

得到支撑是指股价下跌到前期高点或低点附近时就止跌。该支撑位是买进股票的理想位置，空仓的投资者可以在支撑位附近买入股票。

如图2.9所示的是赛轮轮胎（601058）2019年2月22日至2021年1月15日的日K线图。

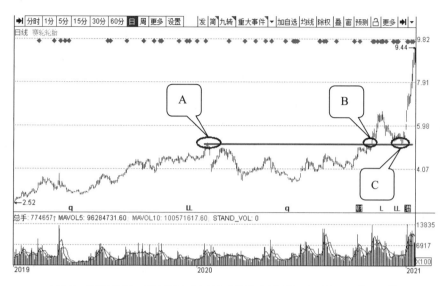

图2.9　赛轮轮胎（601058）2019年2月22日至2021年1月15日的日K线

赛轮轮胎（601058）创出 2.52 元低点，然后开始震荡上涨，经过较长时间上涨之后，创出 5.19 元高点，即 A 处。随后价格出现了较长时间宽幅横盘整理走势，然后在 B 处，价格突破了 5.19 元高点，出现一波上涨行情。

这一波上涨行情结束后，又出现深度回调，再度回调到前期高点附近，即 5.19 元附近，价格再度受到支撑，即 C 点，所以 C 处是较理想的做多股票的位置。

如图 2.10 所示的是西部矿业（601168）2020 年 10 月 27 日至 2021 年 2 月 19 日的日 K 线图。

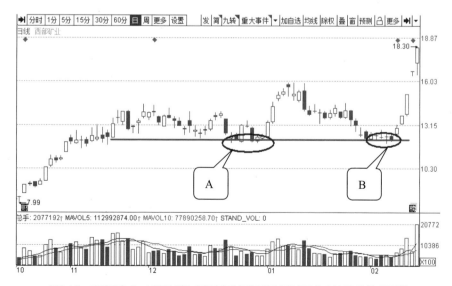

图2.10　西部矿业（601168）2020年10月27日至2021年2月19日的日K线

西部矿业（601168）的股价经过一波上涨后，创出 14.49 元高点，随后价格开始震荡盘整，回调的低点支撑在 12 元附近，即 A 处。

股价横向盘整后开始向上突破，但随后再度调整，当回调到 12 元，即 B 处时，价格再度得到支撑，所以 B 处仍是较好的买入股票的位置。

遇到压力是指股价在上涨过程中，遇到前期高点或低点时，反转向下，这时投资者如果手中还有股票筹码，就要及时果断卖出。

如图 2.11 所示的是中铝国际（601068）2020 年 6 月 24 日至 2020 年 9 月 28 日的日 K 线图。

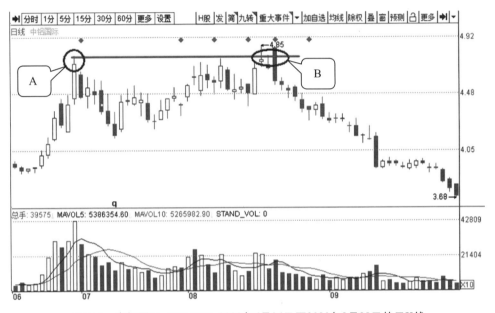

图2.11　中铝国际（601068）2020年6月24日至2020年9月28日的日K线

中铝国际（601068）的股价经过一波上涨后，最高上涨到 4.77 元，即 A 处。随后开始震荡盘整，需要注意的是，当股价上涨到 4.77 元附近时，不能有效突破，就会受压下行，所以投资者在 B 处要及时果断卖出手中的股票筹码。

如图 2.12 所示的是四川成渝（601107）2020 年 2 月 22 日至 2020 年 8 月 6 日的日 K 线图。

图2.12　四川成渝（601107）2020年2月22日至2020年8月6日的日K线

四川成渝（601107）的股价经过一波上涨之后，创出 4.93 元高点，然后快速回调。回调到 4.30 元附近时，价格再度企稳，即在 A 处得到支撑。接着价格再度上涨，并创出 5.18 元高点，但随后价格就开始快速下跌，并跌破 4.30 元附近的支撑，这样 4.30 元附近的支撑就变成了压力位。

价格快速下跌到 3.90 元附近后，再度反弹。注意当股价反弹到 4.30 元附近时，要及时卖出手中的股票筹码，即 B 和 C 处是较好的卖出位置。

支撑线和压力线组成的平行区间，可以看作股价运行的箱体，比较适合波段操作，其操作方法相当简单：当股价运行到支撑线附近止跌回升时，可买进股票；当股价运行到压力线附近受压回落时，要卖出手中的股票。

如图 2.13 所示的是北京银行（601169）2019 年 9 月 25 日至 2020 年 1 月 22 日的日 K 线图。北京银行（601169）的股价经过一波上涨之后，最高上涨到 5.75 元，然后开始回调，回调到 5.55 元附近又得到支撑，这样股价就在 5.55 到 5.75 元之间反反复复运行。所以，在 5.55 元附近就可以买入股票，即 B、D 和 E 处可以买入股票；当股价反弹上涨到 5.75 元附近时就可以卖出股票，即 A、C、F 和 G 处可以卖出手中的股票筹码。

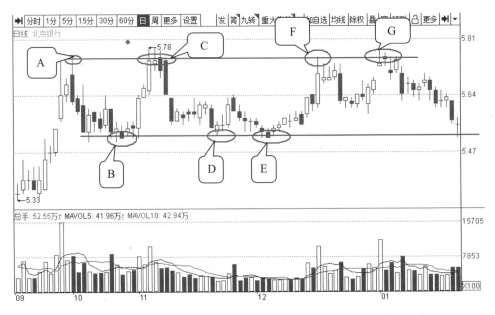

图2.13 北京银行（601169）2019年9月25日至2020年1月22日的日K线

在利用支撑线和压力线进行波段操作时，需要注意以下三点。

第一，支撑线和压力线在平行区间如果运行的时间过短，则缺乏稳定性。

第二，支撑线和压力线之间的间距如果过小，则缺乏必要的获利空间。

第三，当成交量过大时，股价往往会突破原有的平行区间。

2.3 支撑与压力的转换

支撑与压力是可以相互转换的。当股价从上向下跌破支撑后，原来的支撑就会变成压力，如图 2.14 所示。

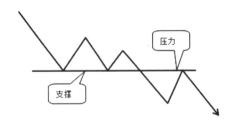

图2.14 原来的支撑变成压力

如图 2.15 所示的是第一创业（002797）2020 年 10 月 12 日至 2021 年 1 月 15 日的日 K 线图。

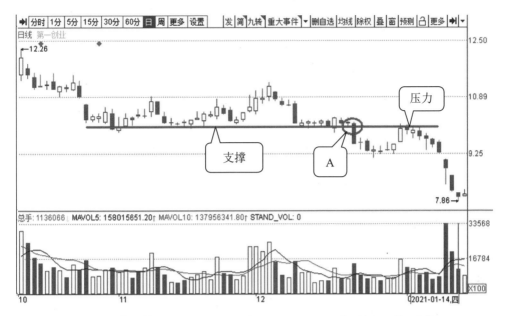

图2.15　第一创业（002797）2020年10月12日至2021年1月15日的日K线

第一创业（002797）的股价经过一波上涨后，创出 12.26 元高点，然后震荡下跌，到 10 元股价止跌。接着股价开始反弹，然后行情反反复复，但 10 元附近支撑没有跌破。

横向盘整近 2 个月后，在 A 处跌破 10 元支撑，这样 10 元附近就由支撑变成压力，所以当价格再度反弹到 10 元附近时，是卖出手中股票筹码最好的位置。

当股价从下向上突破压力后，原来的压力就会变成支撑，如图 2.16 所示。

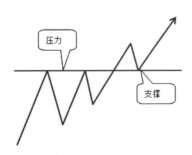

图2.16　原来的压力变成支撑

如图 2.17 所示的是东方盛虹（000301）2020 年 11 月 4 日至 2021 年 4 月 8 日的日 K 线图。

图2.17　东方盛虹（000301）2020年11月4日至2021年4月8日的日K线

东方盛虹（000301）的股价经过一波上涨之后，创出 11.59 元高点，然后价格开始回调，这样 11.59 元附近就形成压力。

在 A 处，股价放量突破 11.59 元附近的压力，这样该压力就变成支撑了。即 11.59 元附近就形成支撑。

支撑与压力转换的可能性取决于三个因素，具体如下所述。

第一，原先支撑或压力位的成交量。成交量越大，在这个点位发生作用转换的可能性越大。

第二，原先股价在支撑或压力位进行交易的时间。交易的时间越长，在这个点位发生作用转换的可能性越大。

第三，近一段时间内在这个价位的交易次数。交易次数越多，这个价位在投资者的头脑中就越清晰，也就越容易发生转换。

第 3 章

大阳线实战分析

　　大阳线在 K 线家族中是相当重要的，只要弄明白大阳线，那么就弄明白 K 线的一半窍门了。所以只要弄清大阳线在不同场合扮演的角色和市场意义，就能正确把握大势，做好股票投资。本章首先讲解大阳线的类型，然后讲解大阳线、突破大阳线、触底大阳线、见顶大阳线的实战分析技巧，最后讲解如何辩证看待大阳线。

3.1 大阳线的类型

根据实体和影线的不同，大阳线可分 4 种，即光头光脚大阳线、光头大阳线、光脚大阳线、穿头破脚大阳线。

> 📶提醒：大阳线是指阳线的实体不能小于涨幅的8%，即以大阳线的收盘价与开盘价相比，涨幅达8%以上。在涨停板制度下，主板和中小板股票最大的日阳线实体可达当日开盘价的20%，而创业板和科创板股票最大的日阳线实体可达当日开盘价的40%，即以涨停板开盘，涨停板收盘。

3.1.1 光头光脚大阳线

光头光脚大阳线是指最高价与收盘价相同，最低价与开盘价一样，即没有上下影线，并且阳线的实体不能小于 8% 的涨幅。光头光脚大阳线的图形如图 3.1 所示。

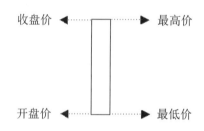

图3.1 光头光脚大阳线

光头光脚大阳线的技术含义：股价从当日开盘，买方就积极进攻，中间也可能出现买卖双方的争斗，但买方发挥最大力量，一直到收盘。买方始终占优势，使股价一路上涨，直到收盘。

光头光脚大阳线的实战分析要点：光头光脚大阳线表示股价强烈的涨势，买方疯狂涌进，不限价买进。手中持有股票者，因看到买气的旺盛，不愿抛售并持筹待涨，从而出现供不应求的状况。

> 📶提醒：阳线的实体越长，表示买方力量越强。

3.1.2 光头大阳线

光头大阳线是指最高价与收盘价相同，最低价低于开盘价，有下影线，但没有上影线，并且阳线的实体不能小于 4% 的涨幅。光头大阳线的图形如图 3.2 所示。

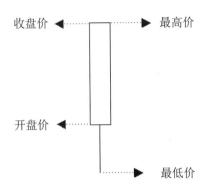

图3.2　光头大阳线

光头大阳线的技术含义：开盘后，卖气较足，股价下跌，即跌破开盘价。但在某低价位得到买方的支撑，价格向上推过开盘价，一路上涨，直至收盘，收盘价在最高价上。

光头大阳线的实战分析要点：总体来说，出现先跌后涨，买方力量较大，但下影线的长短不同，买方与卖方力量对比不同。具体来说，第一，下影线较短，表明股价下跌不多就受到买方支撑，价格上推，涨过开盘价后，又开始推进，表明买方实力很大；第二，下影线较长，表明买卖双方交战激烈，但总体上是买方占主导地位，对买方有利。

3.1.3　光脚大阳线

光脚大阳线是指最高价大于收盘价，最低价与开盘价一样，有上影线，但没有下影线，并且阳线的实体不能小于 4% 的涨幅。光脚大阳线的图形如图 3.3 所示。

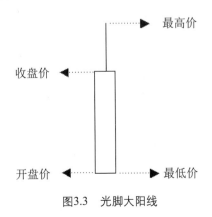

图3.3　光脚大阳线

光脚大阳线的技术含义：开盘后，买气较强，股价一路上涨，但在高价位遇到卖方压力，从而使股价上升受阻。卖方与买方交战结果是买方略胜一筹。

光脚大阳线的实战分析要点：总体来说，出现先涨后跌，买方力量较大，虽然在高价位遇到阻力，部分多头获利回吐，但买方仍是市场的主导力量，后市继续看涨。

3.1.4 穿头破脚大阳线

穿头破脚大阳线是指最高价大于收盘价，最低价小于开盘价，带有上下影线，并且阳线的实体不能小于 4% 的涨幅。穿头破脚大阳线的图形如图 3.4 所示。

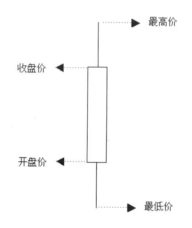

图3.4　穿头破脚大阳线

穿头破脚大阳线的技术含义：开盘后，股价下跌并且跌破开盘价，遇买方支撑，双方争斗后，买方力量增强，股价一路上涨，但在收盘前，部分投资者获利回吐，在最高价之下收盘。

穿头破脚大阳线的实战分析要点：如果在大涨之后出现，表示高位震荡；如果成交量放大量，后市很可能会下跌。如果在大跌后出现，后市可能会反弹。这里上、下影线实体的不同又可分为多种情况：第一，如果上影线长于实体，表示买方力量受挫折；如果实体长于上影线，表示买方虽受挫，但仍占优势。第二，如果下影线长于实体，表明买方尚需接受考验；如果实体长于下影线，表明买方虽受挫，但仍居于主动地位。

3.2 大阳线的实战分析技巧

通过 K 线理论可知，在低位出现大阳线是做多信号，这在一般意义上理解是对的。

但在实战中，此事并不是这么简单，因为我们的对手是主力、庄家，他们操盘是很狡猾的，常常拉出大阳线后，股价没有接着涨上去，而是跌下去。所以，如何正确看待大阳线后走势，即大阳线出现后几天的走势，是相当关键的。

大阳线出现后，股价经过几天运行，会出现超强、强、一般、偏弱、弱几种走势情况，下面来进行具体分析。

3.2.1 大阳线后表现为超强势

在大阳线之后，第二根 K 线或以后几根 K 线在大阳线的收盘价上方运行，此时可作出走势为超强势的判断，如图 3.5 所示。

图3.5 大阳线后表现为超强势

大阳线后，出现超强走势，投资者应采取积极跟进的策略。如果你是激进型投资者，可在第二根 K 线收于大阳线之上时跟进；如果你是稳健型投资者，可以多观察几天，在确保向上有效突破后再跟进。

3.2.2 大阳线后表现为强势

在大阳线之后，第二根 K 线及以后的几根 K 线，在大阳线的收盘价与开盘价的1/2 上方运行，此时可作出走势为强势的判断，如图 3.6 所示。

图3.6 大阳线后表现为强势

大阳线后表现为强势，如果你是激进型投资者，可以采取轻仓跟进的策略，等股价向上有效突破大阳线收盘价后再积极跟进；如果你是稳健型投资者，就应该观望，等股价向上有效突破大阳线收盘价后再积极跟进。

3.2.3　大阳线后表现为一般

在大阳线之后，第二根 K 线及以后的几根 K 线，在大阳线的收盘价与开盘价的 1/3~1/2 之处运行，此时可作出走势为一般的判断，如图 3.7 所示。

图3.7　大阳线后表现为一般

大阳线后表现为一般，投资者应采取观望的策略，即有该股票的投资者不加仓，也不急于抛出，没有该股票的投资者暂不买进，等股价向上有效突破大阳线收盘价后再积极跟进。

3.2.4　大阳线后表现为偏弱

在大阳线之后，第二根 K 线及以后的几根 K 线，在大阳线的收盘价与开盘价下方的 1/3 之处运行，此时可作出走势为偏弱的判断，如图 3.8 所示。

图3.8　大阳线后表现为偏弱

大阳线后表现为偏弱，投资者应采取持币观望的策略。不过需要注意的是，大阳线后主力进行洗盘，有时股价走势会出现这种偏弱的状况。因此，只要以后股价收盘价不跌破大阳线的开盘价，持有该股的投资者不宜盲目出局，应继续持股观望。

3.2.5 大阳线后表现为弱势

在大阳线之后，第二根 K 线或以后的几根 K 线，在大阳线的收盘价下方运行，此时可作出走势为弱的判断，如图 3.9 所示。

图3.9 大阳线后表现为弱势

大阳线后表现为弱势，投资者应该采取止损出局的策略。

通过上述分析，投资者以后再碰到大阳线，心里就知道该如何操作了。但从实战要求来说，最难把握的是大阳线后表现强势、一般和偏弱三种走势，因为它们变化较多，有时很难对它们进行严格意义上的区分。那么碰到这种情况，投资者该如何操作呢？这里给出笔者多年的实战经验总结，共有三个注意项，具体如下所述。

第一，当大盘处于强势，拉大阳线的个股又在低位运行时，考虑此时主力做多意愿仍然非常强烈。因此，无论大阳线后的走势表现为强势、一般还是偏弱，都要以看多、做多为主。

第二，当大盘处于弱势或拉大阳线的个股在高位运行时，考虑此时主力做多意愿不强。因此，即使大阳线后的走势表现为强势，也要谨慎对待，切不可重仓持有。

第三，如果个股拉大阳线后，其走势表现为偏弱，就应以减仓为主，并做好随时撤退的准备。

3.3 突破大阳线的实战分析技巧

大盘或个股在突破重要阻力位时，常常会放量拉大阳线，但投资者要明白主力、庄家在操盘时是相当狡猾的，所以投资者要认真识别大阳线，分清是真突破大阳线还是假突破大阳线。

3.3.1 上涨趋势初期的突破大阳线

如图 3.10 所示的是长虹华意（000404）2020 年 3 月 27 日至 2020 年 7 月 6 日的日 K 线图。

图3.10 长虹华意（000404）2020年3月27日至2020年7月6日的日K线

长虹华意（000404）的股价在 2016 年 10 月是 12 元偏多，而到 2020 年 4 月 18 日，创出 3.26 元的低点。经过 3 年多时间的下跌，股价已跌去大部分，即股价很可能已在底部区域。

股价在底部区间反复震荡，高点压力在 3.65 元附近，低点在 3.40 元附近。在这个窄幅空间反复震荡了 3 个多月，然后在 A 处，股价放量突破上方压力，并且收了一根大阳线。这表明股价要开始一波上涨行情了，所以手中持有该股的投资者可以耐心持有，没有持有该股的投资者可以加仓做多。

按下键盘上的"→"键，向右移动日 K 线图，就可以看到其日后走势，如图 3.11 所示。

图3.11　大阳线突破压力后的走势

下面来放大看一下大阳线后的几天走势，如图 3.12 所示。

图3.12　大阳线后的几天走势

股价拉出大阳线后，第 2 个交易日股价略高开，然后开始震荡走势，最终收了一根小阴线，当收盘价在大阳线的收盘价与开盘价的 1/2 上方，表现为强势。随后价格继续上涨，所以手中持有筹码的投资者可以继续持有，没有筹码的投资者可以继续加仓买入该股票。

3.3.2 上涨趋势中的假突破大阳线

如图 3.13 所示的是东阿阿胶（000423）2020 年 4 月 21 日至 2020 年 6 月 23 日的日 K 线图。

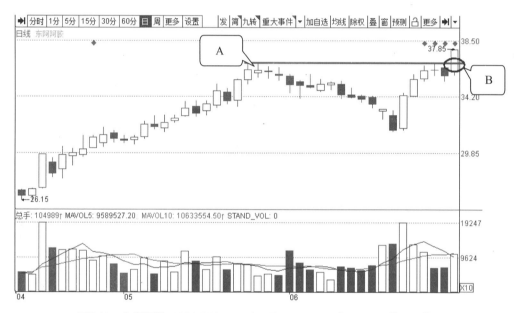

图3.13　东阿阿胶（000423）2020年4月21日至2020年6月23日的日K线

东阿阿胶（000423）的股价经过一波上涨后，最高上涨到 36.74 元，即 A 处。然后股价开始震荡回调，最低回调到 31.42 元，然后一根大阳线上涨。随后价格又开始上涨，在 B 处，股价又拉出一根大阳线向上突破。

B 处这根大阳线可以跟进做多该股票吗？首先看成交量，成交量有所放大，但总的来看，成交量还不够大，所以最好观察几天再跟进比较好。

按下键盘上的"→"键，向右移动日 K 线图，就可以看到其后几天的走势，如图 3.14 所示。在这里可以看到，大阳线后，股价没有继续上涨，而是不断收阴线下行，最终回到大阳线开盘价之下，所以这是一个假突破大阳线。

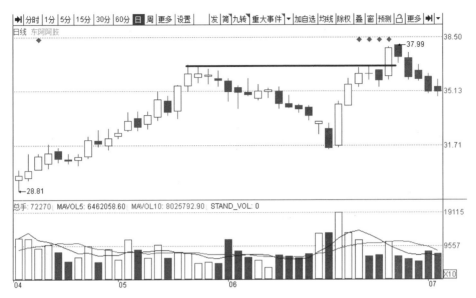

图3.14　东阿阿胶（000423）大阳线后几天的走势

3.3.3 横向盘整行情中的大阳线

如图 3.15 所示的是老凤祥（600612）2020 年 9 月 22 日至 2021 年 2 月 19 日的日 K 线图。

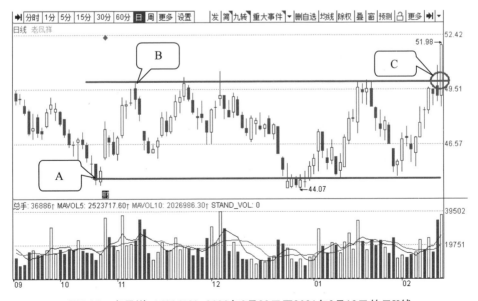

图3.15　老凤祥（600612）2020年9月22日至2021年2月19日的日K线

老凤祥（600612）的股价在 2020 年 3 月 19 日创出 35.65 元的低点，然后价格开始触底反弹上涨，经过 4 个多月时间的上涨，即在 2020 年 7 月 28 日最高创出 68.01 元的高点。随后价格再度下跌，经过 3 个月左右时间的下跌，在 2020 年 10 月 27 日创出 44.30 元低点，即 A 处。随后价格再度横向盘整，低点支撑在 44.30 元附近，高点在 49.80 元附近，即 B 处。

横向盘整行情为 5 个月的时间。横向盘整后，到底是继续下跌，还是开始新一波上涨呢？

在 C 处，即 2021 年 2 月 19 日，一根大阳线向上突破，需要注意的是，虽然成交量有所放大，但放的量不够大，所以后市很可能会震荡。

按下键盘上的 "→" 键，向右移动日 K 线图，就可以看到其后的走势，如图 3.16 所示。

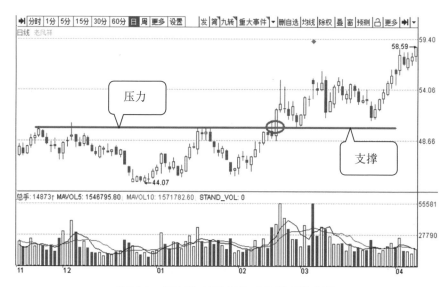

图3.16 老凤祥（600612）大阳线后的走势

从图 3.16 可以看到，大阳线突破上方压力后，该压力就变成了支撑。从大阳线向上突破后的几天走势来看，股价虽然震荡回落，但始终在支撑位之上，这表明价格企稳后，仍会继续上涨。

3.3.4 下跌趋势中的假突破大阳线

如图 3.17 所示的是北方股份（600262）2020 年 7 月 31 日至 2020 年 11 月 27 日的日 K 线图。

北方股份（600262）的股价经过一波上涨之后，创出 22.79 元高点，然后开始

一波快速下跌。仅仅 1 个月的时间，就从 22.79 元下跌到 17.08 元，下跌幅度高达
25.1%。随后价格开始横向盘整，支撑为 17 元附近，压力为 18.40 元附近。经过长达
2 个多月时间的盘整，价格在 A 处向上突破。需要注意的是，这里是大阳线向上突破，
成交量也出现了放量，但放的量不算太大。后市到底会怎么走呢？

图3.17　北方股份（600262）2020年7月31日至2020年11月27日的日K线

首先要明白，当前处于明显的下跌行情，要小心假突破，所以，投资者需要耐
心看看其后几天的走势。

按下键盘上的"→"键，向右移动日 K 线图，就可以看到其后的走势，如图 3.18
所示。

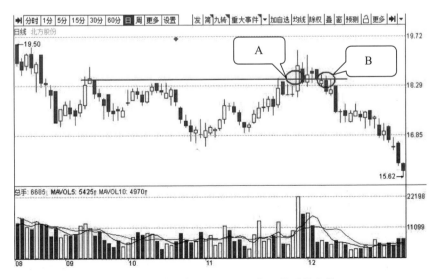

图3.18　北方股份（600262）大阳线后的走势

北方股份（600262）的股价在 A 处突破后，随后 4 天，股价盘中虽然跌破前期高点支撑线，但收盘价始终在支撑线上方，表明股价仍有上涨的可能，但投资者一定要明白，虽然有上涨的可能，但做多力量已经很不强了。

在 B 处，价格跌破了支撑线，这表明价格又要下跌了，由此可知在 A 处的突破是诱多，所以手中有筹码的投资者要及时果断卖出，否则会损失惨重。

> 📶 提醒：在判断个股走势时，要时时关注大盘的走势，如果大盘处于强势，个股出现买入信息，则可以积极加仓；如果大盘处于弱势，个股出现买入信号，要多观察几天，然后制订操作计划。

3.4 触底大阳线的实战分析技巧

大盘或个股无论是在短期底部、中期底部，还是在长期底部，往往是以大阳线确定底部区域，但投资者要时时注意主力在下跌过程中出现的假触底大阳线，如果一不小心碰到了假触底大阳线，要及时止损出局，否则很可能被套牢。

3.4.1 下跌趋势中的触底大阳线

如图 3.19 所示的是中新集团（601512）2019 年 12 月 20 日至 2020 年 5 月 27 日的日 K 线图。

图3.19 中新集团（601512）2019年12月20日至2020年5月27日的日K线

中新集团（601512）的股票 2019 年 12 月 20 日上市交易，该股较弱，上市第 3 个交易日都没有涨停，然后开始下跌。需要注意的是，股价先是慢速下跌，随后是急跌，然后在 A 处出现了触底大阳线。这表明由多方力量进场做多了，所以手中还持有该股票的投资者可以看一看，不要急着卖出。手中有资金的投资者如果想做多该股，可以轻仓买进。

从其后走势来看，股价不强，反弹高度有限，仅仅是把跳空的缺口补上，又开始下跌。连续小幅下跌 8 天后，第 9 个交易日，再度收中阳线，并且又连续上涨，组合 K 线可以看成一根大阳线，即 B 处也是触底大阳线。

注意这一波反弹也不强。所以反弹行情不要想得太高，有盈利就要注意止盈。这一波反弹结束之后，价格再度回调，注意没有再创新低。虽然没有新低，但是出现了窄幅横盘整理，在 C 处又连续出现中阳线，可以看作组合大阳线，所以可以轻仓短多。

总之，对于下跌趋势中的触底大阳线，只可以短多，并且有盈利就要注意止盈。

如图 3.20 所示的是中国中车（601766）2019 年 12 月 25 日至 2020 年 7 月 6 日的日 K 线图。

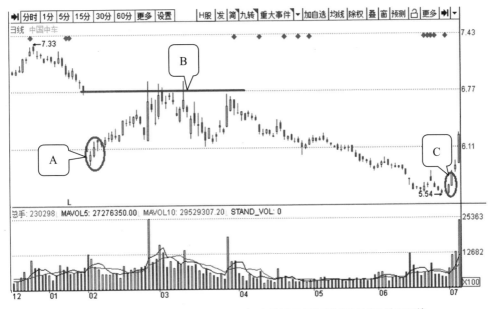

图3.20　中国中车（601766）2019年12月25日至2020年7月6日的日K线

中国中车（601766）的股价经过一波反弹，创出 7.33 元高点，然后开始震荡下跌，刚开始下跌速度很慢，最后却跳空大跌。但跳空大跌之后，连续收阳线，可以看作是 K 线组合大阳线，即 A 处。所以这里可以做多，目标是上方的跳空缺口，即 B 处。

从其后走势来看，股价震荡上涨补完缺口后，又涨不动了，高位震荡之后，再度下跌。又经过 3 个月的下跌，创出 5.54 元低点，然后价格开始连续大阳线上涨，即 C 处，这是触底大阳线，可以做多，但是不是真正的底部呢？

　　按下键盘上的"→"键，向右移动日 K 线图，就可以看到其后的走势，如图 3.21 所示。

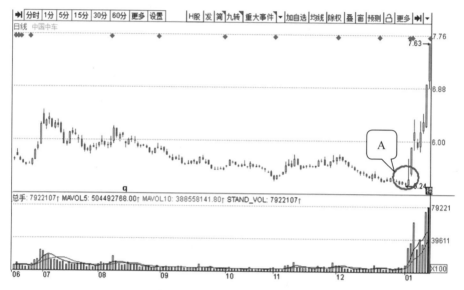

图3.21　中国中车（601766）两次触底后的走势

　　中国中车（601766）的股价两次触底之后，在 A 处再度触底，然后大阳线拉涨，这才是真正的触底，前面的触底大阳线都是假的触底大阳线。

　　在这里可以看到，如果在 A 处果断买入该股票，短时间内就会有较大的盈利。

> 📶提醒：真正的触底大阳线，需要经过其后的走势来验证。所以底部不是猜到的，股价走出后才能确定。

3.4.2 上涨趋势中的触底大阳线

　　如图 3.22 所示的是赞宇科技（002637）2019 年 7 月 30 日至 2020 年 3 月 17 日的日 K 线图。

　　赞宇科技（002637）的股价在 2019 年 8 月 6 日创出回调低点 7.01 元，然后开始震荡上涨，先是站上 5 日均线，然后又站上 10 日和 30 日均线，均线多头排列，即 5 日均线在 10 日均线上方，10 日均线在 30 日均线上方，往往是上涨趋势行情的最主要特征。

　　在 A 处，股价回调到 30 日均线附近，也就是回调到重要的支撑位，出现了大阳线，即触底大阳线，所以是比较好的买进股票的位置。随后价格开始震荡上涨，在 B 处，价格突破大阳线，这表明价格仍会继续上涨，所以多单可以继续持有。接着价格继续沿着 5 日均线上涨，投资者耐心持有股票即可。

需要注意的是，价格沿着 5 日均线上涨，当价格跌破 5 日均线时，可以先止盈。在 C 处，股价再度回调到 30 日均线附近，又出现触底大阳线，所以 C 处仍是好的买入股票的位置。

同理，D 处也是一个触底大阳线，仍可以介入多单。

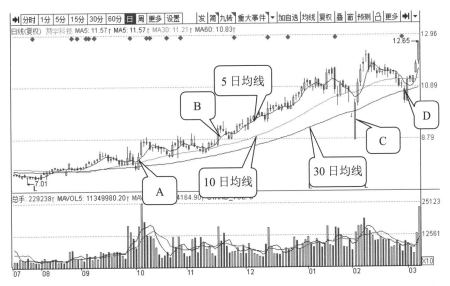

图3.22　赞宇科技（002637）2019年7月30日至2020年3月17日的日K线

3.5　见顶大阳线的实战分析技巧

主力要在高位派发获利筹码，就要制造做多的热烈气氛，引诱中小散户在高位抢筹接盘，否则主力把获利筹码派发给谁，又如何在高位实现胜利大逃亡呢？主力最常用的逃顶方法之一，就是拉大阳线诱多出货，这时的大阳线不是加仓信号，而是果断卖出信号，下面来进行具体讲解。

3.5.1　拉大阳线诱多出货的特征

拉大阳线诱多出货是主力逃顶时最常用的阴招，投资者对此一定要高度警惕。该出货方法的特征有五点，具体如下所述。

第一，在大阳线出现前，股价处于相对平稳的上升途中。

第二，突破在某一日或几日出现低开高走，并拉出大阳线（少数情况下，大阳线封至涨停，或跳空高开封至涨停，但其阳线的实体较短，在意义上可视为大阳线的变化形态）。

第三，大阳线后股价出现了冲高回落或形成了短期横盘走势。

第四，在大阳线出现当日及随后的一段时间里，成交量开始明显放大。

第五，大阳线后股价重心出现下移的迹象。

投资者在K线图中发现，在高位拉出大阳线后出现上述特征，就可以基本上确定为主力在利用大阳线进行诱多出货了。一旦主力完成筹码的派发任务，行情就会开始回落，甚至急转直下。

根据实战经验，拉大阳线诱多出货这一招成功概率很高，被忽悠的投资者不计其数，特别是中小散户。正因为这一招屡试不爽，所以主力对此招情有独钟，不断用它来进行胜利逃顶。

3.5.2 拉大阳线诱多出货

如图3.23所示的是雪人股份（002639）2015年2月25日至2016年1月28日的日K线图。

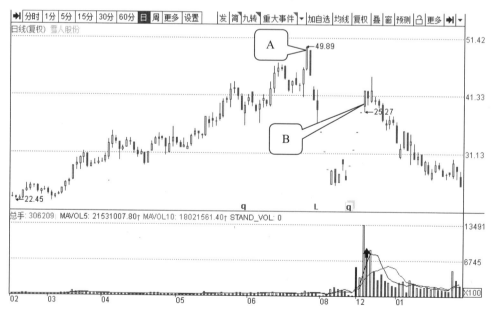

图3.23　雪人股份（002639）2015年2月25日至2016年1月28日的日K线

雪人股份（002639）的股价经过连续上涨之后，在最后 2 个交易日，连续大阳线上涨，即 A 处，最终创出 49.89 元高点。需要注意的是，这时股价上涨的时间已较长，并且在高位连拉大阳线，这是明显的拉大阳线诱多出货，所以投资者一定要小心。

从其后走势来看，创出 49.89 元高点后，股价连续大阴线下跌，短短 8 个交易日，股价最低下跌到 25.27 元，下跌幅度为 49.35%。

投资者从成交量可以看出，股价虽然波动很大，但是成交量很小，所以主力是出不了多少股票的。

从其后走势来看，股价在低位略震荡后，就开始连续涨跌上涨，即连续拉了 5 个涨停。需要注意，这时成交量明显放大，这是拉高出货的节奏，即再次拉出大阳线出货。从成交量来看，这次出货是成功的，成交量明显放大，随后价格开始震荡下跌。

雪人股份（002639）的主力频繁利用拉大阳线诱多出货。在 2016 年的两个高点顶部，主力也是采用拉大阳线诱多出货，如图 3.24 所示。

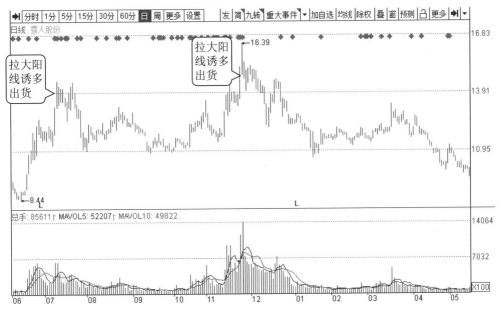

图3.24　雪人股份（002639）2016年的两个高点顶部

2019 年的高点顶部，雪人股份（002639）也是拉大阳线诱多出货，如图 3.25 所示。

图3.25　雪人股份（002639）2019年的高点顶部

拉大阳线诱多出货时，投资者要清醒地认识到其欺骗性，为了防范这方面的风险，避免陷入主力的圈套，下面来简述一下应对的四项策略。

第一，将主力拉大阳线诱多出货的常见图形熟记于心，这样日后见到类似的K线图就能立即提高警惕，不至于高位深度被套。

第二，严格按照大阳线买卖规则进行操作，如高位大阳线的开盘价被击穿，就要第一时间止损，一定不能存有侥幸心理，不能果断止损出局，就会越套越深。

第三，对于盘中的一些重要现象要密切注意，如突然在高位拉出大阳线，并且以后几天的成交量明显放大，这不是什么好现象；还有在高位拉出大阳线后出现横盘，并且成交量较大。

第四，要认真仔细观察盘面变化，寻找主力出货的规律。投资者只要注意盘面细节的变化，就能发现许多主力隐藏在背后的秘密，如有很多主力在操作时有个习惯，第一次用这个方法取得成功，那么第二次、第三次仍然会故技重演。所以只要熟悉主力的操作习惯，就可以跟庄操作，从而获利。

3.6　辩证看待大阳线

一轮行情的兴起，往往是因为一根大阳线拔地而起，从而改变了股价运行趋势，在这个时期大阳线扮演的是积极看多、做多，吹响冲锋号的角色；一轮行情的衰败和终结，往往也是因为在高位拉出一根或几根大阳线，从而构筑头部，甚至急转直下。另外，在上升趋势中，大阳线扮演中途加油、为市场鼓劲的角色；在下跌趋势中，大阳线扮演掩护主力出逃、坑害投资者的角色。

总之，大阳线具有双重性格，既是投资者的朋友，又是投资者的敌人，投资者要学会辩证看待，多总结规律，从而使大阳线成为自己投资的得力助手。

3.6.1 强势市场和弱势市场

股市进入强势市场，大阳线的出现对行情起到的是一种助推作用，即行情继续向上拓展；而股市进入弱势市场，大阳线往往是主力的一种诱多信号，多半表示反弹行情即将结束。

那么，什么是强势市场和弱势市场呢？其实强势市场是一个大概念，大牛市是一个强势市场，熊市中爆发的中级反弹行情也是一个强势市场。总之，强势市场是指一个总体有利于看多、做多的市场，而弱势市场是一个总体有利于看空、做多的市场。从技术上来说，大盘指数的 60 日均线必须有效站稳，并始终处于向上运行状态，表示市场强势，一旦 60 日均线向下弯头或失守，表示市场进入弱势，如图 3.26 所示。

图3.26 强势市场和弱势市场

3.6.2 低位区和高位区

股价处于高位区，大阳线自然就会被主力作为出货手段加以利用；反之，股价处于低位区，大阳线就会被主力作为积极做多的手段加以利用。那么，如何判断股价在高位区还是低位区呢？具体方法有三种，分别是看市盈率的高低、看同行业数据对比信息、看技术形态，如图3.27所示。

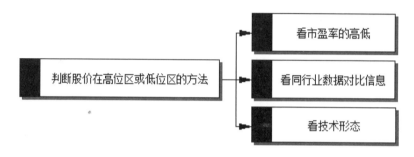

图3.27　判断股价在高位区或低位区的方法

1. 看市盈率的高低

市盈率是经常用来评估股价水平是否合理的指标之一，是很有参考价值的股市指针。

市盈率（Price Earnings Ratio，P/E 或 PER）又称本益比，是普通股每股市场价格除以普通股每年每股盈利的比率，其计算公式为

$$市盈率=普通股每股市场价格 \div 普通股每年每股盈利$$

市盈率越低，代表股民能够以较低价格购入股票以取得回报。每股盈利的计算方法，是该企业在过去 12 个月的净利润减去优先股股利之后除以总发行已售出股数。

假设某股票的市价为 24 元，而过去 12 个月的每股盈利为 3 元，则市盈率为 24÷3=8。该股票被视为有 8 倍的市盈率，即每付出 8 元可获得 1 元的盈利。投资者计算市盈率，主要用来比较不同股票的价值。理论上，股票的市盈率越低，越值得投资。比较不同行业、不同国家、不同时段的市盈率是不太可靠的，比较同类股票的市盈率较有实用价值。

在市盈率中，其关键在于每股盈利（E）的确定。直观地看，如果公司未来若干年每股收益为恒定值，那么 P/E 值代表了公司保持恒定盈利水平的存在年限。这有点儿像实业投资中回收期的概念，只是忽略了资金的时间价值。而实际上保持恒定的每股盈利（E）几乎是不可能的，每股盈利（E）的变动往往取决于宏观经济和企业的生存周期所决定的波动周期。所以在运用 P/E 值的时候，每股盈利（E）的确定显得尤为重要，由此也衍生出具有不同含义的 P/E 值。每股盈利（E）体现在两个方面，

一个是历史的每股盈利（E），另一个是预测的每股盈利（E）。

用历史的每股盈利（E）计算出来的市盈率，称为静态市盈率。

用预测的每股盈利（E）计算出来的市盈率，称为动态市盈率。

市盈率的分类如图 3.28 所示。

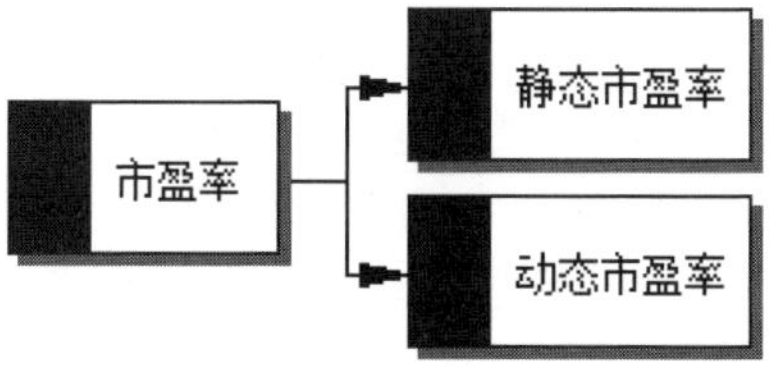

图3.28 市盈率的分类

静态市盈率是市场广泛谈及的市盈率，即以市场价格除以已知的最近公开的每股收益后的比值。静态市盈率体现的是企业按现在的盈利水平要花多少年才能收回成本，这个值通常被认为在 10~20 是一个合理区间。

动态市盈率是指还没有真正实现的下一年度的预测利润的市盈率。等于股票现价和未来每股收益的预测值的比值，比如下年的动态市盈率就是股票现价除以下一年度每股收益预测值，后年的动态市盈率就是股票现价除以后年每股收益预测值。动态市盈率的计算公式为

$$动态市盈率=股票现价÷未来每股收益的预测值$$

在计算动态市盈率时，往往是静态市盈率乘以一个动态系数，具体计算公式为

$$动态市盈率=静态市盈率×动态系数$$

其中动态系数为 $1÷(1+i)^n$，i 为企业每股收益的增长性比率，n 为企业的可持续发展的存续期。

例如，上市企业当前股价为 20 元，每股收益为 0.38 元，上年同期每股收益为 0.28 元，成长性为 35%，即 $i=35\%$，该企业未来保持增长速度的时间可持续 5 年，即 $n=5$；则动态系数为 $1÷(1+35\%)^5≈0.22$。

下面来计算一下静态市盈率和动态市盈率。

$$静态市盈率=20÷0.38≈52.63$$

$$动态市盈率=52.63×0.22≈11.58$$

两者相比，相差之大，相信普通投资者看了会大吃一惊。动态市盈率理论告诉我们一个简单而又深刻的道理，即投资股市一定要选择有持续成长性的公司。由此，我们不难理解资产重组为什么会成为市场永恒的主题，以及有些业绩不好的公司在

实质性的重组题材支撑下能够成为市场黑马。

具体如何分析静态市盈率、动态市盈率？如果一家公司因非经营性投资获得较好的每股盈利，从而会导致其该年静态市盈率显得相当具有诱惑力；如果一家公司该年因动用流动资金炒股获得了高收益，或者是该年部分资产变现获取了不菲的转让收益等，那么对于一些本身规模不是特别大的公司而言，这些都完全有可能大幅提升其业绩水平，但这更多是由非经营性收益带来的突破增长，需要辩证地去看待。

非经营性投资带给公司高的收益，这是好事，短期而言，对公司无疑有振奋刺激作用，但这样的收益具有偶然性、不可持续性。资产转让了就没有了，股票投资本身就具有不确定性，没有谁敢绝对保证一年有多少收益。因此，非经营性收益是可遇而不可求的。

如图 3.29 所示的是五粮液（000858）的市盈率。

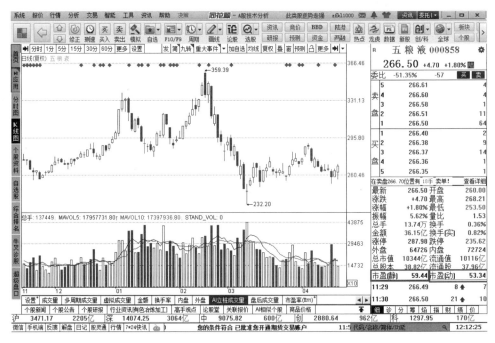

图3.29　五粮液（000858）的市盈率

2. 看同行业数据对比信息

与同行业的股票进行比较，如果远低于平均水平，就是低位；如果远高于平均水平，则是高位。

在五粮液（000858）日 K 线状态下，按下键盘上的 F10 键，就可以查看该股票的资料信息；单击"行业对比"，就可以看到最近半年报或年报的同行业股票数据对比信息，如图 3.30 所示。

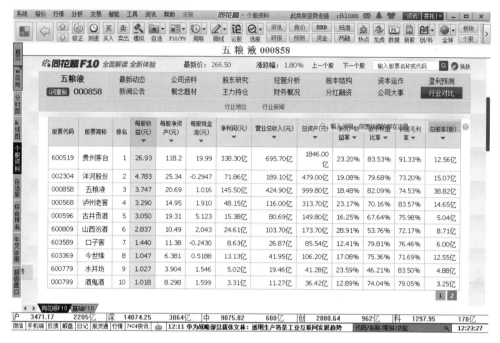

图3.30　五粮液（000858）同行业股票的数据对比信息

3. 看技术形态

如果股价刚从底部形态走出，可视为低位；如果已上涨很长时间，特别是有很大涨幅，技术上呈现价升量综或价平量增时，要视为高位。这部分在后面章节会详细讲解，这里不再多说。

投资者在分析股价处于高位还是低位时，还应注意当时的股市环境。因为在不同市场环境下，股票的估值标准也不一样。例如，在牛市中，市场给予业绩优秀、成长性预期良好的股票的合理市盈率为三四十倍，当股价低于该市盈率水平时，可以认为股价处于低位；但到了熊市，市场给予业绩优秀、成长性预期良好的股票的合理市盈率会大幅降低，所以当股价处于三四十倍市盈率水平时，市场就会认为股价处于高位了。所以投资者在衡量股价在低位还是在高位时，也要因时而异、因市而异。

第 4 章

其他重要单根 K 线实战分析

在运用 K 线技术时，不能只看其形，重在研究其后的多空力量对比，即要结合 K 线的位置、时间来看，因为在不同的位置和不同的时间段所表达的信息是不同的。所以在学习 K 线时，要多站在主力的立场去思考 K 线背后的意义，即多空力量的对比情况。本章主要讲解大阴线、长十字线、螺旋桨的技术含义、操作指导和实战分析案例。

4.1 大阴线实战分析

按实体和影线特征，大阴线可分为光头光脚大阴线、光头大阴线、光脚大阴线、穿头破脚大阴线。大阴线的图形如图 4.1 所示。

图4.1 大阴线

4.1.1 形态描述

某个交易日股价大幅下跌，收盘价明显低于开盘价，就会收出一根大阴线。通常单日大阴线的实体波动幅度为 6% 以上，它的实体非常长，而上下影线很短或者根本没有。它的出现一般表示卖盘强劲，空方始终占据着优势。

4.1.2 技术含义

大阴线的力度大小，与其实体长短成正比，即阴线实体越长，力度越大。大阴线的出现，对多方来说是一种不祥的预兆。但事情又不是那么简单，我们不能把所有的大阴线都看成是后市向淡的信号，有时大阴线出现后，股价不跌反涨。如何对大阴线进行判断呢？如果股价经过大幅拉升后出现大阴线，这表示股价回调或做头部，应卖出股票。如果股价经过大幅下跌后出现大阴线，暗示做空能量已释放得差不多了，根据"物极必反"的原理，此时要弃卖而买，考虑做多。

4.1.3 操作指导

大阴线的操作指导具体如下所述。

第一，股价经过长时间的大幅上涨之后，出现了大阴线，这表明多方力量已衰竭，空方力量开始聚集反攻，所以及时减仓或清仓出局观望为好。

第二，股价探明高点之后，开始震荡下跌，在下跌过程中出现反弹，在反弹过程中又出现大阴线，这表明市场主力出货完毕，要及时出局观望。

第三，股价经过长时间大幅下跌之后，又开始加速下跌赶底，这时连续出现大阴线，表明主力在利用大阴线恐吓散户，这里不是卖点，反而是等待企稳信号，可以开始进场做多。

第四，如果股价已经经过长时间的大幅下跌，然后探明了底部，开始震荡上升，在上升初期，如果出现了大阴线，短线可以减仓回避风险，中线可以持仓不动。

4.1.4 大阴线实战分析案例

如图4.2所示的是方正科技（600601）2020年6月30日至2020年11月3日的日K线图。

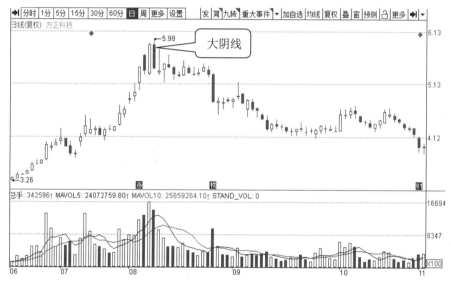

图4.2 方正科技（600601）2020年6月30日至2020年11月3日的日K线

方正科技（600601）的股价从3.26元一路上涨到5.98元，仅用了两个多月时间，上涨幅度高达83.44%。需要注意的是，在创出最高点后，先是一根诱多大阳线，然后创出最高点5.98元，但收盘却收了一根大阴线，这表明股价要下跌了。

从其后走势来看，大阴线之后，价格在高位震荡10个交易日，然后就开始下跌了。

如图4.3所示的是绿地控股（600606）2015年2月5日至2015年6月29日的日K线图。绿地控股（600606）的股价从15.75元开始上涨，经过近两年时间最高上涨到42.98元，上涨幅度高达812.53%。下面来看一下高位顶部的形成，该股主力相当凶悍，最后连续拉5个涨停，然后第6个交易日开盘涨停，收盘跌停，震荡幅度高达20%。需要注意，这一天成交量放出了巨量，表明主力在出货。

价格连续下跌3天后，又开始震荡盘升，注意成交量仍较大，这是主力在拉高出货。连续震荡上涨13个交易日后，第14个交易日，股价再度大阴线下跌，表明主力出货差不多了，要开始真正的下跌了。

从其后走势可以看出，股价在高位震荡之后，就开始快速下跌了。如果手中有筹码的投资者不及时出局，可能会把前期的盈利吐回去很多，甚至由盈利变成亏损，最后损失惨重。

图4.3 绿地控股（600606）2015年2月5日至2015年6月29日的日K线

如图 4.4 所示的是广州浪奇（000523）2020 年 8 月 10 日至 2021 年 1 月 13 日的日 K 线图。

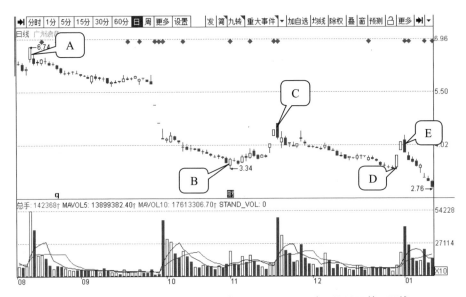

图4.4 广州浪奇（000523）2020年8月10日至2021年1月13日的日K线

广州浪奇（000523）的股价经过一波反弹，创出6.74元高点，即A处，注意这里出现一条诱多大阳线，如果不及时出局就会损失惨重。

随后股价开始震荡下跌，然后又连续跌停。连续跌停之后，价格仍继续下跌，最低跌到3.34元，即B处。价格在B处企稳后，开始震荡反弹，先是小幅上涨，最后来了两根涨停大阳线，这两根大阳线可以看作是诱多大阳线。两根大阳线之后，就是一条大阴线，即C处，该大阴线高开低走，是反弹大阴线，所以手中还有筹码的投资者要及时果断卖出。

随后价格继续震荡下跌，再次跌到前期低点附近，即D处，价格再度反弹，仍是大阳线反弹，然后大阴线杀跌，即E处，所以E处大阴线也是比较好的卖出位置。

如图4.5所示的是启迪环境（000826）2020年8月18日至2021年3月24日的日K线图。

图4.5　启迪环境（000826）2020年8月18日至2021年3月24日的日K线

启迪环境（000826）从2015年6月的最高点55.60元开始下跌，到2021年2月，最低跌到5.09元，下跌幅度高达90.85%。

下面来看一下最后一波下跌，2020年8月26日，股价反弹创出9.83元高点，然后开始震荡下跌。在震荡下跌过程中，虽有反弹，但总的来说反弹力度很小。反弹结束后继续下跌，最后连续9天阴线杀跌，从而创出5.09元低点。创出低点后，价格在底部震荡，然后开始震荡上涨。所以最后的大阴线杀跌，是市场主力在恐吓散户，让散户交出低廉的筹码。主力一旦吸货完毕，就会大幅拉升。

如图4.6所示的是青岛啤酒（600600）2020年9月17日至2020年12月16日的日K线图。

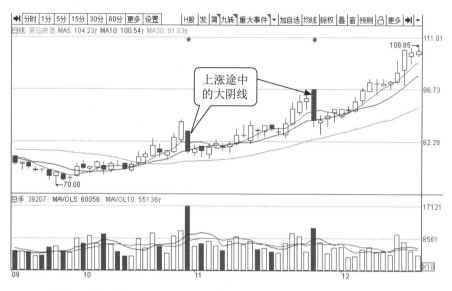

图4.6 青岛啤酒（600600）2020年9月17日至2020年12月16日的日K线

青岛啤酒（600600）的股价经过一波调整之后，创出 70.00 元低点，然后开始震荡上涨，先是站上 5 日均线，然后又站上 10 日均线，最后又站上 30 日均线，这样均线呈多头排列。这表明股价已处于上涨行情中。

在明显的上涨行情中，如果出现大阴线，投资者也不要恐慌，这是主力在洗盘，即清除短线获利筹码，中长线投资者可以不理会这种阴线。

4.2 长十字线实战分析

长十字线的特征是：开盘价和收盘价相同或基本相同，而上影线和下影线特别长。长十字线的图形如图 4.7 所示。

图4.7 长十字线

4.2.1 技术含义

长十字线的开盘价和收盘价相同或基本相同，但有很长的上下影线，这表明该交易日多空双方进行了一场大激战。前期低位买进的投资者在向外卖，而看好该股票的投资者在拼命地买，这样在开盘价上方就出现抛压，所以股价上不去，在开盘价下方又有人在买进，股价下不来，就打成一个平手。

长十字线是一种不同凡响的趋势反转信号，特别是当市场处在一个重要的转折点，或正处在牛市或熊市的晚期阶段，或当时已有其他技术信号出现警告信号，这时宁可错过，也不能漏过，因为遇上一个虚假的警告信号，总比漏过一个真正的危险信号强得多。

在上升趋势中出现长十字线，特别是股价有了一段较大涨幅之后出现，暗示着股价见顶回落的可能性很大。在下跌趋势中出现长十字线，特别是股价有了一段较大跌幅之后出现，暗示着股价见底回升的可能性很大。

4.2.2 操作指导

长十字线的操作指导具体如下所述。

第一，股价经过长时间的大幅下跌之后，出现了长十字线，这表明空方力量已衰竭，多方力量开始聚集反攻，可以轻仓介入，然后再顺势加仓。

第二，股价探明底部区域之后，开始震荡上升，在上涨过程中出现回调，在回调过程中出现长十字线，这表明短线获利筹码已被清洗完毕，主力重新入场做多，这里是重仓买进的最好时机。

第三，股价经过长时间的上涨之后，进入了高位区域，最后又进行疯狂地拉升，在其末端出现长十字线，这表明上涨行情很可能要结束，要及时获利出局观望。

第四，股价在高位震荡过程中出现长十字线，如果手中还有筹码，也要及时出局观望。

第五，股价在高位区域震荡后，开始下跌，特别是在下跌初期出现长十字线，不要轻易进场抢反弹，最好的策略仍然是观望。

4.2.3 长十字线实战分析案例

如图 4.8 所示的是康欣新材（600076）2020 年 12 月 7 日至 2021 年 4 月 9 日的日 K 线图。

康欣新材（600076）的股价在 2015 年 6 月为 18.84 元，经过较长时间的下跌之后，在 2021 年 2 月 1 日，创出 3.09 元低点，下跌幅度高达 83.6%。

无论从时间上看，还是从下跌幅度上看，康欣新材（600076）的股价已接近下跌尾端，所以这时出现长十字线，即 A 处，是进场买入股票的位置。

从其后走势来看，股价创出 3.09 元低点后，就开始震荡上涨。需要注意，上涨行情的初期，不会上涨太快，常常是"三步一回头"走势。

图4.8　康欣新材（600076）2020年12月7日至2021年4月9日的日K线

如图 4.9 所示的是河钢股份（000709）2020 年 12 月 18 日至 2021 年 4 月 12 日的日 K 线图。

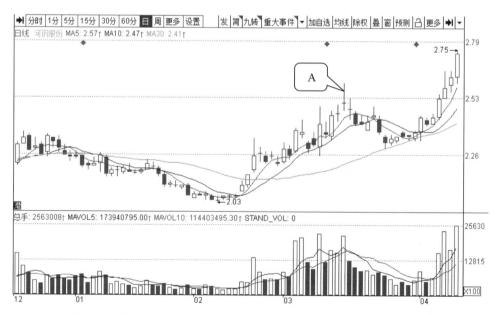

图4.9　河钢股份（000709）2020年12月18日至2021年4月12日的日K线

河钢股份（000709）的股价经过一波下跌后，创出 2.03 元低点，然后价格开始震荡上涨，先是站上 5 日均线，然后又站上 10 日均线，最后又站上 30 日均线。这样均线呈多头排列，随后价格沿着 10 日均线震荡上涨，经过十几个交易日上涨之后，在 A 处出现长十字线，这表明多空开始有较大分歧，即多头力量不太强了，有回调要求，所以这里可以减仓，但也不用过分紧张，毕竟股价刚刚上涨，涨幅不大。

随后价格出现了回调，回调到 30 日均线附近，价格开始震荡，这表明价格在这里得到支撑，所以这里可以重新把卖出的股票再买回来。

从其后走势来看，价格在 30 日均线附近企稳后，又开始一波上涨行情，所以及时买进的投资者就会在短时间内有不错的盈利。

如图 4.10 所示的是浙江广厦（600052）2015 年 1 月 29 日至 2015 年 9 月 2 日的日 K 线图。

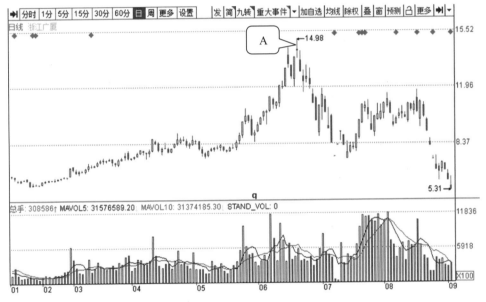

图4.10　浙江广厦（600052）2015年1月29日至2015年9月2日的日K线

浙江广厦（600052）的股价在 2013 年 6 月，最低跌到 2.76 元，到 2015 年 6 月，最高上涨到 14.98 元，上涨幅度高达 542.75%。

无论从时间上看，还是从空间上看，股价已上涨到高位。这样只要在高位出现长十字线，就表明股价有反转的可能，所以在 A 处，要及时卖出手中的股票。

从其后走势来看，又经过两年时间的震荡下跌，最后跌到 2.50 元，所以在高位一旦出现见顶信号，就要果断卖出股票。否则可能盈利的单子最后会变成亏损的单子，甚至还损失惨重，如图 4.11 所示。

图4.11　浙江广厦（600052）的震荡下跌行情

如图 4.12 所示的是天坛生物（600161）2020 年 4 月 21 日至 2020 年 10 月 28 日的日 K 线图。

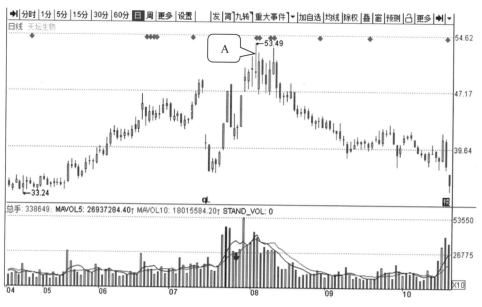

图4.12　天坛生物（600161）2020年4月21日至2020年10月28日的日K线

天坛生物（600161）的股价在 2018 年 9 月，创出 16.80 元低点，到 2020 年 8 月，最高上涨到 53.49 元，上涨幅度高达 318.39%。

无论从时间上看，还是从空间上看，股价已上涨到高位。需要注意的是，股价在高位出现了震荡，在高位震荡中出现了长十字线，这是转势的信号，所以在 A 处，要及时卖出手中的股票。

如图 4.13 所示的是复星医药（600196）2020 年 7 月 17 日至 2021 年 3 月 11 日的日 K 线图。

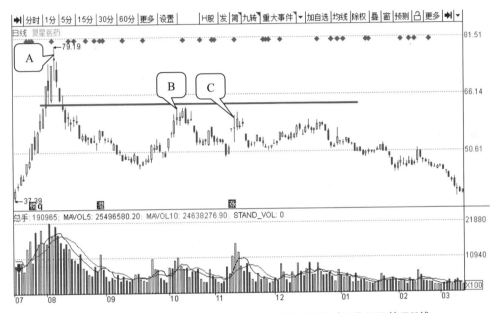

图4.13　复星医药（600196）2020年7月17日至2021年3月11日的日K线

复星医药（600196）的股价经过连续大幅上涨之后，创出 79.19 元高点，并且在创出高点这一天，价格收了一根长十字线，即 A 处，表明价格很可能要反转。

从其后走势来看，价格出现长十字线后，就开始快速下跌，先是跌破支撑线（64 元附近），这样支撑线就由支撑变成了压力。价格快速下跌到 47 元附近，价格得到支撑，然后开始震荡反弹。需要注意的是，价格虽然反弹时间很长，但始终在压力线之下，并且反弹到压力线附近，就出现长十字线，即 B 处和 C 处，这表明压力很大，多方力量很难突破上方压力，所以 B 处和 C 处的长十字线是卖出股票的位置。

需要注意，盘久必跌，所以长时间盘整后，股价再度下跌。

如图 4.14 所示的是冠农股份（600251）2020 年 8 月 17 日至 2021 年 3 月 4 日的日 K 线图。

图4.14 冠农股份（600251）2020年8月17日至2021年3月4日的日K线

冠农股份（600251）的股价经过一波上涨之后，创出 9.77 元高点，然后开始震荡下跌，经过近半年时间的下跌，最低跌到 5.20 元。需要注意的是，在跌到 5.20 元时出现了长十字线，即 A 处，这是一条转势 K 线，即价格很可能由前期的下跌趋势转为上涨行情，所以在 A 处时，手中还有该股筹码的投资者不要再卖出了，如果手中还有资金，可以轻仓买进该股票。

4.3 螺旋桨实战分析

螺旋桨的开盘价、收盘价相近，其实体可以为小阳线，也可以为小阴线。螺旋桨的上影线和下影线都很长，看起来就像飞机的螺旋桨，故命名为"螺旋桨"，如图 4.15 所示。

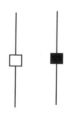

图4.15 螺旋桨

4.3.1 技术含义

螺旋桨是一种转势信号。它在上涨行情中，特别是股价有了一段较大涨幅之后，螺旋桨所起的作用是领跌。反之，在下跌行情中，特别是股价有了一段较大跌幅之后，螺旋桨所起的作用是领涨。螺旋桨的实体是阳线或是阴线，实质上没有本质区别，但在上涨行情中，阳线比阴线力量更大；在下跌行情中，情形正好相反。

4.3.2 操作指导

螺旋桨的操作指导具体如下所述。

第一，股价经过长时间的大幅下跌之后，出现了螺旋桨，这表明空方力量已衰竭，多方力量开始聚集反攻，可以轻仓介入，然后再顺势加仓。

第二，股价探明底部区域之后，开始震荡上升，在上涨过程中出现回调，在回调过程中出现螺旋桨，这表明短线获利筹码已被清洗完毕，主力重新入场做多，这里是重仓买进的最好时机。

第三，股价经过长时间的上涨之后，进入了高位区域，最后又进行疯狂的拉升，在其末端出现螺旋桨，这表明上涨行情很可能要结束，要及时获利出局观望。

第四，股价在高位震荡过程中出现螺旋桨，如果手中还有筹码，也要及时出局观望。

第五，股价在高位区域震荡后，开始下跌，特别是在下跌初期，出现螺旋桨，此时不要轻易进场抢反弹，最好的策略仍然是观望。

4.3.3 螺旋桨实战分析案例

如图 4.16 所示的是中视传媒（600088）2018 年 9 月 21 日至 2019 年 5 月 7 日的日 K 线图。中视传媒（600088）的股价在 2018 年 10 月创出 6.90 元低点，在 2019 年 3 月，创出 26.30 元高点，涨幅高达 281.16%。

需要注意的是，股价在创出 26.30 元高点时，收了一根螺旋桨 K 线，这是一根见顶 K 线，是转势信号，所以手中持有该股筹码的投资者要及时卖出该股票。

从其后走势来看，股价见顶后，在高位震荡，震荡结束后，跌破下方支撑线开始快速下跌，所以不及时出局的投资者可能盈利会大减，甚至由盈利变成亏损。

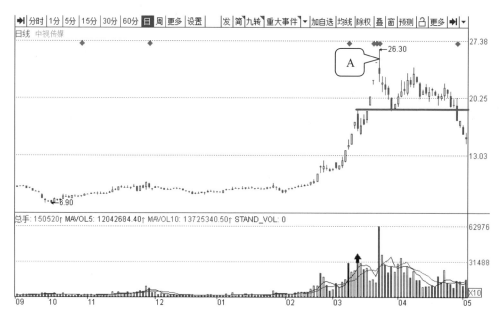

图4.16　中视传媒（600088）2018年9月21日至2019年5月7日的日K线

如图 4.17 所示的是浪莎股份（600137）2020 年 7 月 2 日至 2021 年 1 月 14 日的
日 K 线图。

图4.17　浪莎股份（600137）2020年7月2日至2021年1月14日的日K线

浪莎股份（600137）的股价经过较长时间、较大幅度的上涨之后，创出 20.35 元高点，但创出高点一天之后，收了一根螺旋桨转势 K 线。需要注意的是，价格随后并没有直接下跌，而是在高位震荡，在震荡过程中出现螺旋桨 K 线，即 A 处，所以这里要注意减仓或清仓。

从其后走势来看，股价在高位震荡近两个月之后，一根大阴线跌破支撑线，即 B 处，然后价格开始震荡下跌行情。

如图 4.18 所示的是国药现代（600420）2020 年 11 月 13 日至 2021 年 2 月 4 日的日 K 线图。

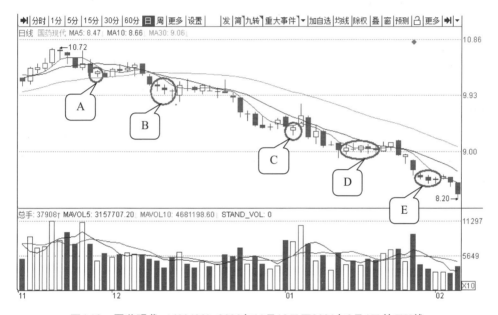

图4.18　国药现代（600420）2020年11月13日至2021年2月4日的日K线

国药现代（600420）的股价，经过一波上涨，创出 10.72 元的高点，需要注意的是，股价在创出高点这一天，收了一根十字线，这表明多空双方有较大分歧。随后 3 天价格震荡下跌，先是跌破 5 日均线，然后跌破 10 日均线，并且价格继续下跌。

下跌到 30 日均线附近，价格出现了一根螺旋桨，即 A 处，这表明价格有反弹可能，但反弹很弱。从其后走势可以看出，反弹 6 个交易日，也没有突破前面那根中阴线，随后股价跌破 30 日均线，开始沿着 5 日均线下跌，所以这里出现十字线或螺旋桨，不能轻易进场做多，否则很容易被套，即 B 处。

在 C 处，价格再度出现螺旋桨，但一定要明白，当前在空头行情中，即明显的下跌趋势，最好不要乱动，否则很容易被套。如果投资者在 C 处抄底买进股票，第 2 个交易日不出局，就会被套进去。

同理，D 处和 E 处也不能进场做多。

总之，在明显的下跌趋势中，不要轻易进场做多，否则很容易被套，如果不及时止损，损失会越来越大，甚至绝望。

如图 4.19 所示的是爱建集团（600643）2020 年 12 月 29 日至 2021 年 3 月 22 日的日 K 线图。

爱建集团（600643）的股价在 2015 年 6 月创出 30.36 元高点，在 2021 年 2 月 8 日，创出 6.45 元低点，跌幅高达 78.75%。

无论从时间上看，还是从空间上看，股价已处于底部区域，所以如果出现转势 K 线，就需要特别注意了。

在创出低点 6.45 元那个交易日，收盘收了一根螺旋桨，即 A 处，这是一根转势 K 线，所以可以关注该股票了。

股价随后震荡上涨，先是站上 5 日均线，然后又站上 10 日均线，最后一根大阳线站上 30 日均线，这表明股价要开始上涨了，所以可以进场做多了。

图4.19　爱建集团（600643）2020年12月29日至2021年3月22日的日K线

如图 4.20 显示的是盛屯矿业（600711）2020 年 5 月 8 日至 2020 年 8 月 26 日的日 K 线图。

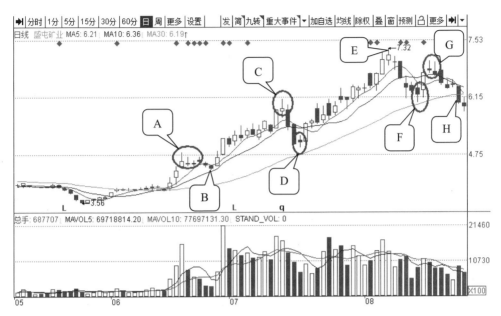

图4.20 盛屯矿业（600711）2020年5月8日至2020年8月26日的日K线

盛屯矿业（600711）的股价经过一波下跌，创出 3.56 元低点，随后价格小阳线上涨，先是站上 5 日均线，然后又站上 10 日均线，最后站上 30 日均线，这样均线就形成多头排列，即形成上涨趋势。

在上涨趋势中，股价连续三根阳线上涨后，最后一根阳线为螺旋桨 K 线，即 A 处。短线高手可以减仓，然后等待股价回调到支撑位再把仓位补回来，即在 B 处 10 日均线附近补回仓位。

股价在 B 处企稳后，就开始上涨，先是连续两根中阳线上涨，然后沿着 5 日均线震荡上涨，经过 12 个交易日上涨之后，再度出现螺旋桨 K 线，即 C 处，所以这里可以减仓。

随后股价开始下跌，下跌到 30 日均线附近，股价收了一根十字线，即 D 处，所以这里是补回仓位的位置。

随后股价继续上涨，最高上涨到 7.32 元，注意这里又出现螺旋桨 K 线，即 E 处，所以这里要注意减仓。接着价格出现快速下跌，下跌到 30 日均线附近，再度出现螺旋桨 K 线，即 F 处，所以这里可以把仓位补回来。

　　需要注意的是，股价上涨一天，再度出现十字线，这表明上方压力较大，即 G 处。随后价格开始震荡下跌，下跌 3 个交易日后，第 4 个交易日大阴线跌破 30 日均线，即 H 处，这表明上涨行情已经结束，所以手中的股票筹码要全部卖出，即清仓。

第5章

见底 K 线组合实战分析

  K 线图是主力与市场对话的唯一方式，只要对 K 线图进行深入研究，就可以了解主力的意图，从而实现与主力共舞。利用见底的 K 线组合，投资者可以把握建仓或加仓的最佳时机。本章主要讲解早晨十字星、早晨之星、好友反攻、曙光初现、旭日东升、平底、塔形底、圆底、低档五阳线、低位并排阳线、连续跳空三阴线、锤头线和倒锤头线的基础知识及实战分析案例。

5.1 早晨十字星和早晨之星的基础知识与实战分析

下面讲解早晨十字星和早晨之星的基础知识与实战应用技巧。

5.1.1 早晨十字星

早晨十字星，又称希望十字星，出现在下跌趋势中，其由三根K线组成，第一根K线为阴线，第二根K线是十字星，第三根K线是阳线，并且第三根K线实体较长，上涨时股价能够到达第一根阴线实体的价格区间内。早晨十字星的标准图形如图 5.1 所示。

早晨十字星的技术含义是：股价经过大幅回落后，做空能量已大量释放，股价无力再创新低，呈现见底回升态势，这是较明显的大势转向信号。早晨十字星常见的变化图形如图 5.2 所示。

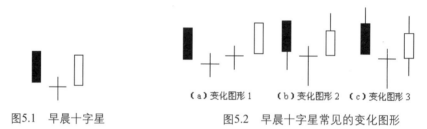

图5.1 早晨十字星

（a）变化图形1　　（b）变化图形2　　（c）变化图形3

图5.2 早晨十字星常见的变化图形

早晨十字星是见底信号，后市看涨，需要注意的是，第二根K线的上、下影线越长，见底信号越明显。

5.1.2 早晨之星

早晨之星，又称希望之星，和早晨十字星相似，区别是早晨十字星的第二根K线是十字线，而早晨之星的第二根K线是小阳线或小阴线，早晨之星的标准图形如图 5.3 所示。

早晨之星也是一种见底回升信号，但其信号不如早晨十字星强。早晨之星常见的变化图形如图 5.4 所示。

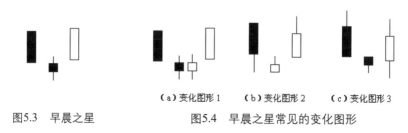

图5.3 早晨之星

（a）变化图形1　　（b）变化图形2　　（c）变化图形3

图5.4 早晨之星常见的变化图形

在实战操作中，如果同时出现早晨十字星和早晨之星的个股，应选择出现早晨十字星的个股买入。虽然早晨十字星和早晨之星都是见底信号，都有可能给投资者带来获利机会，但是因为早晨十字星中间的那一根 K 线是"下字线"或"长十字线"，表明多空双方在该位置战斗激烈，股价处于十字路口，其转势信号比一般的小阳线、小阴线更强烈，所以，在相同条件下，应优先选择早晨十字星的股票。

5.1.3 早晨十字星和早晨之星的注意事项

在利用早晨十字星和早晨之星操作个股时，还要注意以下几点。

第一，如果大盘向上走，即大盘的 30 日均线向上走，同时个股也向上走，即个股的 30 日均线也向上走，出现早晨十字星或早晨之星 K 线组合，激进型投资者可以采取积极买进策略，而稳健型投资者可以采取分批买进策略。

第二，如果大盘向上走，个股向下走，出现早晨十字星或早晨之星 K 线组合，投资者要采取持筹观望策略。

第三，如果大盘向下走，个股向上走，出现早晨十字星或早晨之星 K 线组合，激进型投资者可以利用少量资金尝试性买进，而稳健型投资者要采取持筹观望策略。

5.1.4 早晨十字星和早晨之星实战分析案例

如图 5.5 所示的是桂东电力（600310）2020 年 12 月 23 日至 2021 年 4 月 12 日的日 K 线图。

图5.5 桂东电力（600310）2020年12月23日至2021年4月12日的日K线

桂东电力（600310）经过一波反弹，在 A 处出现一根转势 K 线，即螺旋线。随后价格开始下跌，先是跌破 5 日均线，然后跌破 10 日均线，接着跌破 30 日均线。需要注意的是，股价虽然在快速下跌，但成交量不算大，这表明卖出筹码的量不大。

随后价格震荡下跌，跌幅不大，成交量很小，这表明持有该股的投资者都不愿意卖出。

价格经过明显的三波下跌之后，在 B 处出现了早晨十字星见底 K 线组合，即先是大阴线杀跌，随后收了一根十字线，然后又阳线上涨。这表明该股有上涨的可能了，所以手中还有没卖出的筹码，就不要卖出了。如果手中有资金，可以观察一下，能不能站稳 30 日均线，均线能否形成多头排列，如果能，手中筹码继续持有，并且可以沿着 5 日均线买入该股。

从其后走势来看，股价站稳所有均线后，开始一波趋势性上涨行情。及时买进的投资者，会有不错的投资收益。

如图 5.6 所示的是瀚蓝环境（600323）2020 年 3 月 23 日至 2020 年 8 月 25 日的日 K 线图。

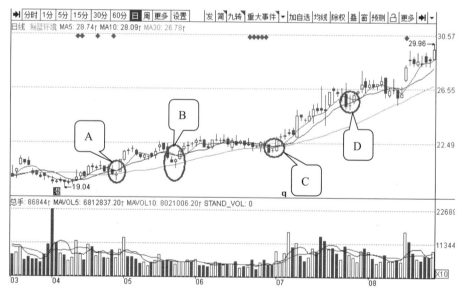

图5.6 瀚蓝环境（600323）2020年3月23日至2020年8月25日的日K线

瀚蓝环境（600323）经过一波下跌调整，创出 19.04 元低点，然后开始震荡上涨，先是站上 5 日均线，然后站上 10 日均线，接着站上 30 日均线，这表明股价要走好，所以手中还有筹码的投资者可以耐心持有，一直关注该股票的投资者要注意进场信号了。

在 A 处，股价阴线跌破 30 日均线，但第 2 个交易日就收了一根小阳线，第 3 个交易日开始中阳线上涨，重新站上所有均线，这就是标准的早晨之星，是见底信号，所以这时可以买进该股票。

在 B 处，股价在 30 日均线附近出现变形的早晨之星，所以也是进场买进信号。

在 C 处，股价也是先跌破 30 日均线，但随后收了一根十字线，接着就是一根中阳线上涨，重新站上所有均线，所以这里是新的做多位置。

同理，D 处也出现买入信号，即早晨十字星，仍可以轻仓介入多单。毕竟价格已上涨一段时间，也没有充分的调整，获利盘一旦卖出，易回调。

如图 5.7 所示的是中新药业（600329）2020 年 5 月 13 日至 2020 年 9 月 16 日的日 K 线图。

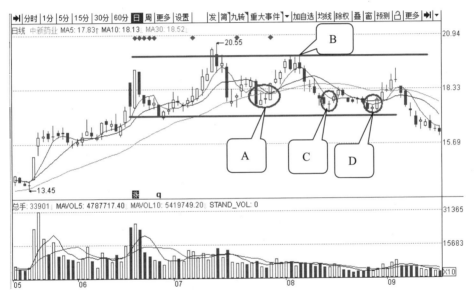

图5.7　中新药业（600329）2020年5月13日至2020年9月16日的日K线

中新药业（600329）经过长时间大幅上涨之后，开始在高位震荡，低位支撑区间是 17 元附近，高位压力区间是 20 元附近。

在高位震荡行情中，如果在支撑区间出现见底 K 线，可以轻仓买入股票，但一旦上方压力不能突破，就要及时出局。在这时可以看到 A 处，变形早晨之星买进，B 处卖出，有盈利；C 处早晨十字星买进，没有盈利机会，短线还会被套；D 处早晨十字星买进，有盈利机会，但如果不及时卖出，在股价跌破支撑线后，仍不卖出，很可能就会损失惨重。

如图 5.8 所示的是华联综超（600361）2020 年 7 月 8 日至 2020 年 12 月 24 日的日 K 线图。

图5.8　华联综超（600361）2020年7月8日至2020年12月24日的日K线

华联综超（600361）的股价经过一波上涨，创出 5.87 元高点。需要注意的是，创出高点这一天，股价收了一根螺旋桨转势 K 线。随后价格开始下跌，先是跌破 5 日线，然后跌破 10 日均线，最后下跌到 30 日均线附近，出现见底早晨十字星 K 线，即 A 处，这时可以做多，因为符合在支撑线处出现见底 K 线组合买进的条件。但需要注意，如果价格站不上 5 日均线，就要及时出局。

从其后走势来看，价格反弹到 5 日均线附近出现十字线，这表明上涨受到压力，所以可以先止盈。随后价格开始下跌，这一波出现大阴线杀跌，跌破了 30 日均线，这表明价格有可能要走入下跌趋势了，所以出现做多信号最好观望，不要轻易进场。

在 B 处，最好不要做多。如果要做多，也要有盈利就止盈。

在 C 处，也出现见底 K 线早晨十字星，这时也可以做多，但由于处在明显的下跌趋势中，所以也要见好就收。

5.2　好友反攻、曙光初现和旭日东升实战分析

下面讲解好友反攻、曙光初现和旭日东升的基础知识与实战应用技巧。

5.2.1　好友反攻

好友反攻，出现在下跌趋势中，是由一阴一阳两根 K 线组成的，第一根 K 线是

大阴线，接着跳空低开，而收盘时却收了一根中阳线或大阳线，并且收在前一根大阴线的收盘价附近或相同的位置上。好友反攻的标准图形如图 5.9 所示。

好友反攻也是一种常见的见底信号，它提示投资者不要再盲目看空了。好友反攻常见的变化图形如图 5.10 所示。

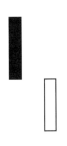

图5.9　好友反攻

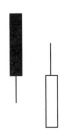

图5.10　好友反攻的变化图形

> 📶 **提醒**：在这三种见底信号中，好友反攻的转势信号最弱。

5.2.2 曙光初现

曙光初现，出现在下跌趋势中，是由一阴一阳两根 K 线组成的，先是出现一根大阴线或中阴线，接着出现一根大阳线或中阳线，并且阳线的实体深入到阴线实体的 1/2 以上位置。曙光初现的标准图形如图 5.11 所示。

曙光初现的阳线实体深入阴线实体的部分越多，则见底转势信号越强。曙光初现的见底信号比好友反攻强，但比旭日东升弱。曙光初现常见的变化图形如图 5.12所示。

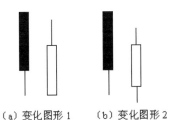

（a）变化图形 1　　（b）变化图形 2　　（c）变化图形 3

图5.11　曙光初现　　　　　　　　图5.12　曙光初现常见的变化图形

5.2.3 旭日东升

旭日东升，出现在下跌趋势中，是由一阴一阳两根 K 线组成的，先是出现一根大阴线或中阴线，接着出现一根高开的大阳线或中阳线，并且阳线的收盘价已高于前一根阴线的开盘价。曙光初现的标准图形如图 5.13 所示。

旭日东升的阳线实体高出阴线实体的部分越多，则见底转势信号越强。旭日东升的见底转势信号比曙光初现和好友反攻都要强。旭日东升常见的变化图形如图 5.14 所示。

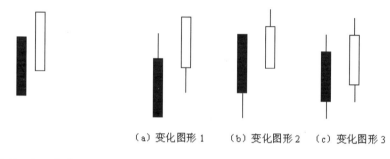

（a）变化图形 1　　（b）变化图形 2　　（c）变化图形 3

图5.13　旭日东升　　　　　　图5.14　旭日东升常见的变化图形

5.2.4 好友反攻、曙光初现和旭日东升实战分析案例

如图 5.15 所示的是深天地 A（000023）2020 年 1 月 8 日至 2020 年 4 月 22 日的日 K 线图。

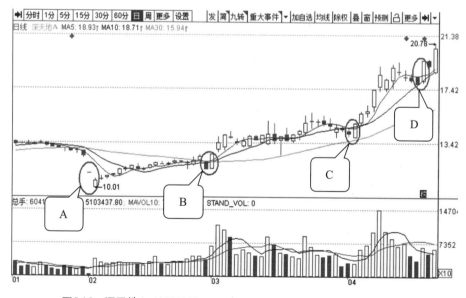

图5.15　深天地A（000023）2020年1月8日至2020年4月22日的日K线

深天地 A（000023）的股价，经过一波快速下跌之后，在 A 处出现了好友反攻 K 线组合，即股价跌停收盘后，第 2 个交易日股价开盘仍跌停，但随后开始反弹上涨，最后中阳线收盘，这是一个见底 K 线组合，所以手中还有筹码的投资者不要急着卖出了。

随后股价开始震荡反弹上涨，先是站上 5 日均线然后站上 10 日均线，最后站上 30 日均线。需要注意的是，股价站上 30 日均线的第 2 个交易日，就是中阴线杀跌，但随后就是一根大阳线拉起，即 B 处，这是旭日东升见底 K 线组合，所以这里可以买进股票。

从其后走势来看，股价沿着均线震荡上涨。在 C 处，股价再度出现旭日东升见底 K 线组合，由于股价没有大幅上涨过，所以仍可以买进股票。

在 D 处，股价又出现旭日东升见底 K 线组合。需要注意，由于股价上涨幅度较大，虽然仍可以买进股票，但要注意仓位，如果仓位重，持有即可；如果仓位轻，仍可以买进，但一定要注意见顶 K 线，一旦出现，最好先止盈，毕竟上涨幅度已大。

如图 5.16 所示的是神州信息（000555）2020 年 6 月 17 日至 2020 年 12 月 24 日的日 K 线图。

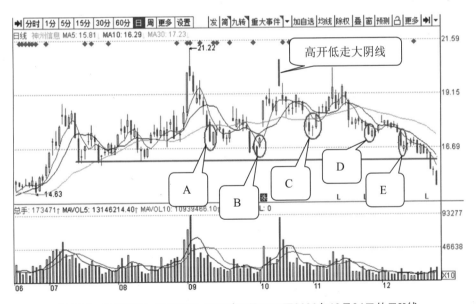

图5.16　神州信息（000555）2020年6月17日至2020年12月24日的日K线

神州信息（000555）的股价经过较长时间、较大幅度的上涨之后，在高位开始震荡。高位震荡行情，要找到支撑位，只要在支撑位上方出现见底 K 线组合，都可以买入股票。

在 A 处，出现曙光初现见底 K 线组合，可以做多，从其后走势看，涨幅不大，要见好就收。

在 B 处，出现旭日东升见底 K 线组合，可以做多，从其后走势来看，高开低走大阴线是卖出位置。

在 C 处，出现早晨十字星见底 K 线组合，可以做多，但也要见好就收。

在 D 处，出现曙光初现见底 K 线组合，这一波反弹很弱，没有重新站上 30 日均线，所以要果断卖出股票。

在 E 处，出现好友反攻见底 K 线组合，这一波反弹更弱。连续反弹 4 天，也没有"吃掉"前面的大阴线，并且均线已形成空头排列，所以要及时卖出。

> 📶提醒：在 E 处如果略有亏损，也要及时卖出，因为反弹力量太弱了。

如图 5.17 所示的是炼石航空（000697）2020 年 8 月 12 日至 2020 年 11 月 2 日的日 K 线图。

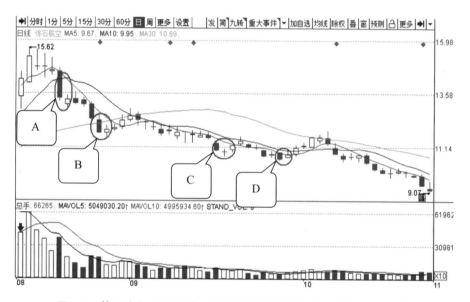

图5.17　炼石航空（000697）2020年8月12日至2020年11月2日的日K线

炼石航空（000697）的股价经过一波上涨之后，创出 15.62 元高点，然后股价在高位震荡 3 个交易日，随后一根大阴线跌破 5 日和 10 日均线，这表明价格有走坏的可能。

大阴线后，出现了一根低开阳线，即在 A 处出现好友反攻见底 K 线组合，但这里不可做多，或只能轻仓介入。原因是股价已上涨幅度较大，并且刚开始下跌。如果轻仓介入该股票，连续两天都没有站上 5 日均线，就要及时卖出，否则会损失惨重。

在 B 处，先是一根大阴线跌破 30 日均线，然后出现一根阳线，即出现曙光初现见底 K 线组合。如果在这里介入该股票，要注意连续 4 天反弹，虽都收于阳线，但上涨幅度太小，并且上涨到 30 日均线附近，出现了压力，所以在这里要及时卖出。

在 C 处，股价出现早晨十字星见底 K 线组合，这里最好不要做多，因为当前是明显的下跌行情，一旦介入该股票，不能及时出局，就会被套。

在 D 处，股价出现旭日东升见底 K 线组合，如果买入股票，一定要在股价未突破 30 日均线附近卖出股票。

> 📶提醒：在明显的下跌趋势中，出现了见底K线组合，最好观望，不要轻易介入。如果你是短线高手，则可以轻仓试单。一旦试对，就具有价格优势，可以中线持有，甚至长线持有。但最好是股价站上所有均线，然后顺势介入该股票，这样风险会小很多，盈利机会较大。

5.3 平底、塔形底和圆底实战分析

下面讲解平底、塔形底和圆底的基础知识与实战应用技巧。

5.3.1 平底

平底，又称钳子底，出现在下跌趋势中，由两根或两根以上的 K 线组成，但这些 K 线的最低价在同一水平位置上。平底的标准图形如图 5.18 所示。

平底是见底回升的信号，如果出现在较大的跌势之后，所提示的股价反转的可能性就很大。投资者见到此 K 线形态，可考虑适量买进。平底的变化图形如图 5.19 所示。

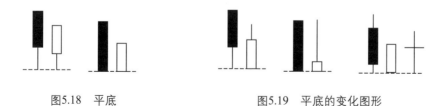

图5.18　平底　　　　　　　　　图5.19　平底的变化图形

5.3.2 塔形底

塔形底，因其形状像一个倒扣的塔顶而得名，其特征是在一波下跌行情中，股价在拉出长阴线后，跌势开始趋缓，出现了一连串的小阴线、小阳线，随后窜出一

根大阳线，这时升势已经确立。塔形底的图形如图 5.20 所示。

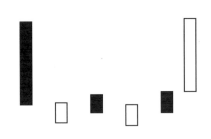

图5.20 塔形底

一般来说，股价在低位形成塔形底后，并且有成交量的配合，往往会有一段较突然的涨势出现。投资者见此 K 线组合后，应抓准机会，跟进做多。

5.3.3 圆底

圆底，出现在下跌趋势中，股价形成一个圆弧底，并且圆弧内的 K 线多为小阴线、小阳线，最后以向上跳空缺口来确认圆底形态成立。圆底的图形如图 5.21 所示。

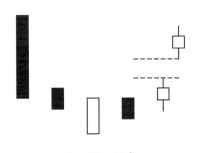

图5.21 圆底

当股价在下跌回调或横向整理时，出现圆底 K 线形态，表示市场做空力量已大大减弱，后面很可能转为升势。投资者见到该 K 线形态，可考虑适量买进。

5.3.4 平底实战分析案例

股价处在明显的上涨趋势中，并且上涨幅度不大，如果出现平底或回调过程中出现平底，是一个不错的买入时机。

如图 5.22 所示的是中信特钢（000708）2020 年 10 月 21 日至 2021 年 2 月 10 日的日 K 线图。中信特钢（000708）的股价经过一波回调，最低为 15.80 元，但创出低点这一天，股价带有下影线，表明多方有抄底买进该股票的。随后股价高开高走，出现了旭日东升见底 K 线组合，即 A 处。

随后股价继续上涨，最后站上所有均线，即站上 5 日、10 日和 30 日均线。这表明股价要开始一波上涨行情了。如果投资者在 A 处抄底，就可以继续持有了；如果没有抄底，则可以关注该股票了。

随后股价继续沿着 5 日均线上涨，上涨过程中，在 B 处，连续出现平底，所以手中筹码可以继续持有，没有该股票的投资者可以在平底处买进该股票。

经过一波上涨之后，股价开始横盘整理。在窄幅横盘整理过程中，在 C 处出现平底，这是买入信号。同理，在 D 处，出现早晨之星，也是买入信号。

经过一个多月时间的横盘整理之后，价格再度上涨，在上涨过程中，在 E 处和 F 处出现平底，所以仍是买进股票的机会。

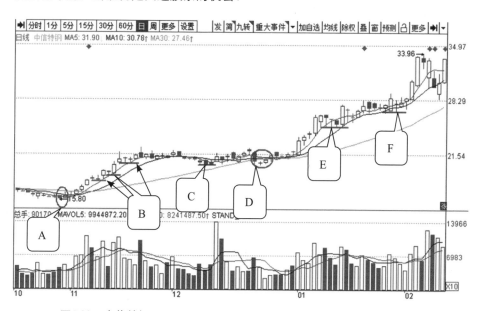

图5.22　中信特钢（000708）2020年10月21日至2021年2月10日的日K线

股价如果已经经过较长时间、较大幅度的上涨，然后在高位震荡，这时出现平底信号，可以轻仓跟随，但要注意控制风险，毕竟在高位。另外，要多加注意，如果股价处在明显的下跌趋势中，出现平底信号，最好不要轻仓进场，因为下跌趋势中的反弹力度有时很弱，进场被套的可能性很大。

如图 5.23 所示的是时代出版（600551）2020 年 5 月 22 日至 2020 年 11 月 4 日的日 K 线图。

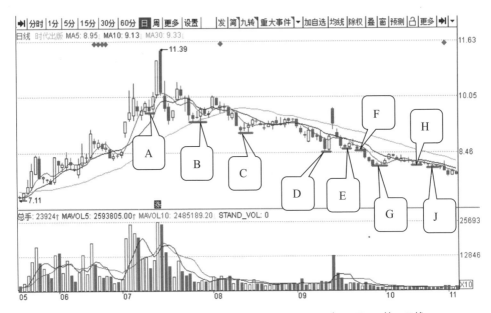

图5.23 时代出版（600551）2020年5月22日至2020年11月4日的日K线

　　时代出版（600551）的股价，经过一波上涨之后，在高位震荡，在A处出现平底，此时可以轻仓买入该股票，虽然创出11.39元高点，但创出高点那一天，股价收了一根大阴线，所以要及时卖出股票。

　　在B处，股价再度出现平底，仍可以轻仓买入股票，但上涨力量不强，所以当股价跌破5日均线时，最好卖出。

　　在C处，股价出现平底，需要注意的是，这里均线已形成空头排列，即当前行情很可能已处于下跌趋势的初期。所以当股价反弹站不上30日均线时，要及时卖出。

　　随后股价开始震荡下跌，即进入明显的下跌行情。在这样的行情中，出现平底或其他见底K线，最好以观望为主。从其后走势来看，在D、E、F、G、H、J任何一处买进股票，都会被套住，如果不及时止损的话，会损失惨重。

5.3.5 塔形底实战分析案例

　　股价经过大幅下跌之后，探明了底部区域，然后开始震荡上升，在这个过程中出现回调，回调过程中出现塔形底，要敢于重仓买进并持有。

如图 5.24 所示的是黄山旅游（600054）2020 年 10 月 29 日至 2021 年 3 月 15 日的日 K 线图。

图5.24　黄山旅游（600054）2020年10月29日至2021年3月15日的日K线

黄山旅游（600054）的股价经过一波下跌，创出 8.10 元低点。需要注意的是，这里出现了早晨十字星见底 K 线组合，即 A 处。

随后股价开始震荡上涨，先是站上 5 日均线，然后站上 10 日均线，最后又站上 30 日均线，均线形成多头排列，即有望出现一波上涨行情。

然而接下来价格并没有再涨，而是横盘整理，经过窄幅震荡后，股价再度下跌，即表明主力来洗盘。在 B 处出现塔形底见底 K 线组合，并且这时股价又重新站上所有均线，所以这时手中有筹码的投资者可以继续持有，没有的可以买进该股票。

如果股价经过一段时间的上涨之后，在高位震荡，在震荡过程中出现塔形底，可以短线做多跟进，但要小心主力在诱多，以防把自己套在高位。

如图 5.25 所示的是中信证券（600030）2020 年 6 月 22 日至 2021 年 3 月 12 日的日 K 线图。

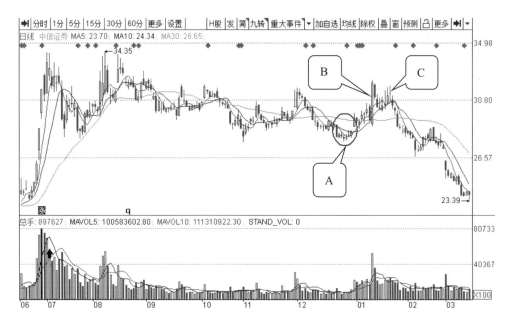

图5.25　中信证券（600030）2020年6月22日至2021年3月12日的日K线

中信证券（600030）的股价经过较长时间、较大幅度上涨之后，在高位震荡。在高位震荡的过程中，在 A 处出现塔形底，此时可以轻仓买入股票，但一定要注意，一旦有不好的信号，就要及时卖出。

股价在 A 处见底后，先是震荡上涨，然后拉出一根大阳线，但随后价格并没有继续上涨，而是震荡回调，所以 B 处的大阳线为诱多大阳线。诱多大阳线处是最理想的卖出位置，但很难有投资者能做到。随后价格震荡上涨时，反复出现上影线 K 线，即 C 处，表明上方压力较大，就可以卖出股票了。

在明显的下跌趋势中，特别是在下跌初期，出现塔形底，这很可能是主力在诱多，要万分警惕。

如图 5.26 所示的是厦门象屿（600057）2020 年 11 月 17 日至 2021 年 2 月 5 日的日 K 线图。厦门象屿（600057）经过一波上涨，最高上涨到 6.95 元，然后开始下跌，先是大阴线下跌，然后在 30 日均线上方震荡，震荡后又是中阴线下跌，并且跌破 30 日均线。

股价跌破 30 日均线后，出现塔形底，即 A 处。需要注意的是，股价已处于空头行情中，并且塔形底反弹的高点正好为 30 日均线附近，这是明显的诱多行情，所以千万不能在这里买进该股，如果手中还有该股票筹码，也应该及时卖出。

图5.26　厦门象屿（600057）2020年11月17日至2021年2月5日的日K线

5.3.6　圆底实战分析案例

股价经过大幅下跌之后，探明了底部区域，然后开始震荡上升，在这个过程中出现回调，回调过程中出现圆底，要敢于重仓买进并持有。

如图 5.27 所示的是同仁堂（600085）2020 年 11 月 9 日至 2021 年 4 月 1 日的日 K 线图。

图5.27　同仁堂（600085）2020年11月9日至2021年4月1日的日K线

同仁堂（600085）的股价在 2018 年 5 月，最高价为 43.78 元，到 2020 年 12 月，最低价为 23.25 元，下跌幅度高达 46.89%。

无论从时间上看，还是从空间上看，股价都有可能在底部区域。在 A 处，股价出现了圆底见底 K 线组合，所以这里可以买进股票。

股价在 A 处见底，后面走势比较复杂，但最终没有回补缺口，即 B 处的最低点在缺口上方。在 C 处，股价又出现塔形底 K 线组合，所以仍可以买进该股票。

如果股价已处在相对高位，然后震荡盘整，在这个过程中出现圆底，可以短线做多，但要时时警惕，因为毕竟是在高位，以防自己被套。

如图 5.28 所示的是古井贡酒（000596）2020 年 7 月 21 日至 2021 年 4 月 2 日的日 K 线图。

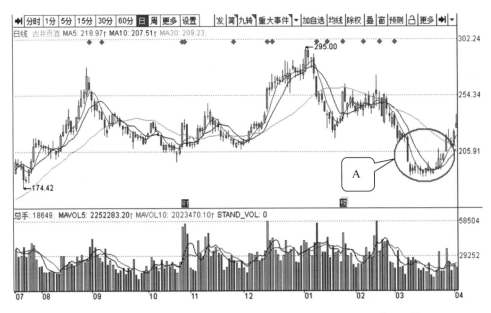

图5.28　古井贡酒（000596）2020年7月21日至2021年4月2日的日K线

古井贡酒（000596）的股价在 2019 年 1 月，最低价为 50.00 元，到 2021 年 1 月，最高价为 295.00 元，上涨幅度高达 490%。

无论从时间上看，还是从空间上看，股价都已处在高位。高位震荡过程中，在 A 处出现了圆底，这是见底信号，但由于已处在高位，只能轻仓做多，并且一旦有不好信号，就要及时卖出股票。

在明显的下跌趋势中，特别是在下跌初期，出现圆底，这很可能是主力在诱多，要特别小心。

如图 5.29 所示的是中迪投资（000609）2020 年 7 月 14 日至 2021 年 1 月 29 日的日 K 线图。中迪投资（000609）的股价经过一波上涨，创出 7.09 元高点，但创出高点这一天却收了一根大阴线，并且跌破 5 日和 10 日均线，随后又跌破 30 日均线，这样股价就处于空头行情之中。

在明显的空头行情中，出现做多信号，要特别小心。所以在 A 处和 B 处出现的圆底，想做多都要特别小心。因为一不小心就会被套，不及时止损，还会损失惨重。

图5.29　中迪投资（000609）2020年7月14日至2021年1月29日的日K线

5.4　低档五阳线、低位并排阳线和连续跳空三阴线实战分析

下面讲解低档五阳线、低位并排阳线和连续跳空三阴线的基础知识与实战应用技巧。

5.4.1　低档五阳线

低档五阳线，又称下档五阳线，其特征是在下跌持续一段时期后，K 线图连续出现了 5 条阳线（有时可能是 6 条、7 条），表示在此价位多方的承接力量较强。低档五阳线的图形如图 5.30 所示。

图5.30　低档五阳线

低档五阳线的出现，预示着股价可能已经见底或者处于一个阶段性底部，这是一种买入信号。投资者如果逢低适量买进，风险不大，短线获利机会较多。

5.4.2 低位并排阳线

低位并排阳线的特征是股价经过一段时间的下跌，出现一根跳空低开的阳线，至收盘时仍留下缺口，紧接着又出现一根与之并列的阳线。低位并排阳线的图形如图 5.31 所示。

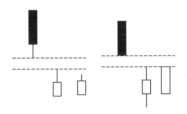

图5.31　低位并排阳线

在下跌趋势中，出现低位并排阳线，往往是股价已到谷底或阶段性底部的信号。投资者见到该 K 线形态，可考虑适量买进建仓。

5.4.3 连续跳空三阴线

连续跳空三阴线的特征是在下跌途中，连续出现三根跳空低开下跌的阴线，这时股价往往已经见底。连续跳空三阴线的图形如图 5.32 所示。

图5.32　连续跳空三阴线

股票在经过连续跳空三阴线后，若连续拉出一根或两根阳线及时回补下跌的第三个缺口，就可以说明多方反攻在即，股价上升的可能性是很大的。投资者见此 K 线后，可以在股价企稳时，适量买进一些股票，持筹待涨。

5.4.4　低档五阳线实战分析案例

如果股价已经经过较长时间、较大幅度的下跌，然后在低位出现了低档五阳线，这时可以轻仓跟进，但要设好止损点，即突破了整理平台的低点时要及时出局，当然在突破整理平台的高点时可以顺势加仓。

如图 5.33 所示的是中视传媒（600088）2020 年 8 月 14 日至 2021 年 4 月 20 日的日 K 线图。

图5.33　中视传媒（600088）2020年8月14日至2021年4月20日的日K线

中视传媒（600088）的股价经过较长时间、较大幅度下跌之后，创出 8.96 元低点。需要注意的是，在创出低点之前，股价连续被两根大阴线杀跌，以恐吓投资者卖出手中的筹码。两根大阴线之后，股价略低开下行，但最终却收了一根带有上下影线的阳线，随后又是一根中阳线上涨，即在 A 处出现了早晨之星见底 K 线组合。

股价在 A 处见底后，开始反弹上涨，上涨到 30 日均线附近，股价再度受压下行。注意这一波下跌，虽然下跌 13 个交易日，但总的下跌幅度不大，并没有再创新低，然后出现了低档五阳线见底 K 线组合，即 B 处。

在 B 处，投资者要明白，股价已下跌很多并且也探明底部，然后在低位反复盘整，市场主力到底在干什么，是在出货吗？不，是在吸货，所以在这里可以轻仓跟随，然后再顺势加仓。

股价出现低档五阳线后，并没有立即上涨，而是又盘整 2 个交易日，再大阳线拉涨，同时也站上所有均线，从而开始一波上涨行情。

如果股价已经经过较大幅度上涨，然后在相对高位震荡，在这个过程中出现了低档五阳线，要小心，在突破整理平台的高点时可以加仓，但一定要小心主力在诱多，毕竟股价在高位。

如图 5.34 所示的是国金证券（600109）2020 年 6 月 30 日至 2021 年 2 月 8 日的日 K 线图。

图5.34　国金证券（600109）2020年6月30日至2021年2月8日的日K线

国金证券（600109）的股价在 2018 年 10 月，最低价为 5.74 元，到 2020 年 7 月，最高上涨到 17.47 元，即 A 处，上涨幅度高达 204.35%。

股价快速上涨之后，然后出现了回调，回调到 13.50 元附近，价格得到支撑。股价得到支撑后，就开始在高位震荡，在震荡中出现了低档五阳线，即 B 处，这是一个见底信号，如果手中有该股的筹码，可以继续持有；如果手中没有筹码，可以轻仓买入，但一定要注意，当前股价在高位，一旦有不好信号，就要及时卖出。

同理，在 C 处也出现低档五阳线，仍可以买进该股票，但一定要清仓，并且有不好信号，就要及时卖出该股票。

如果股价处在明显的下跌趋势中，出现低档五阳线，最好不要轻仓进场，因为下跌趋势中的反弹力度有时很弱，进场被套的可能性很大。

如图 5.35 所示的是上海贝岭（600171）2020 年 7 月 30 日至 2020 年 12 月 28 日的日 K 线图。上海贝岭（600171）的股价经过一波上涨，创出 20.57 元高点。需要注意，创出高点这一天，是一个诱多大阳线。随后价格开始快速下跌，先后跌破 5 日、10 日和 30 日均线。接着价格出现反弹，但反弹都没有站稳 30 日均线，然后开始震荡下跌，即股价处于明显的下跌行情。

在下跌过程中，不断出现低档五阳线，即 A、B 和 C 处，注意这里都不可以买入该股票。从其后走势来看，在 A、B 和 C 处任何一处买入股票，如果不及时卖出，都会被深套，损失惨重。

图5.35　上海贝岭（600171）2020年7月30日至2020年12月28日的日K线

5.4.5 低位并排阳线实战分析案例

股价处于明显的上升趋势，并且上涨幅度不大，在上涨回调过程中，如果出现低位并排阳线见底信号，要敢于果断加仓跟进，否则就会错过最佳获利时机。

如图 5.36 所示的是西藏药业（600211）2020 年 6 月 30 日至 2020 年 7 月 31 日的日 K 线图。

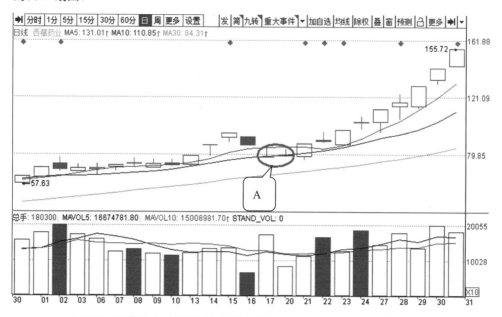

图5.36　西藏药业（600211）2020年6月30日至2020年7月31日的日K线

西藏药业（600211）的股价经过一波上涨之后，出现了回调，回调到 10 日均线附近，出现了低位并排阳线，即 A 处。由于当前处在明显的上升趋势中，并且回调到 10 日均线支撑位置，又出现低位并排阳线见底 K 线组合，所以这是极好的买入股票位置。从其后走势可以看出，在这里买入股票，短短几天，就会有相当大的盈利。

如果股价处在明显的下跌趋势中，出现低位并排阳线，最好不要轻仓进场，因为下跌趋势中的反弹力度有时很弱，进场被套的可能性很大。

如图 5.37 所示的是国电南自（600268）2020 年 4 月 20 日至 2020 年 6 月 15 日的日 K 线图。

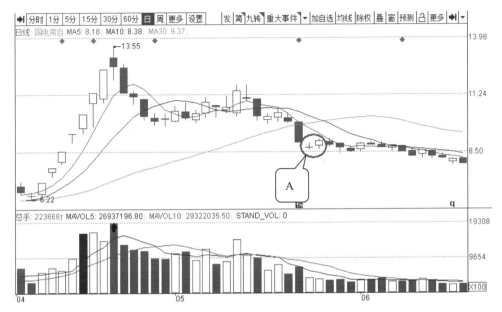

图5.37　国电南自（600268）2020年4月20日至2020年6月15日的日K线

　　国电南自（600268）的股价在 2020 年 2 月，最低价为 4.11 元，到 2020 年 4 月，最高上涨到 13.55 元，短短两个月的时间，上涨幅度高达 229.68%。

　　大幅上涨之后，股价在高位略做震荡，然后就开始下跌，并且进入下跌趋势。在明显的下跌趋势中，出现了低位并排阳线，即 A 处。需要注意的是，虽然低位并排阳线是见底 K 线组合，是买进信号，但当前是明显的下跌行情，并且是下跌初期，所以买进一定要小心，一旦上涨无力就要果断卖出。

　　从其后走势来看，股价沿着 5 日和 10 日均线，震荡下跌，虽然跌幅不大，但如果不及时卖出，也会被套，甚至有被深套的可能。

5.4.6　连续跳空三阴线实战分析案例

　　股价已经经过较长时间、较大幅度的下跌，在下跌的后期出现了连续跳空三阴线，这表明下跌动力已接近尾端，主力在最后加速赶底，所以这时要耐心等待，很快就可以见到底了。

　　如图 5.38 所示的是浦东建设（600284）2020 年 11 月 2 日至 2021 年 4 月 21 日的日 K 线图。

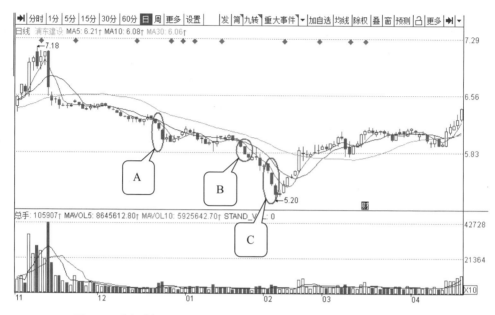

图5.38 浦东建设（600284）2020年11月2日至2021年4月21日的日K线

在 A 处，股价震荡下跌之后，出现了连续跳空三阴线，虽然短线是见底信号，但在这里进场风险很大。从其后走势看，如果投资者轻仓介入，不会有多大利润，并且不及时出局，就会被套，从而在心理上受到严重的打击。

股价震荡之后，又开始下跌，在 B 处，股价又出现了连续跳空三阴线，如果进场做多，不及时卖出，短时间就会有比较大的损失。

总之，在下跌初期和下跌途中，利用连续跳空三阴线来抄底有较大风险，所以最好的策略是观望。如果怕失去抄底机会，可以轻仓介入，然后看其后走势，如果符合自己的预测，可以顺势再加一部分仓位，但一定要明白，这是在逆势操作，一旦有不好的信号，要及时减仓或清仓出局观望。

在 C 处，又出现连续跳空三阴线。注意这时股价已从 7.18 元下跌到 5.50 元左右，并且下跌时间已有 3 个月左右。在这里心中一定要问一下自己，主力是在不计成本地出货吗？还是在利用快速下跌来恐吓散户呢？连续长时间大幅下跌之后，会不会是主力在加速赶底呢？总之，要站在主力的立场去思考，只有这样，才不会被表面的现象所迷惑，才会与主力同步。所以，在这里如果投资者手中还有筹码，就不要急着止损出局了，而应耐心持有。如果投资者手中有较多资金，还可以逢低再加一部分仓位，即采用左侧建仓法，与主力一块建仓，从而享受其后的拉升。

5.5 锤头线和倒锤头线实战分析

下面讲解锤头线和倒锤头线的基础知识与实战应用技巧。

5.5.1 锤头线

锤头线，出现在下跌趋势中，阳线或阴线的实体很小，下影线大于或等于实体的两倍，一般没有上影线，即使有，也短得可以忽略不计。锤头线的标准图形如图 5.39 所示。

通常，在股价大幅下跌之后，出现锤头线，则股价止跌回升的可能性较大，其效果与以下 4 点有关。

第一，锤头实体越小，下影线越长，止跌作用就越明显。

第二，股价下跌时间越长、幅度越大，锤头线见底信号就越明确。

第三，锤头线有阳线锤头与阴线锤头之分，作用意义相同，但阳线锤头力度要大于阴线锤头。

第四，如果锤头线与早晨十字星一起出现，见底信号更可靠。

激进型投资者见到下跌行情中的锤头线，可以试探性地做多；稳健型投资者可以多观察几天，如果股价能放量上升，可以适量做多。锤头线的变化图形如图 5.40 所示。

图5.39　锤头线

图5.40　锤头线的变化图形

股价处于明显的上升趋势，并且上涨幅度不大，在上涨回调过程中，如果出现锤头线见底信号，激进型投资者可以试探性地做多；稳健型投资者可以多观察几天，如果股价能放量上升，可以适量做多。

5.5.2 倒锤头线

倒锤头线，出现在下跌趋势中，因其形状像个倒转锤头而得名。阳线或阴线的实体很小，上影线大于或等于实体的两倍，一般没有下影线，即使有，也短得可以忽略不计。倒锤头线的标准图形如图 5.41 所示。

倒锤头线出现在下跌过程中，具有止跌回升的意义。如果它与早晨之星同时现出，则行情反转向上的可能性更大，投资者可以适量参与做多。倒锤头线的变化图形如图 5.42 所示。

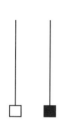

图5.41　倒锤头线

图5.42　倒锤头线的变化图形

股价处于明显的上升趋势，并且上涨幅度不大，在上涨回调过程中，如果出现倒锤头见底信号，激进型投资者可以试探性地做多；稳健型投资者可以多观察几天，如果股价能放量上升，可以适量做多。

5.5.3　锤头线实战分析案例

如图 5.43 所示的是安琪酵母（600298）2020 年 2 月 13 日至 2020 年 7 月 8 日的日 K 线图。

图5.43　安琪酵母（600298）2020年2月13日至2020年7月8日的日K线

安琪酵母（600298）的股价经过一波回调，创出 26.78 元低点，然后开始震荡上涨，先后站上 5 日、10 日和 30 日均线，这样股价就处于上升趋势中。在 A 处，股价回调到 30 日均线，出现了锤头线，由于这里涨幅不大，所以这时可以买进该股票。

同理，在 B 处，也出现锤头线，仍可以买进该股票。但需要注意的是，股价已经经过较大幅度上涨，在这里介入多单，一旦出现不好信号，要及时卖出股票。

如果股价已处在相对高位，然后再震荡盘整，在这个过程中出现锤头线见底信号，可以短线做多，但要时时警惕，因为毕竟是在高位，以防把自己套在高位。

如图 5.44 所示的是天下秀（600556）2020 年 3 月 13 日至 2020 年 8 月 19 日的日 K 线图。

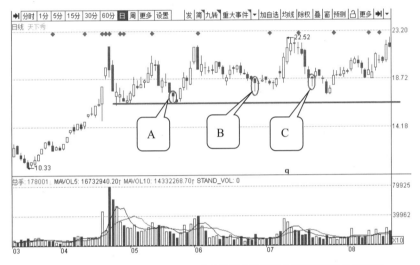

图5.44　天下秀（600556）2020年3月13日至2020年8月19日的日K线

天下秀（600556）的股价经过较长时间、较大幅度上涨之后，然后在高位震荡，其中下方支撑为 16.50 元左右，上方压力在 22 元附近。

只有价格在下方支撑之上，出现见底 K 线，就可以做多，但一定要注意，股价已上涨幅度较大，一旦跌破支撑可能会大跌，所以买进该股票之后，一旦有不好信号，就要及时出局。

在这里可以看到，在 A、B 和 C 处，都出现了锤头线，都可以买进该股票，但要注意不好信号，及时出局。

如果股价已处在明显的下降趋势中，这时出现锤头线见底信号，观望为好，如果实在想操作，也只能轻仓跟随，并且要有获利就跑的短线思维，因为下降趋势中做多，是很容易被套的。

如图 5.45 所示的是海德股份（000567）2020 年 5 月 6 日至 2020 年 10 月 29 日的日 K 线图。

图5.45 海德股份（000567）2020年5月6日至2020年10月29日的日K线

海德股份（000567）的股价在高位反复震荡之后，一根大阴线跌破了下方支撑，但随后就收了一根锤头线。需要注意的是，当前已由前期的震荡行情转变为下跌行情，所以这里出现锤头线见底信号，就不能进场做多了，否则就会被套，不止损就会损失惨重。

同理，B和C处的锤头线，也不能轻易做多，也很容易被套。

5.5.4 倒锤头线实战分析案例

如图5.46所示的是超华科技（002288）2020年11月17日至2021年1月21日的日K线图。

超华科技（002288）的股价经过一波下跌，创出6.18元低点，然后开始震荡上涨，先是站上5日均线，然后分别站上10日和30日均线，这样股价就处在上涨趋势中。需要注意的是，在A处，价格已跌破30日均线，并且是一个锤头线见底K线组合，第2个交易日就是一个大阳线，重新站上所有均线，这表明下跌是假，是为了洗盘，所以这里可以做多。

随后价格继续上涨，先是小幅震荡上行，然后快速拉升。快速拉升后，又出现小幅回调，正好回调到10日均线附近，即B处，出现一个倒锤头线见底K线，这是一个买入信号，所以这里可以买进股票。

从其后走势可以看出，在B处买进，短时间就有不错的盈利。

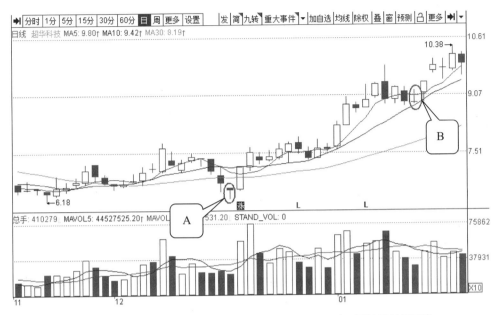

图5.46 超华科技（002288）2020年11月17日至2021年1月21日的日K线

如果股价已处在明显的下降趋势中，这时出现倒锤头线见底信号，观望为好，如果实在想操作，也只能轻仓跟随，并且要有获利就跑的短线思维，因为下降趋势中做多，是很容易被套的。

如图 5.47 所示的是信立泰（002294）2020 年 8 月 31 日至 2020 年 12 月 11 日的日 K 线图。

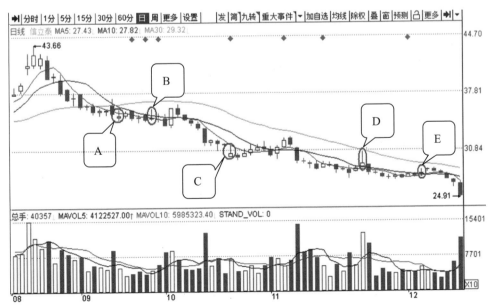

图5.47 信立泰（002294）2020年8月31日至2020年12月11日的日K线

信立泰（002294）的股价经过一波上涨之后，创出 43.66 元高点，随后先是跌破 5 日均线，然后跌破 10 日均线，接着跌破 30 日均线，这样行情由上涨趋势变成下跌趋势。

　　在明显的下跌趋势中，出现倒锤头线见底信号，如 A、B、C、D 和 E 处，最好不要进场买进股票，因为这样的行情很容易被套，并且不及时止损出来，可能会损失惨重。

第 6 章

看涨 K 线组合实战分析

  股价见底后，一般不会立即展开上升行情，而是在底部反复振荡洗盘，从而形成一个底部区域。在底部区域买股票是安全的，但如果买入过早，股票会反复振荡，长时间不上涨，这样就会输掉大量的时间，从而造成资金利用率不高。其实最佳买入股票的时机，是在上涨初期、中期，利用看涨信号的 K 线和 K 线组合来买入，从而实现快速赢利。本章主要讲解红三兵、冉冉上升形、多方尖兵、两红夹一黑、上升三部曲、稳步上涨形、徐缓上升形、上升抵抗形、下探上涨形、上涨二颗星、跳空上扬形、高位并排阳线和蛟龙出海的基础知识及实战分析案例。

6.1 红三兵、冉冉上升形和多方尖兵实战分析

下面讲解红三兵、冉冉上升形和多方尖兵的基础知识与实战应用技巧。

6.1.1 红三兵

红三兵的特征是：在上涨趋势中，出现三根连续创新高的小阳线。需要注意的是，当三根小阳线收于最高或接近最高点时，称为"3个白色武士"，其作用要强于普通的红三兵，投资者应高度重视。红三兵的图形如图6.1所示。

红三兵是推动股价上涨的信号。一般来说，在股价见底回升或横盘后出现红三兵，表明多方正在积蓄力量，准备发力上攻。如果在红三兵后，股价上冲时成交量能同步放大，说明已有主力加入，后面继续上涨的可能性极大。投资者见此K线组合，应大胆买进，从而轻松、快速地获利。

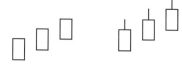

图6.1 红三兵

6.1.2 冉冉上升形

冉冉上升形的特征是：股价经过一段时间横盘整理后，出现了向上倾斜的一组小K线，一般不小于八根，其中小阳线居多。这种不起眼的小幅上升走势就如冉冉上升的旭日，故名为冉冉上升形。冉冉上升形的图形如图6.2所示。

冉冉上升形往往是股价日后大涨的前兆，如果再有成交量的温和放大配合，这种可能性就会很大。从沪深股市历年来的一些大牛股来看，他们的启动初期常常以这种形式表现。所以投资者见此K线组合，可先试着做多，如若日后股价出现拉升，再继续加码买进。

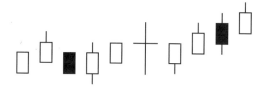

图6.2 冉冉上升形

6.1.3 多方尖兵

多方尖兵的特征是：股价在上升过程中，遇到空方打击，出现了一根上影线，股价随之回落整理，但多方很快又发动了一次攻势，股价穿越了前面的上影线。多方尖兵的图形如图6.3所示。

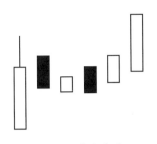

图6.3　多方尖兵

多方尖兵的技术意义是：多方在发动大规模攻击前曾做过一次试探性的进攻，在 K 线上留下一根较长的上影线。有人把它比喻成深入空方腹地的尖兵。多方尖兵的出现，表明股价会继续上涨，投资者见此 K 线组合，要跟着做多，这样会有不错的获利机会。

红三兵实战分析案例

如图 6.4 所示的是飞亚达（000026）2020 年 5 月 28 日至 2020 年 7 月 8 日的日 K 线图。

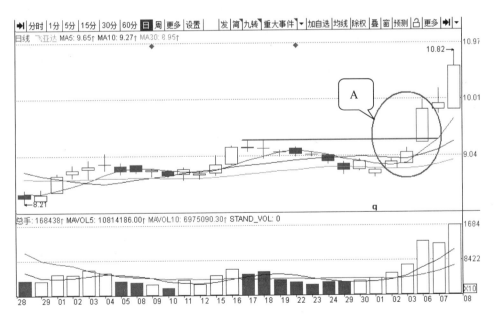

图6.4　飞亚达（000026）2020年5月28日至2020年7月8日的日K线

飞亚达（000026）的股价经过一波下跌，创出 8.21 元低点，然后股价开始上涨，先是站上 5 日均线，然后站上 10 日、30 日均线，这样由下跌行情变成上涨行情。随后价格继续震荡，但始终在 30 日均线之上。

在 A 处，股价连续收阳线，即出现了红三兵看涨信号，并且突破了前期震荡平台的高点，即突破了前期平台压力，这表明价格要开始新的一波上涨行情了。所以在 A 处，如果手中有该股票的筹码，要耐心持有；如果手中没有筹码并且手中有资金，则可以在 A 处买入股票，并且可以重仓买入。

按下键盘上的"→"键，向右移动 K 线图，就可以看到该股的后期走势，如图 6.5 所示。

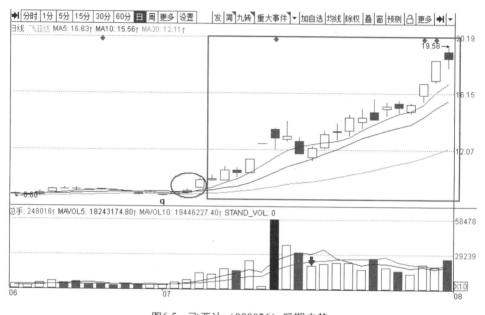

图6.5 飞亚达（000026）后期走势

在这里可以看到，股价出现红三兵后，沿着 5 日和 10 日均线连续上涨，短短十几个交易日，就会盈利丰厚。

如果在下跌趋势中出现红三兵，投资者要采取持筹观望的态度，因为这很可能是主力在反技术进行诱多操作。

如图 6.6 所示的是皇庭国际（000056）2020 年 7 月 8 日至 2021 年 2 月 1 日的日 K 线图。

皇庭国际（000056）的股价经过一波反弹上涨，创出 4.58 元高点，然后开始震荡盘整，最后开始趋势性下跌。在明显的下跌行情中，出现红三兵，这时千万不能进场做多，否则很容易被套，所以在 A 和 B 处，都不能买进该股票。

另外，在下跌行情中，还要特别小心诱多大阳线，千万不能被套在高位了。

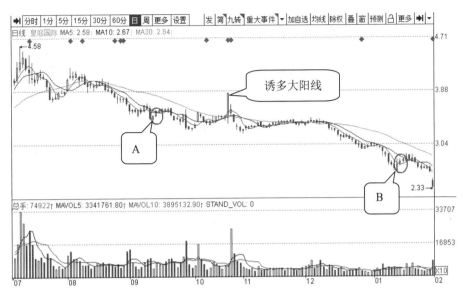

图6.6 皇庭国际（000056）2020年7月8日至2021年2月1日的日K线

6.1.5 冉冉上升形实战分析案例

如图 6.7 所示的是青岛啤酒（600600）2020 年 2 月 24 日至 2020 年 7 月 15 日的日 K 线图。

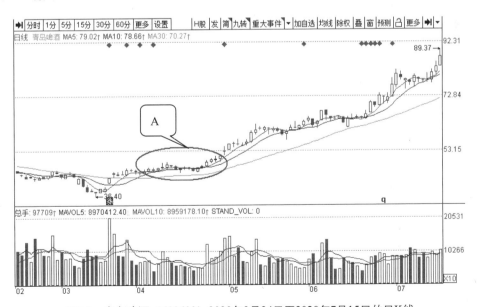

图6.7 青岛啤酒（600600）2020年2月24日至2020年7月15日的日K线

青岛啤酒（600600）的股价经过一波下跌，创出 36.40 元低点，创出低点这一天，股价收了一根锤头线见底 K 线，然后股价就开始上涨，先是站上 5 日均线，然后站上 10 日均线，最后站上 30 日均线，均线系统已处于多头状态。

随后股价在 30 日均线上方横盘整理，在整理过程中形成了冉冉上升形看涨信号，即 A 处，这是一个看多信号，如果手中有筹码，可以继续持有，没有筹码，就可以沿着 5 日均线买进股票，最终会有丰厚的投资收益。

如果在下跌趋势中出现冉冉上升形，投资者要采取持筹观望的态度，因为这很可能是主力在反技术进行诱多操作。

如图 6.8 所示的是市北高新（600604）2020 年 7 月 7 日至 2020 年 10 月 23 日的日 K 线图。

图6.8 市北高新（600604）2020年7月7日至2020年10月23日的日K线

市北高新（600604）经过一波上涨之后，创出 11.45 元高点，然后开始震荡下跌，最终均线形成空头行情。在 A 处，股价明显处于空头行情，但却出现了冉冉上升形，那么在这里可以进行买入操作吗？首先股价还在 30 日均线压制之下，所以这里不能进行买进操作。另外，成交量也不配合，即成交量没有温和放大。

按下键盘上的"→"键，向右移动 K 线图，就可以看到该股的后期走势，如图 6.9 所示。在这里可以看到，冉冉上升形没有站上 30 日均线，如果在这里买进，正好买在最高点上。如果不及时止损出局，就会越套越深，最终很可能在连续下跌时，心理实在受不了，而割肉出局。

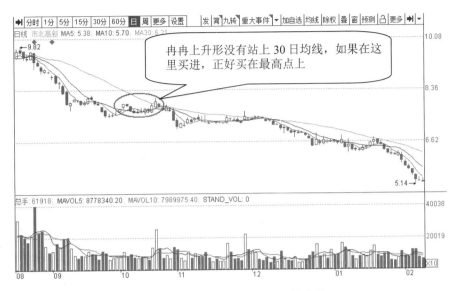

图6.9　市北高新（600604）后期走势

6.1.6 多方尖兵实战分析案例

如果股价处在明显的上升行情中，并且上涨幅度不大，这时出现多方尖兵看涨信号，表明上涨动力仍在，可以继续看涨，还可以逢低再加仓。

如图 6.10 所示的是东方雨虹（002271）2020 年 11 月 29 日至 2021 年 2 月 9 日的日 K 线图。

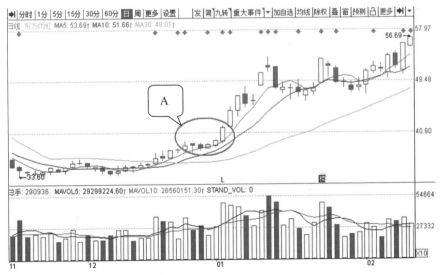

图6.10　东方雨虹（002271）2020年11月29日至2021年2月9日的日K线

东方雨虹（002271）的股价经过一波回调，创出 33.60 元低点，然后股价开始震荡上涨，先是站上 5 日均线，然后站上 10 日均线，经过较长时间的盘整之后，才站上 30 日均线。

股价站上 30 日均线之后，沿着 5 日均线上涨，接着在 A 处出现多方尖兵看涨信号。由于股价刚刚上涨，并且均线良好，所以这时如果手中有筹码，一定要耐心持有。如果没有筹码，要敢于在这里买进，这样短时间内就会有不错的盈利。

如果股价处在明显的下跌趋势中，出现了反弹，在反弹过程中出现了多方尖兵看涨信号，这很可能是主力在诱多，要小心，要有随时出局观望的思维。

如图 6.11 所示的是威创股份（002308）2020 年 7 月 16 日至 2020 年 12 月 28 日的日 K 线图。

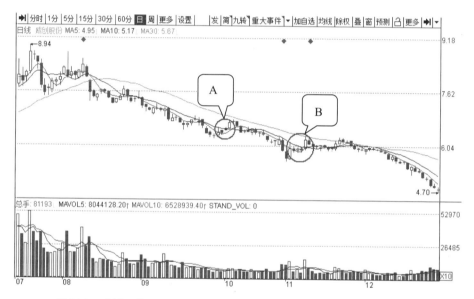

图6.11　威创股份（002308）2020年7月16日至2020年12月28日的日K线

威创股份（002308）的股价经过一波上涨之后，创出 8.94 元高点，然后在高位震荡，震荡后跌破 30 日均线，并且均线呈空头排列，即行情进入下跌趋势。

在明显的下跌行情中，A 和 B 处出现多方尖兵看涨信号。但投资者一定要明白，当前是下跌趋势，最好以观望为主。只有等均线再度变成多头排列，才能操作，否则很容易在下跌行情中抄底到半山腰，结果损失惨重。

6.2　两红夹一黑和上升三部曲实战分析

下面讲解两红夹一黑和上升三部曲的基础知识与实战应用技巧。

6.2.1 两红夹一黑

两红夹一黑的特征是：左右两边是阳线，中间是阴线，三根 K 线的中轴基本上是处在同一水平位置上，两根阳线的实体一般比阴线实体长。两红夹一黑的图形如图 6.12 所示。

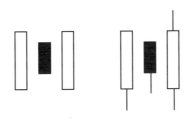

图6.12　两红夹一黑

如果两红夹一黑出现在跌势中，则暗示股价会暂时止跌，或有可能见底回行；在上涨趋势中，特别是在上升初期，表示股价经过短暂的休整，还会继续上涨。

6.2.2 上升三部曲

上升三部曲，又称升势三鸦，在上升途中出现。上升三部曲由五根 K 线组成，首先拉出一根大阳线，接着连续出现三根小阴线，但没有跌破前面阳线的开盘价，随后出现一根大阳线或中阳线，其走势有点类似英文字母"N"。上升三部曲的图形如图 6.13 所示。

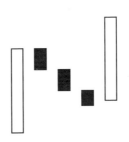

图6.13　上升三部曲

上升三部曲的 K 线组合中，有三连阴，投资者不要认为股价就会转弱，开始做空。投资者看到该 K 线组合后，可以认定它是一个买入信号，要敢于买进，并持股待涨。显然，如果投资者把上升三部曲中的三连阴看成卖出信号，抛股离场，势必会错失一大段上涨行情。

> 📶 提醒：上升三部曲的变形图形很多，投资者要明确该K线组合的实战意义，碰到变形图形不要太在意形状，更多的是在于它的含义。上升三部曲的真正含义是主力在发动行情前先拉出一根大阳线进行试盘，接着连拉小阴线或以阴多阳少的方式进行压盘，从而清除短线获利筹码或持筹不坚定者，正当短线客看淡之际，突然发力，再度拉出一根大阳线，宣告调整结束。

6.2.3 两红夹一黑实战分析案例

股价经过长时间的大幅下跌之后，探明了底部区域，开始震荡上升，这时出现两红夹一黑看涨信号，预示着后市还会上涨，这时可以顺势加仓。

如图 6.14 所示的是招商银行（600036）2018 年 12 月 18 日至 2019 年 4 月 8 日的日 K 线图。

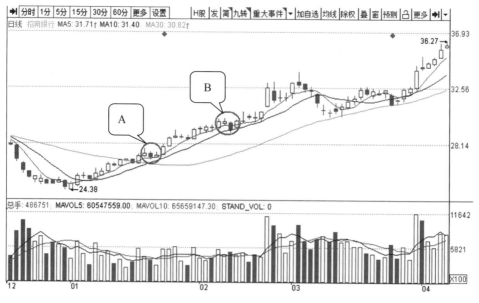

图6.14 招商银行（600036）2018年12月18日至2019年4月8日的日K线

招商银行（600036）的股价经过一波下跌回调，创出 24.38 元低点，然后股价开始震荡上涨，先后站上 5 日、10 日和 30 日均线，这样均线形成多头排列，即行情为上涨趋势。

在上涨行情的初期，连续出现两红夹一黑看涨信号，即 A 和 B 处，这两处都是不错的买进股票的位置。当然如果投资者手中有低位筹码，可以继续持有，如果投资者手中没有筹码，就可以在 A 和 B 处买进该股票。

如果股价经过一段时间的上涨之后，然后在高位震荡，在震荡过程中出现两红夹一黑，可以短线做多跟进，但要小心主力是否在诱多，以防把自己套在高位。

如图 6.15 所示的是深粮控股（000019）2020 年 7 月 2 日至 2021 年 1 月 13 日的日 K 线图。

图6.15　深粮控股（000019）2020年7月2日至2021年1月13日的日K线

深粮控股（000019）的股价经过快速上涨之后，然后在高位震荡，在高位震荡过程中出现两红夹一黑看涨信号，即 A 处，这时如果投资者手中有筹码，可以继续持有，如果投资者手中没有筹码，可以轻仓买进该股票。但投资者一定要明白，当前股价在高位，一定要注意不好信号，一旦不妙，就要先卖出股票，观望为主。

如果股价处在明显的下跌趋势中，出现了反弹，在反弹过程中出现了两红夹一黑，这很可能是主力在诱多，要小心，要有随时出局观望的思维。

如图 6.16 所示的是同方股份（600100）2020 年 11 月 5 日至 2021 年 2 月 5 日的日 K 线图。

同方股份（600100）的股价经过一波反弹，正好反弹到 30 日均线，再度受压下行。在明显的下跌行情中，连续出现两红夹一黑，即 A 和 B 处，虽然是看涨信号，但大势太空，不能做多，否则很容易被套。如果是短线高手，可以轻仓买入该股票，但一定要注意，一旦有不好信号，就要及时卖出股票。

图6.16　同方股份（600100）2020年11月5日至2021年2月5日的日K线

6.2.4　上升三部曲实战分析案例

股价在明显的上升趋势中，出现了较大幅度的调整，在调整后期出现了上升三部曲看涨信号，要及时加仓跟进。

如图 6.17 所示的是上海贝岭（600171）2021 年 3 月 3 日至 2021 年 4 月 29 日的日 K 线图。

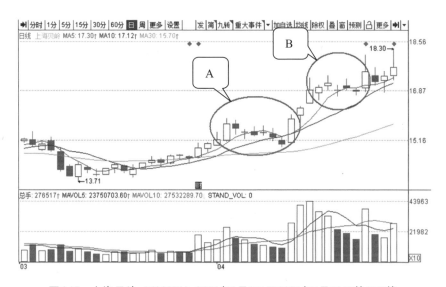

图6.17　上海贝岭（600171）2021年3月3日至2021年4月29日的日K线

上海贝岭（600171）的股价经过一波下跌回调，创出 13.71 元低点，然后股价开始震荡上涨，先是站上 5 日均线，然后站上 10 日均线，最后站上 30 日均线，这样行情就形成上涨趋势。

在明显的上涨趋势中，连续出现上升三部曲，即 A 和 B 处，这是明显的看涨信号，如果手中有筹码，可以继续持有，如果没有，可以逢低买入该股票。

股价经过长时间的上涨之后，进入高位区域，然后在高位震荡，这时出现上升三部曲看涨信号，短线投资者可以轻仓跟进，但要时时警惕，以防被主力套在高位。

如图 6.18 所示的是生益科技（600183）2020 年 2 月 12 日至 2021 年 9 月 10 日的日 K 线图。

图6.18　生益科技（600183）2020年2月12日至2021年9月10日的日K线

生益科技（600183）的股价在 2018 年 6 月创出 8.15 元低点，到 2020 年 3 月上涨到 36.80 元，上涨幅度高达 351.53%。

股价大幅上涨之后，就开始在高位震荡，在震荡过程中出现了上升三部曲看涨信号，即 A 处可以买进该股票。但需要注意，股价已大涨过，如果在上涨过程中出现不好信号，要先止盈出局为妙。

如果股价处在明显的下跌趋势中，出现了反弹，在反弹过程中出现了上升三部曲看涨信号，这很可能是主力在诱多，要小心，要有随时出局观望的思维。

如图 6.19 所示的是农发种业（600313）2020 年 12 月 21 日至 2021 年 4 月 29 日的日 K 线图。

农发种业（600313）的股价经过一波反弹上涨之后，创出 6.59 元高点，然后宽幅震荡，震荡后股价沿着均线下跌，即形成明显的空头行情。

在明显的下跌行情中，出现了上升三部曲看涨信号，那是否可以买进该股票呢？如果投资者不是短线高手，尽量不要碰这样的股票，一定要等均线都走好了，才能进场买进股票。

从其后走势来看，这一波行情正好反弹到30日均线附近，再度受压下行，如果不及时止损，损失只会越来越大。

图6.19 农发种业（600313）2020年12月21日至2021年4月29日的日K线

6.3 稳步上涨形、徐缓上升形和上升抵抗形实战分析

下面讲解稳步上涨形、徐缓上升形和上升抵抗形的基础知识与实战应用技巧。

6.3.1 稳步上涨形

稳步上涨形的特征是：在上涨过程中，众多阳线中夹着较少的小阴线，股价一路上扬。如果后面的阳线对插入的阴线覆盖速度越快越有力，则上升的潜力就越大。稳步上升形的图形如图6.20所示。

稳步上升形的出现，表明股价仍会继续上涨，这是一个做多信号。投资者见到该K线组合，应以持股为主，不要轻易卖出股票。

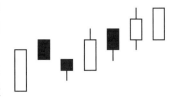

图6.20 稳步上涨形

6.3.2 徐缓上升形

徐缓上升形的特征是：在上涨行情的初期，连续出现几根小阳线，随后出现一两根中阳线或大阳线。徐缓上升形的图形如图 6.21 所示。

在股价刚启动或横盘后，股价往上抬升时，出现徐缓上升形 K 线组合，表明多方力量正在逐步壮大，后市虽有波折，但总趋势向上的格局已初步奠定。投资者看到该 K 线组合，可以适量跟进。

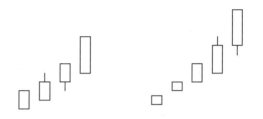

图6.21 徐缓上升形

> 提醒：如果在连续大幅上涨后，出现该K线组合，表示升势可能接近尾声，投资者要随时注意见顶信号的出现，然后再结合均线进行抛售。

6.3.3 上升抵抗形

上升抵抗形的特征是：在股价上升过程中，连续跳高开盘，收出众多阳线，其中夹着少量阴线，但这些阴线的收盘价均比前一根 K 线的收盘价高。上升抵抗形的图形如图 6.22 所示。

股价上升时出现上升抵抗形，是买方力量逐渐增强的一种表现，显示日后股价仍会继续上涨，少数情况下，还可能出现加速上扬态势。投资者见到该 K 线组合，可以考虑适量买进。

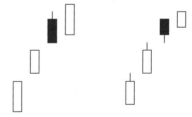

图6.22 上升抵抗形

> 提醒：从推动股价上涨的短期作用来说，力量最强的首先是上升抵抗形，其次是徐缓上升形，再次稳步上涨形，最后是冉冉上升形。但这仅仅对短线操作有参考价值，对中长线操作而言，不急不慢的上升走势反而让人放心。

6.3.4 稳步上涨形实战分析案例

如果股价处在显示的上升行情中，并且上涨幅度不大，这时出现稳步上涨形看涨信号，表明上涨动力仍在，可以继续看涨，还可以逢低再加仓。

如图 6.23 所示的是洪都航空（600316）2020 年 11 月 13 日至 2021 年 1 月 7 日的日 K 线图。

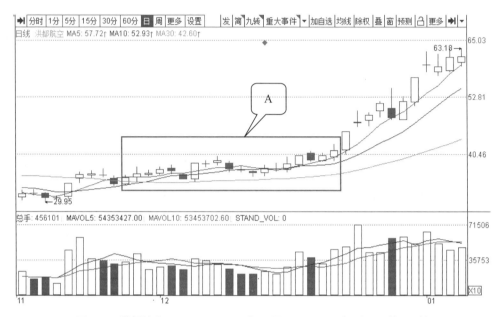

图6.23　洪都航空（600316）2020年11月13日至2021年1月7日的日K线

洪都航空（600316）的股价经过一波下跌，创出 29.95 元低点，然后股价开始震荡上涨，先是站上 5 日和 10 日均线，然后站上 30 日均线。随后股价仍震荡盘升，即先是四根阳线，然后是两根阴线，再是三根阳线，接着是三根阴线，然后是四根阳线，接着一根阴线，然后两根阳线，即 A 处。

A 处是一个看涨信号，即稳步上涨形，另外还需要注意所有 K 线的收盘价都在 30 日均线上方，这意味着价格处在多头行情中，所以如果手中持有该股票筹码，就可以继续持有，如果没有，仍可以逢低买进该股票。

从其后走势可以看出，股价稳步上涨形之后，出现了快速拉升，短时间内就会有较大的盈利。

如果股价已处在明显的高位，这时出现稳步上涨形看涨信号，不要轻易进场，因为很可能是市场主力在诱多，一不小心就会被套在高位。

如图 6.24 所示的是贵航股份（600523）2020 年 4 月 23 日至 2020 年 10 月 26 日的日 K 线图。

图6.24　贵航股份（600523）2020年4月23日至2020年10月26日的日K线

贵航股份（600523）的股价经过一波下跌回调，创出 12.02 元低点，然后开始震荡盘升，先是站上所有均线，这样均线形成多头行情，然后股价继续震荡上涨，虽有回调，但都没有跌破 30 日均线。

在 A 处，股价再度回调到 30 日均线附近，先是两根阳线上涨，然后一根阴线杀跌，接着是两根阳线上涨，然后是一根阴线下跌，接着三根阳线上涨，然后一根阴线杀跌，再是两根阳线上涨，然后是一阴一阳，即出现了稳步上涨形。这是一个看涨信号，如果手中有该股票的筹码，可以继续持有，如果没有该股票筹码，则可以轻仓介入，但一定要注意，股价已出现上涨，盈利盘较多，要特别小心回调，所以一旦有不好信号，就要及时卖出。

如果股价处在明显的下跌趋势中，出现了反弹，在反弹过程中出现了稳步上涨形看涨信号，这很可能是主力在诱多，要小心，要有随时出局观望的思维。

如图 6.25 所示的是光明乳业（600597）2020 年 2 月 27 日至 2020 年 11 月 25 日的日 K 线图。

光明乳业（600597）的股价经过一波上涨之后，创出 22.66 元高点，需要注意创出高点之一天，股价收了一根带有长上影线的 K 线，这表明上方压力很大。随后价格连续下跌，并且是跳空下跌，连续跌破 5 日、10 日和 30 日均线。这样均线就变成空头行情。

在明显的下跌行情中，如果出现看涨信号，即在 A 处出现稳步上涨形看涨信号，千万不能盲目，因为 30 日均线附近往往会有较大的压力，所以最好的策略是观望。当然如果投资者是短线高手，对该股票又很熟悉，则可以轻仓短线操作，但一旦出现不好信号，就要果断出局。

图6.25 光明乳业（600597）2020年2月27日至2020年11月25日的日K线

6.3.5 徐缓上升形实战分析案例

如图 6.26 所示的是马应龙（600993）2020 年 5 月 27 日至 2020 年 7 月 13 日的日 K 线图。

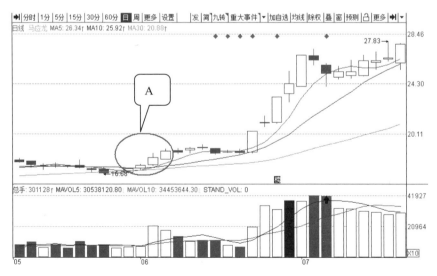

图6.26 马应龙（600993）2020年5月27日至2020年7月13日的日K线

马应龙（600993）的股价经过一波回调，创出 16.68 元低点，然后价格开始上涨，连续拉出阳线，即在 A 处出现了徐缓上升形，这表明价格要开始新的一波上涨行情。所以手中有该股票筹码的投资者，可以耐心持有；如果没有筹码，则可以关注买入机会。

从其后走势可以看出，股价出现徐缓上升形之后，出现 6 个交易日的横盘整理，但股价始终在 10 日均线上方，这表明价格始终处在多头行情之中。股价震荡结束后，就开始新的上涨行情，短时间内就会有较丰厚的收益。

股价经过长时间的上涨之后，进入高位区域，然后在高位震荡，这时出现徐缓上升形看涨信号，最好是观望，不要轻易进场，以防被主力套在高位。

如图 6.27 所示的是 TCL 科技（000100）2020 年 10 月 12 日至 2021 年 4 月 12 日的日 K 线图。

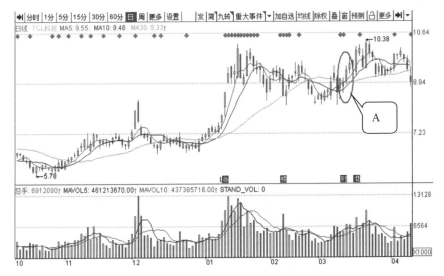

图6.27　TCL科技（000100）2020年10月12日至2021年4月12日的日K线

TCL 科技（000100）的股价经过两波上涨之后在高位震荡，在震荡过程中出现徐缓上升形，即 A 处。徐缓上升形虽然是看涨信号，但投资者一定要明白，股价已有较大涨幅，震荡后如果向下突破，就可能会出现大跌，所以轻仓介入为好，一旦有不好的 K 线卖出信号，就要及时出局观望。

如果股价处在明显的下跌趋势中，出现了反弹，在反弹过程中出现了徐缓上升形看涨信号，这很可能是主力在诱多，要小心，要有随时出局观望的思维。

如图 6.28 所示的是金融街（000402）2020 年 7 月 1 日至 2020 年 9 月 30 日的日 K 线图。

金融街（000402）的股价经过一波上涨，创出 8.22 元的高点，但在创出高点之一天，股价却收了一根大阴线，这表明上方压力很大。随后股价就开始下跌，并且跌破了所有均线。

　　股价快速下跌之后，就开始反弹，需要注意的是，股价始终在 30 日均线下方，这表明反弹力量很弱。在反弹过程中出现徐缓上升形，即 A 处，虽然是一个看涨信号，但往往是主力在诱多，是利用看涨信号出货，所以在 A 处，千万不能买进股票，否则就会被套在高位。

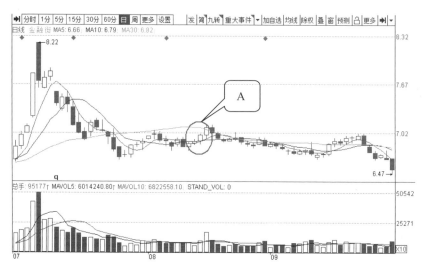

图6.28　金融街（000402）2020年7月1日至2020年9月30日的日K线

6.3.6 上升抵抗形实战分析案例

　　如图 6.29 所示的是鄂武商 A（000501）2020 年 3 月 24 日至 2020 年 7 月 10 日的日 K 线图。

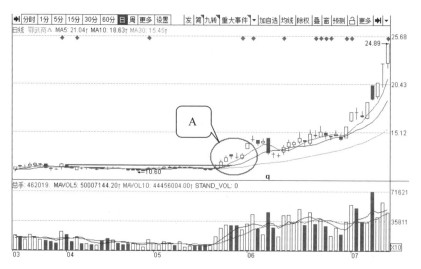

图6.29　鄂武商A（000501）2020年3月24日至2020年7月10日的日K线

鄂武商 A（000501）的股价经过长时间的横盘整理之后，然后一根中阳线向上突破，随后出现了上升抵抗形看涨信号，即 A 处。由于这里股价刚刚向上突破，横有多长，竖有多高，所以这时可以关注该股票的买进机会。

从其后走势可以看出，股价虽然出现了回调，但始终在 30 日均线上方。股价调整结束后，就开始新的上涨行情，及时买进的投资者，短时间内就会有不错的投资收益。

如图 6.30 所示的是传艺科技（002866）2020 年 3 月 20 日至 2020 年 9 月 10 日的日 K 线图。

图6.30   传艺科技（002866）2020年3月20日至2020年9月10日的日K线

传艺科技（002866）的股价经过一波下跌，创出 11.36 元低点，然后震荡上涨，先是站上 5 日和 10 日均线，然后站上 30 日均线，这时出现了上升抵抗形看涨信号，即 A 处。这是上涨初期，所以可以关注其后期的买进机会。

从其后走势来看，股价虽然出现了回调，但整体回调幅度不大，回调结束后，就开始一波明显的上涨行情。

股价震荡上涨之后，又出现了回调，回调到 30 日均线，价格开始上涨，但上涨速度很快，再度出现上升抵抗形，即 B 处。需要注意的是，股价已经经过一段时间的上涨，并且最后上涨幅度很快，几乎是连续涨停，所以要小心主力利用大阳线诱多出货，所以这里是卖出股票的机会，不是进场做多的机会。

6.4 下探上涨形和上涨二颗星实战分析

下面讲解下探上涨形和上涨二颗星的基础知识与实战应用技巧。

6.4.1　下探上涨形

　　下探上涨形的特征是：在上涨行情中，某日股价突然大幅低开，甚至以跌停板开盘，但当日确引出一个大阳线或以涨停板报收，从而在图中拉出一根低开高走的大阳线。这就构成了先下跌后上涨的形态，故命名为"下探上涨形"。下探上涨形的图形如图6.31所示。

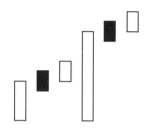

　　从技术含义上来说，下探上涨形往往预示着后面将有一段较好的上扬行情。如果这种K线出现在涨势初期，就是一个可靠的买入信号。投资者见此K线，可以继续买进，并采取持筹待涨的策略。

图6.31　下探上涨形

　　📶提醒：下探上涨形K线组合是一个强烈的做多信号，特别是股价刚刚启动时出现。出现该K线组合，股价十有九涨，因此有人把下探上涨形中的那根从底部崛起的长阳线形象地称为"擎天柱"。"擎天柱"一旦出现，后市的前景就相当光明了。股市实战高手相当看重该K线组合，因为股价从低位开盘拉起，最后拉到高位收盘，这样的力量有多大，即拉升的主力实力肯定不小。

6.4.2　上涨二颗星

　　上涨二颗星，在上涨初期、中期出现，由一大两小三根K线组成。在上涨时，先出现一根大阳线或中阳线，随后在这根阳线的上方出现两根小K线，即可以是小十字线，也可以是很小的阳线或阴线。上涨二颗星的图形如图6.32所示。

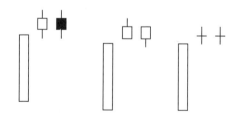

图6.32　上涨二颗星

　　上涨二颗星的出现，表明涨势仍会继续，即股价很可能在短期内展开新一轮的升势。投资者看到该K线组合，可适量增加仓位，持筹待涨。

6.4.3 下探上涨形实战分析案例

如果股价处在明显的上升行情中，并且上涨幅度不大，这时出现下探上涨形看涨信号，表明上涨动力仍在，可以继续买进，并采取持筹待涨的策略。

如图 6.33 所示的是国新能源（600617）2020 年 5 月 7 日至 2020 年 8 月 5 日的日 K 线图。

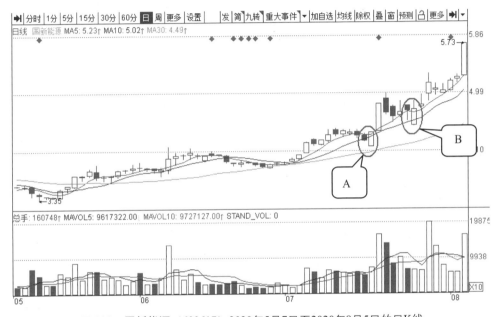

图6.33　国新能源（600617）2020年5月7日至2020年8月5日的日K线

国新能源（600617）的股价经过一波下跌，创出 3.35 元低点，然后股价开始上涨，先是站上 5 日、10 日、30 日均线，这样均线慢慢形成多头排列。随后股价再也没有跌破 30 日均线，即股价处在多头行情之中。

在 A 和 B 处，都出现下探上涨形看涨信号，所以如果投资者手中有该股票的筹码，则可以继续持有，如果没有筹码，可以继续买进。

如果股价在高位，出现下探上涨形看涨信号，投资者要小心，很可能是主力在诱多。

如图 6.34 所示的是太极实业（600667）2019 年 12 月 16 日至 2020 年 3 月 31 日的日 K 线图。

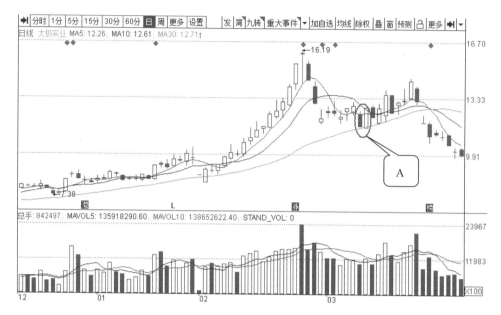

图6.34　太极实业（600667）2019年12月16日至2020年3月31日的日K线

太极实业（600667）的股价经过一波较大幅度的上涨之后，创出 16.19 元高点，然后快速下跌，下跌到 30 日均线附近，出现了下探上涨形看涨信号，即 A 处。由于下跌到支撑处，出现看涨信号，所以可以买进该股票，但投资者一定要明白，股价已经经过较大幅度上涨，这里可能是主力诱多出货行情，所以一定要轻仓介入，有不好信号应第一时间出局。

6.4.4　上涨二颗星实战分析案例

股价经过长时间的大幅下跌之后，探明了底部区域，开始震荡上升，这时出现上涨二颗星看涨信号，预示着后市还会上涨，这时可以顺势加仓。

如图 6.35 所示的是天宸股份（600620）2020 年 6 月 9 日至 2020 年 7 月 23 日的日 K 线图。

天宸股份（600620）的股价经过一波横盘式的调整后，均线完全黏合，这时一根大阳线拉起，同时站上所有均线，均线便为多头行情。

大阳线后，出现两根小阴线，即出现了上涨二颗星看涨信号，即 A 处。这里是刚刚向上突破的看涨信号，所以这里可以加仓做多。

从其后走势可以看出，这里加仓做多，短短十几个交易日，就会有较大的盈利。

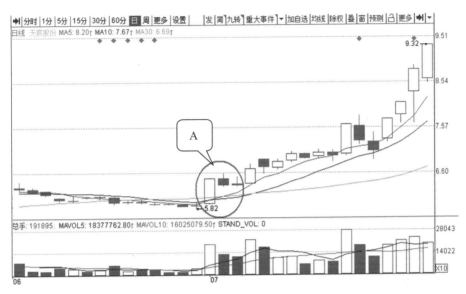

图6.35　天宸股份（600620）2020年6月9日至2020年7月23日的日K线

如果股价已经经过较长时间的上涨，然后在高位震荡，这时出现上涨二颗星K线看涨信号，可不要想当然地买进，而是要根据大势情况来定，并且要轻仓操作，一有不好信号就要及时出局，毕竟股价现在在高位。

如图 6.36 所示的是海南海利（600731）2020 年 7 月 15 日至 2020 年 12 月 29 日的日 K 线图。

图6.36　海南海利（600731）2020年7月15日至2020年12月29日的日K线

海南海利（600731）的股价经过较长时间、较大幅度上涨之后，然后在高位震荡，在震荡过程中出现上涨二颗星K线看涨信号，即A处。如果这时买进股票，并且不及时卖出的话，短时间内就会出现巨大损失。

6.5 跳空上扬形、高位并排阳线和蛟龙出海实战分析

下面讲解跳空上扬形、高位并排阳线和蛟龙出海的基础知识与实战应用技巧。

6.5.1 跳空上扬形

跳空上扬形，又称升势鹤鸦缺口，其特征是：在上升趋势中，出现了一根跳空上扬的阳线，但第2个交易日股价不涨反跌，拉出一根阴线，不过其收盘价收在前1个交易日跳空处附近，但缺口并没有被填补。跳空上扬形的图形如图6.37所示。

跳空上扬形的出现，表示股价在攀升的过程中遇到一些麻烦，但之后经过多方努力，克服或战胜了这一挫折，继续把股价往上推。跳空上扬形，是一个继续看涨信号，常常出现在上升行情的初期、中期，然后经过短暂的调整，就开始向上发力进攻。投资者看到该K线组合，可以适量买入或持股待涨。

图6.37　跳空上扬形

6.5.2 高位并排阳线

高位并排阳线，又称升势恋人肩并肩缺口，其特征是：在行情上涨途中，两个有着大约相同开盘价格的阳线跳空升起，与前一交易日的阳线之间形成一个缺口。高位并排阳线的图形如图6.38所示。

高位并排阳线的出现，表明股价还会继续上涨，其缺口往往会成为今后一段时期内股价运行的支撑区域，即当股价下跌至该区域时，一般能够得到较强的支撑。

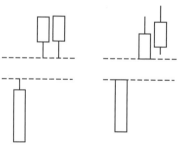

图6.38　高位并排阳线

6.5.3 蛟龙出海

蛟龙出海的意思是像一条久卧海中的长龙，一下子冲天而起，其特征是：拉出大阳线，一下子把短期、中期和长期几根均线全部吞吃，有种过五关、斩六将的气势。蛟龙出海的图形如图 6.39 所示。

蛟龙出海是明显的见底信号，如果成交量随之放大，说明主力已吸足筹码，现在就要直拉股价。这时投资者可以买进，但要警惕主力用来诱多，所以投资者最好在拉出大阳线后，多观察几日，如果重心上移，则可再加码追进。

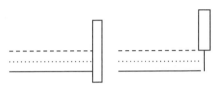

图6.39 蛟龙出海

注意，直线"————"表示短期移动平均线（如 5 日均线）；虚线"------"表示中期移动平均线（如 10 日均线）；点划线"·········"表示长期移动平均线（如 30 日均线）。

> 📶 提醒：标准的蛟龙出海是很少见的，但变形的蛟龙出海却不少，投资者要学会认真辨别。

6.5.4 跳空上扬形实战分析案例

如果股价处在明显的上升行情中，并且上涨幅度不大，这时出现跳空上扬形看涨信号，表明上涨动力仍在，可以继续买进，并采取持筹待涨的策略。

如图 6.40 所示的是辽宁成大（600739）2020 年 5 月 15 日至 2020 年 7 月 13 日的日 K 线图。

辽宁成大（600739）的股价经过一波下跌回调之后，创出 16.06 元低点，然后价格开始上涨，先是站上 5 日和 10 日均线，然后跳空高开，向上攻击 30 日均线，即在 A 处出现了跳空上扬形看涨信号。如果这时投资者手中还有该股的筹码，就可以继续持有；如果没有，可以关注其后的买进机会。

随后股价站上所有均线，然后在 B 处，出现下探上涨形看涨信号，所以筹码继续持有，仓位轻的，可以继续加仓买进。

从其后走势来看，股价沿着均线出现一波明显的上涨行情，短时间内就会有丰厚的盈利。

如果股价在高位，出现跳空上扬形看涨信号，投资者要小心，很可能是主力在诱多。

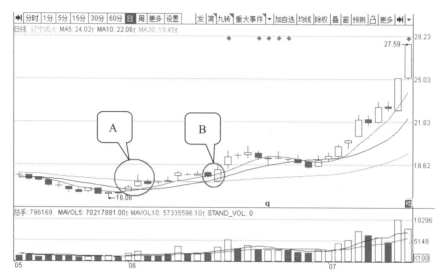

图6.40　辽宁成大（600739）2020年5月15日至2020年7月13日的日K线

如图 6.41 所示的是深南电 A（000037）2020 年 6 月 5 日至 2020 年 9 月 10 日的日 K 线图。

深南电 A（000037）的股价窄幅震荡之后，开始快速上涨，最高上涨到 22.42 元，然后在高位震荡，在震荡时出现了跳空上扬形看涨信号，即 A 处。

需要注意的是，这里股价已上涨较大幅度，这时出现跳空上扬形，很可能是诱多，所以如果想在这里买入股票，一定要轻仓，并且一旦有不好信号，就要及时卖出。

从其后走势可以看出，高位震荡之后，股价就开始震荡下跌，开始新的一波下跌行情，所以如果不及时卖出，就会损失惨重。

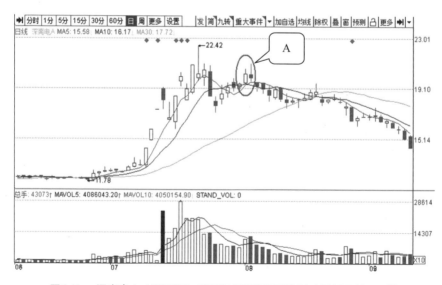

图6.41　深南电A（000037）2020年6月5日至2020年9月10日的日K线

6.5.5 高位并排阳线实战分析案例

股价经过长时间的大幅下跌之后，探明了底部区域，开始震荡上升，这时出现高位并排阳线看涨信号，预示着后市还会上涨，这时可以顺势加仓。

如图6.42所示的是深圳机场（000089）2020年12月17日至2021年3月16日的日K线图。

深圳机场（000089）的股价经过较长时间、较大幅度的下跌之后，创出7.30元低点。随后股价开始震荡上涨，先是站上5日均线，然后站上10日均线，最后跳空站上30日均线，即在A处出现了高位并排阳线。

这是探明底部后的高位并排阳线，是明显的看涨信号，所以投资者如果手中还有筹码，可以继续持有，没有筹码的投资者，可以关注该股票。只要缺口不回补或30日均线不跌破，就可以关注买入机会。

如果股价在高位，出现高位并排阳线看涨信号，投资者要小心，很可能是主力在诱多。

图6.42　深圳机场（000089）2020年12月17日至2021年3月16日的日K线

如图6.43所示的是兴业矿业（000426）2020年4月24日至2020年9月29日的日K线图。

兴业矿业（000426）的股价经过一波下跌，创出4.93元低点，然后股价开始震荡上涨，先是站上5日和10日均线，然后站上30日均线，这样股价就处于多头行情之中。

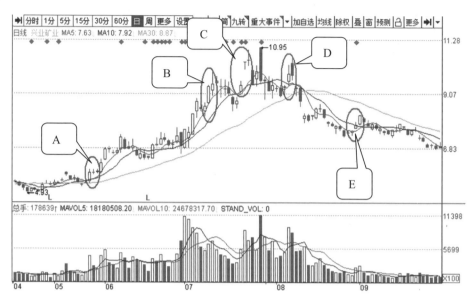

图6.43 兴业矿业（000426）2020年4月24日至2020年9月29日的日K线

股价继续沿着均线上涨，在 A 处，出现上涨二颗星看涨信号，所以多单可以继续持有，没有多单的朋友可以继续加仓做多。

股价继续上涨，当股价上涨到高位，在 B 和 C 处，连续出现高位并排阳线。需要注意，股价已上涨幅度较大，获利筹码很多，都有卖出的冲动，所以这时再做多一定要小心。随后股价在高位震荡，在 D 处，出现了跳空上扬形看涨信号，这时做多更要小心，因为很容易被套在高位。当股价跌破 30 日均线，均线处于空头行情，这时反弹出现高位并排阳线看涨信号，即 E 处。在明显的下跌行情中，有看涨信号，也不能做多，因为不能与趋势做敌人。

6.5.6 蛟龙出海实战分析案例

如 6.44 所示的是四环生物（000518）2020 年 5 月 25 日至 2020 年 8 月 4 日的日 K 线图。

四环生物（000518）的股价经过一波下跌之后，创出 3.81 元低点，然后在低位窄幅震荡。经过较长时间的震荡之后，在 A 处，一根低开大阳线同时站上 5 日、10 日和 30 日均线，即出现蛟龙出海看涨信号。这是低位买入信号，如果手中还有该股票筹码的投资者，可以继续持有；如果没有，可以加仓做多。

从其后走势可以看出，股价震荡上涨，虽有回调，但始终在 30 日均线上方，所以筹码可以继续持有，并且可以在 30 日均线继续加仓做多。

图6.44　四环生物（000518）2020年5月25日至2020年8月4日的日K线

如图 6.45 所示的是柳工（000528）2020 年 1 月 3 日至 2021 年 4 月 16 日的周 K 线图。在柳工（000528）的周 K 线图中，连续出现蛟龙出海看涨信号，即 A 和 B 处，都是不错的看涨做多机会。

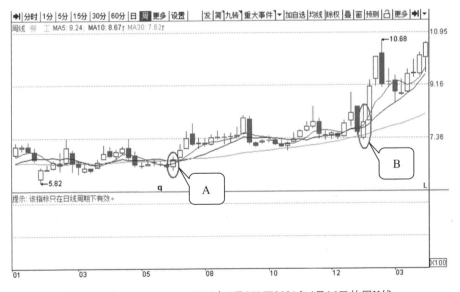

图6.45　柳工（000528）2020年1月3日至2021年4月16日的周K线

第 7 章

见顶 K 线组合实战分析

　　到底该如何逃顶呢？逃顶技术很多，但见顶信号的 K 线和 K 线组合是最有效、最直接的分析技术，只要能熟悉掌握并灵活运用见顶信号的 K 线组合，就能把握好卖出时机，从而踏准股市节拍，实现快乐炒股。本章主要讲解黄昏十字星、黄昏之星、平顶、圆顶、塔形顶、淡友反攻、乌云盖顶、倾盆大雨、双飞乌鸦、三只乌鸦、射击之星和吊颈线的基础知识与实战分析案例。

7.1 黄昏十字星和黄昏之星实战分析

下面讲解黄昏十字星和黄昏之星的基础知识与实战应用技巧。

7.1.1 黄昏十字星

黄昏十字星的特征是：股价经过一段时间的上涨后，出现向上跳空开盘信号，开盘价与收盘价相同或非常接近，并且留有上下影线，形成一颗"十字星"，接着第2天跳空拉出一根下跌的阴线。黄昏十字星的标准图形如图7.1所示。

黄昏十字星的出现，表示股价已经见顶或离顶部不远，股价将由强转弱，一轮跌势将不可避免。投资者见此K线图，离场出局为妙。黄昏十字星常见的变化图形如图7.2所示。

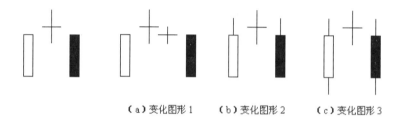

（a）变化图形1　　（b）变化图形2　　（c）变化图形3

图7.1　黄昏十字星　　　　　　图7.2　黄昏十字星常见的变化图形

股价经过长时间的大幅上涨之后，出现了黄昏十字星见顶信号，这表明多方力量已衰竭，空方力量开始聚集反攻，所以这时要及时清仓出局观望，否则会把获得的收益回吐，甚至不及时出局，还会被套。

7.1.2 黄昏之星

黄昏之星，出现在上升趋势中，是由三根K线组成，第一根K线是一根实体较长的阳线；第二根K线是实体较短的阳线或阴线，如果是阴线，则其下跌力度要强于阳线；第三根K线是一根实体较长的阴线，并深入到第一根K线实体之内。黄昏之星的标准图形如图7.3所示。

黄昏之星是股价见顶回落的信号，预测股价下跌可靠性较高，有人统计可靠性达80%以上。所以投资者见到该K线组合，不宜再继续买进，应考虑及时减仓，并随时做好止损离场的准备。黄昏之星常见的变化图形如图7.4所示。

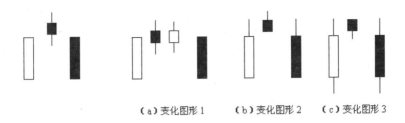

（a）变化图形 1   （b）变化图形 2   （c）变化图形 3

图7.3 黄昏之星   图7.4 黄昏之星常见的变化图形

📡 **提醒**：黄昏之星见顶信号没有黄昏十字星强。

　　黄昏十字星和黄昏之星都是很明显的见顶信号，其技术意义是：盘中做多的能量，在拉出一根大阳线或中阳线后就戛然而止，随后出现一个冲高回落的走势，这反映了多方的最后努力失败，然后从右边出现一根大阴线或中阴线，将左边的阳线吞吃，此时空方已完全掌握了局势，行情开始走弱。如果股价重心开始下移，那么就是明显的见顶信号，即接下来是慢慢或快速的大幅回调。投资者还要注意，在形成黄昏十字星或黄昏之星时，如果成交量明显放大，或者是关键的技术点位被其击破，那么见顶信号就更明显了，这时就要果断斩仓，否则就会出现重大的投资失误。

7.1.3 黄昏十字星实战分析案例

　　如图 7.5 所示的是新世界（600628）2020 年 1 月 20 日至 2020 年 8 月 26 日的日 K 线图。

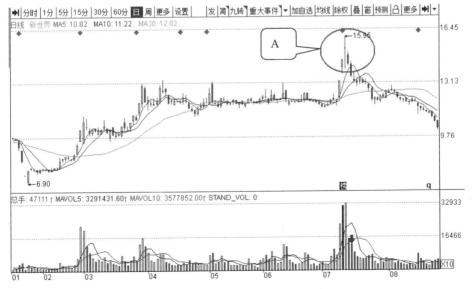

图7.5 新世界（600628）2020年1月20日至2020年8月26日的日K线

新世界（600628）的股价经过一波快速下跌，创出 6.90 元低点，但在创出低点这一天，股价却收了一根低开高走的大阳线，这表明股价已见底。

随后股价在低位震荡，震荡后就开始上涨，经过两波上涨之后，开始在高位震荡。经过较长时间的震荡，股价再度快速上涨，然后在 A 处出现黄昏十字星见顶信号。由于股价已经经过三波明显的上涨行情，已处于高位，这时出现黄昏十字星，后市下跌的概率很大，所以投资者要及时卖出手中的筹码。

股价见顶后，开始大幅下跌，然后又快速反弹，在反弹的末端如果出现黄昏十字星见顶信号，抄底多单要及时出局，否则也会被套在高位。

如图 7.6 所示的是广汇物流（600603）2020 年 9 月 2 日至 2020 年 1 月 28 日的日 K 线图。

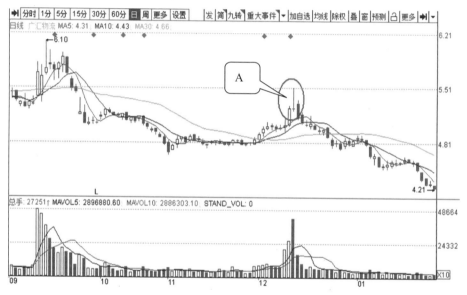

图7.6　广汇物流（600603）2020年9月2日至2020年1月28日的日K线

广汇物流（600603）的股价在创出 6.10 元高点之后，在高位震荡，震荡之后开始快速下跌。经过明显的两波下跌之后，开始较长时间的震荡，震荡后再度反弹上涨。投资者一定要明白，当前很可能是反弹行情，所以一旦反弹出现见顶 K 线，要第一时间卖出股票。所以在 A 处，出现黄昏十字星，就要及时卖出股票。

📶提醒：可能有投资者会问，当前均线已处于多头行情，到底是新的一波上涨行情呢？还是反弹行情呢？其实当前是日 K 线，这时看周 K 线或月 K 线，就可以看出当前还是空头行情。当然这里即使是新的一波上涨，出现明显的见顶 K 线，也要先卖出观望，等技术走好后，再进场做多。

股价如果探明底部区域，开始震荡盘升，并且涨幅不大，这时出现黄昏十字星见顶信号，短线可以减仓，然后再逢低把仓位补回来，中线可以持仓不动。

如图 7.7 所示的是农发种业（600313）2020 年 5 月 21 日至 2020 年 8 月 19 日的日 K 线图。

图7.7　农发种业（600313）2020年5月21日至2020年8月19日的日K线

农发种业（600313）的股价经过一波下跌之后，创出 3.51 元低点，随后股价开始震荡上涨，先是站上 5 日均线，然后站上 10 日均线，最后站上 30 日均线，这样均线再度走好。

股价站上所有均线后，继续上涨，但随后出现一个黄昏十字星，即 A 处。这里该如何操作呢？首先股价已经经过较长时间、较大幅度的下跌，这里很可能是底部，当然也不排除是反弹行情，所以在 A 处要减仓，或全部卖出。

在这里可以看到，随后股价下跌到 30 日均线附近，就不再下跌，所以投资者如果手中有筹码，不用太害怕，可以继续持有。没有筹码的投资者，可以逢低买进，以 30 日均线为止损位即可，即收盘跌破 30 日均线就止损出局，否则就持有。

从其后走势可以看出，这时买进的投资者，都会有不错的投资收益。

7.1.4 黄昏之星实战分析案例

如果股价经过大幅上涨，并且快速拉升后出现了黄昏之星 K 线组合，则股价明显已见顶或即将见顶，投资者这时要果断逢高出局为妙。

　　如图 7.8 所示的是华鑫股份（600621）2020 年 5 月 6 日至 2020 年 9 月 10 日的日 K 线图。

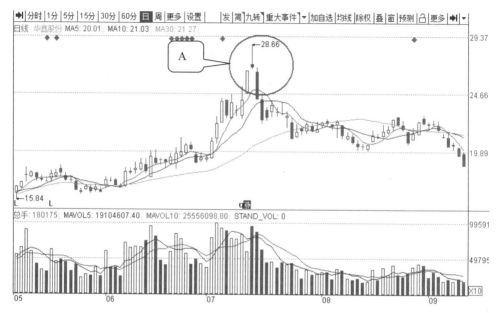

图7.8　华鑫股份（600621）2020年5月6日至2020年9月10日的日K线

　　华鑫股份（600621）的股价经过较长时间、较大幅度上涨之后，在高位出现黄昏之星见顶 K 线组合，即 A 处，投资者要及时卖出手中的股票筹码，否则盈利会损失较大，甚至由盈利变亏损。

　　如果股价见顶后，然后快速下跌，再反弹，在反弹中出现黄昏之星 K 线组合，投资者要果断出局，否则会被深套。

　　如图 7.9 所示的是锦江在线（600650）2020 年 8 月 12 日至 2020 年 11 月 2 日的日 K 线图。

　　锦江在线（600650）的股价经过一波上涨，创出 11.41 元高点，然后在高位震荡，震荡后跌破所有均线，这样均线就慢慢变成空头排列。

　　经过一波下跌之后，出现小幅反弹，反弹末端出现黄昏之星见顶 K 线，并且正好反弹到 30 日均线附近，即 A 处，如果投资者这时手中还有筹码，还是果断卖出为妙。

　　如果股价已处于明显的上升趋势中，并且升幅不大，出现了黄昏之星 K 线组合，短线投资者要减仓，如果是中长线投资者则可以持仓不动。

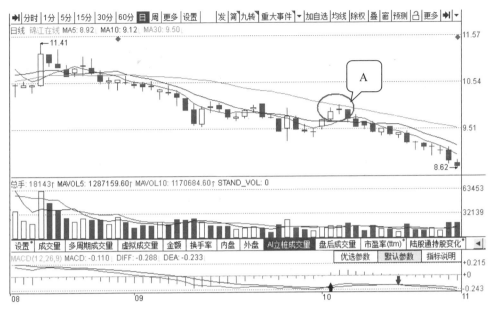

图7.9　锦江在线（600650）2020年8月12日至2020年11月2日的日K线

如图 7.10 所示的是中国国贸（600007）2021 年 1 月 21 日至 2021 年 5 月 10 日的日 K 线图。

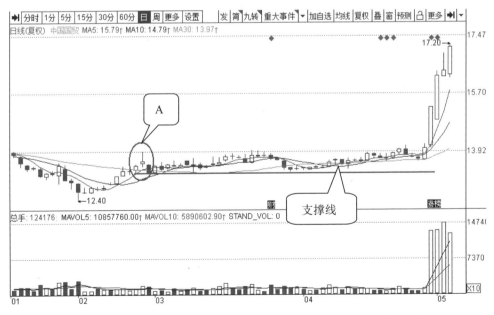

图7.10　中国国贸（600007）2021年1月21日至2021年5月10日的日K线

中国国贸（600007）的股价经过较长时间、较大幅度下跌之后，创出 12.40 元低点，然后股价开始震荡上涨，先是站上 5 日均线，然后站上 10 日均线，最后站上 30 日均线，但随后出现黄昏之星见顶 K 线，即 A 处。

在 A 处，如何处理手中的股票筹码呢？短线买进的，可以卖出手中筹码。轻仓介入的，可以暂时持有；重点关注股价能否跌破 30 日均线或跌破下方的支撑线。如果不跌破，可以继续持有；如果跌破，可能是新的一波下跌行情。

从其后走势来看，股价在这里出现较长时间的横盘整理，但始终没有跌破下方支撑线。长时间横盘整理后，一根大阳线开始了一波上涨行情，手中的筹码可以继续持有，没有筹码的投资者或仓位轻的投资者，可以继续加仓做多。

7.2　平顶、圆顶和塔形顶的基础知识与实战分析

下面讲解平顶、圆顶和塔形顶的基础知识与实战应用技巧。

7.2.1　平顶

平顶，又称钳子顶，出现在涨势行情中，由两根或两根以上的 K 线组成，但这些 K 线的最高价在同一水平位置上。平顶的标准图形如图 7.11 所示。

平顶是见顶回落的信号，它预示股价下跌的可能性大，特别是与吊颈线、射击之星等其他见顶 K 线同时出现时。投资者见到此 K 线形态，只有"三十六计，走为上计"，即快快躲开这个是非之地。平顶的变化图形如图 7.12 所示。

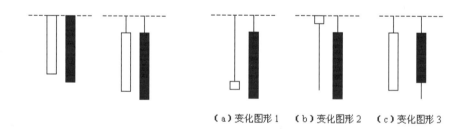

（a）变化图形 1　（b）变化图形 2　（c）变化图形 3

图7.11　平顶　　　　　　　　图7.12　平顶的变化图形

📶提醒：平顶就是一根无形的直线封锁线，它像一道不可逾越的屏障，迫使股价掉头下行。

7.2.2 圆顶

圆顶，出现在涨势行情中，股价形成一个圆弧顶，并且圆弧内的 K 线多为小阴线、小阳线，最后以向下跳空缺口来确认圆顶形态成立。圆顶的图形如图 7.13 所示。

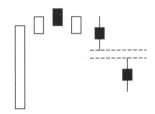

图7.13 圆顶

当股价在上涨或横向整理时，出现圆顶 K 线形态，表示多方已无力推高股价，后市很可能转为跌势。投资者见到该 K 线形态，就要快点卖出股票。

7.2.3 塔形顶

塔形顶的特征是：在一个上涨行情中，首先拉出一根较有力度的大阳线或中阳线，然后出现一连串向上攀升的小阳线或小阴线，之后上升速度减缓，接着出现一连串向下倾斜的小阴线或小阳线，最后出现一根较有力度的大阴线或中阴线，这样塔形顶就形成了。塔形顶的图形如图 7.14 所示。

当股价在上涨时，出现塔形顶 K 线形态，投资者就要高度警惕，并及时抛空出局。塔形顶的变化图形如图 7.15 所示。

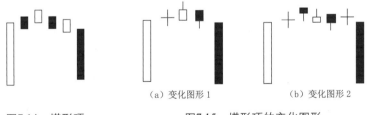

（a）变化图形 1 　　　（b）变化图形 2

图7.14 塔形顶 　　　图7.15 塔形顶的变化图形

> 📶提醒：塔形顶的左右两根实体较长的大阳线、大阴线之间，聚集的 K 线越多，其见顶信号越强；左右两根 K 线的实体越长，特别是右边的阴线实体越长，信号就越强。

根据多年实战经验，投资者一旦发现见顶信号，应及早做好撤退准备或先卖出一部分筹码，接下来紧盯盘面，如果看到后面的 K 线走势将这些见顶信号进行确认，那就应果断止损离场。

7.2.4 平顶实战分析案例

股价经过较长时间、较大幅度上涨之后，在高位出现平顶见顶信号，要及时出局观望，最少也要减仓应对风险。

如图 7.16 所示的是云南白药（000538）2020 年 12 月 3 日至 2021 年 5 月 10 日的日 K 线图。云南白药（000538）的股价经过长时间、大幅度的上涨之后，创出163.28 元高点，注意这是一个平顶，即 A 处。

A 处出现平顶后，股价开始连续下跌，先是跌破 5 日均线，然后跌破 10 日均线，接着跌破 30 日均线。跌破 30 日均线后，虽有反弹，但又正好反弹到 30 日均线附近，再度下跌。注意 30 日均线附近是一个诱多大阳线，千万不能被主力诱导进去，否则很可能损失惨重。

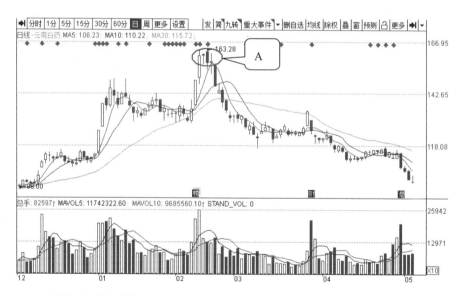

图7.16 云南白药（000538）2020年12月3日至2021年5月10日的日K线

股价处于明显的下跌趋势中，如果出现了反弹，在反弹的过程中出现了平顶见顶信号，也可及时出局观望，以防把自己套在半山腰。

如图 7.17 所示的是华建集团（600629）2020 年 8 月 4 日至 2021 年 2 月 4 日的日 K 线图。

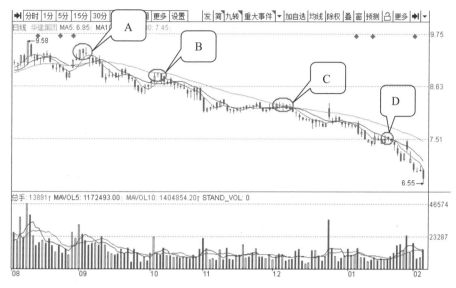

图7.17　华建集团（600629）2020年8月4日至2021年2月4日的日K线

华建集团（600629）的股价经过一波反弹上涨，创出 9.58 元高点，然后开始在高位震荡。在高位震荡过程中出现平顶，即 A 处，这时手中还有筹码的投资者最好及时减仓或清仓。

在高位震荡之后，股价再度下跌，均线开始形成空头排列。在明显的空头行情中，当股价反弹到 30 日均线附近，再次出现平顶，说明后市还会有下跌趋势，所以手中有筹码还要及时卖出，即 B 和 C 处。

同理，在 D 处，出现的平顶也是卖出股票的位置。

如果股价已经经过长时间的下跌，并且幅度较大，然后开始震荡上升，在上涨初期出现了平顶见顶信号，短线可以减仓，中线可以持仓不动。

如图 7.18 所示的是祥龙电业（600769）2021 年 1 月 19 日至 2021 年 4 月 19 日的日 K 线图。

祥龙电业（600769）的股价经过较长时间、较大幅度下跌之后，创出 3.71 元低点，然后股价开始震荡上涨，先是站上 5 日均线，然后站上 10 日均线，最后站上 30 日均线，这样均线形成多头排列。

股价经过一波震荡上涨之后，在 A 处出现平顶 K 线组合，由于当前涨幅不大，短线高手可以卖出手中的筹码，中线可以持有不动。但一定要注意，如果股价跌破 30 日均线，就要果断止损了。

从其后走势来看，股价回调到 30 日均线附近得到支撑，所以中线投资者可以继续持有；在平顶处卖出的，可以在 30 日均线附近补回。

同理，在 B 处也出现平顶，操作方法与 A 处一样。

从其后走势可以看出，耐心持有的中线投资者，往往会有丰厚的盈利。

图7.18 祥龙电业（600769）2021年1月19日至2021年4月19日的日K线

7.2.5 圆顶实战分析案例

股价经过较长时间、较大幅度上涨之后，在高位出现圆顶见顶信号，要及时出局观望，最少也要减仓应对风险。

如图 7.19 所示的是中直股份（600038）2020 年 11 月 17 日至 2021 年 3 月 16 日的日 K 线图。

中直股份（600038）的股价经过较长时间、较大幅度上涨之后，创出 71.16 元高点。随后价格在高位震荡下跌，先是跌破 5 日均线，然后跌破 10 日均线，接着跳空低开继续下跌，即在 A 处出现圆顶。

圆顶见顶信号出现，往往意味着股价要走入下跌行情了，所以手中还有筹码的投资者一定要及时出局观望，否则就会被套的越牢越深。

在明显的下跌行情中，如果股价出现反弹，在反弹过程中出现圆顶见顶信号，也可及时出局观望，否则很容易被套在半山腰。

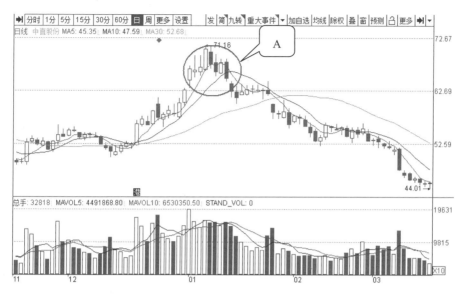

图7.19 中直股份（600038）2020年11月17日至2021年3月16日的日K线

如图 7.20 所示的是平高电气（600312）2021 年 3 月 16 日至 2021 年 4 月 30 日的日 K 线图。平高电气（600312）的股价经过一波反弹上涨，创出 7.28 元高点，然后在高位略震荡，就开始下跌，先是跌破 5 日均线，然后跌破 10 日均线，接着跌破 30 日均线，这样均线形成空头排列。

在明显的下跌行情中，如果股价出现反弹，反弹出现圆顶见顶信号，即 A 处，如果投资者手中还有筹码，要坚决卖出。

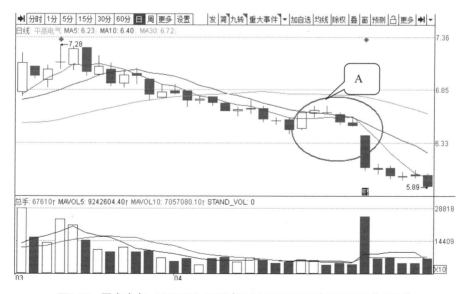

图7.20 平高电气（600312）2021年3月16日至2021年4月30日的日K线

如果股价已经经过长时间的下跌，并且幅度较大，然后开始震荡上升，在上涨初期出现了圆顶见顶信号，短线投资者可以减仓，中线投资者可以持仓不动。

如图 7.21 所示的是老凤祥（600612）2020 年 12 月 15 日至 2021 年 4 月 29 日的日 K 线图。

图7.21　老凤祥（600612）2020年12月15日至2021年4月29日的日K线

老凤祥（600612）的股价经过充分的下跌调整之后，创出 44.07 元低点，然后股价开始震荡盘升，先是上攻 30 日均线，没有突破，就受压下行，但没有再创新低，然后再度上涨，注意这一波站上 30 日均线，但在 A 处出现圆顶见顶信号。短线高手可以减仓，等待调整充分后再买进该股票。如果投资者对该股票的基本面比较了解，知道该股票已经充分调整过了，可以暂时持仓不动。

股价在 A 处短线见顶后，就开始下跌回调，回调到 30 日均线附近，虽然有 1 个交易日收盘价跌破了 30 日均线，但随后又重新站上 30 日均线，所以这里是假突破。即下跌为假，上涨为真。这里是重新买入的信号，即 B 处。

同理，C 处也是一个假跌破 30 日均线，所以也是一个不错的买入位置。

7.2.6　塔形顶实战分析案例

股价经过较长时间、较大幅度的上涨之后，在高位出现塔形顶见顶信号，投资者一定要及时出局观望，不要心存幻想，否则很可能被套在高高的山顶，甚至好几年都解不了套。

如图 7.22 所示的是宏发股份（600885）2020 年 9 月 29 日至 2021 年 3 月 24 日的日 K 线图。

图7.22　宏发股份（600885）2020年9月29日至2021年3月24日的日K线

宏发股份（600885）的股价经过长时间、大幅度上涨之后，创出 66.30 元高点。需要注意的是，在创出高点这一天，股价即收了一根高大低走的大阴线，并且与前面 K 线组成了塔形顶见顶信号，即 A 处。

在高位见到塔形顶见顶信号，一定要果断出局，否则就会被套在高高的山顶。

如果股价处在明显的下降趋势中，出现了反弹，在反弹的中后期出现了塔形顶见顶信号，也要及时出局，否则就会被套在半山腰。

如图 7.23 所示的是万业企业（600641）2020 年 8 月 6 日至 2021 年 2 月 10 日的日 K 线图。

万业企业（600641）的股价创出 26.37 元高点之后，在高位略震荡后，就开始沿着均线下跌。经过 2 个多月的下跌之后，股价开始震荡反弹，注意虽然反弹时间较长，但反弹的高度有限，并且在反弹的末端形成见顶信号，即 A 处。注意，出现了塔形顶见顶信号，越早止损或止赢出局越妙。

如果股价经过较长时间、较大幅度的下跌之后，探明的底部区域，开始震荡上升，在这个过程中出现塔形顶见顶信号，不要过分害怕，短线投资者可以减仓应对风险，中线投资者可以持仓不动。

图7.23 万业企业（600641）2020年8月6日至2021年2月10日的日K线

如图 7.24 所示的是福耀玻璃（600660）2020 年 3 月 11 日至 2020 年 9 月 17 日的日 K 线图。福耀玻璃（600660）的股价经过一波下跌，创出 17.86 元低点，然后开始在低位窄幅震荡。经过长达 1 个多月时间的窄幅震荡之后，股价开始向上突破，站上所有均线，均线呈多头排列。

图7.24 福耀玻璃（600660）2020年3月11日至2020年9月17日的日K线

这时在 A 处，出现塔形顶见顶信号，投资者要明白，这里才刚刚上涨，并且底部震荡时间很长，很可能是主力上涨之前的进一步洗盘，所以只要股价不跌破 30 日均线，就不用怕。短线高手可以在 A 处减仓，以应对风险；中线投资者可以持仓不动。

从其后走势可以看出，股价每回调到 30 日均线附近，就会得到支撑，所以 30 日均线附近是较好的买进机会。

7.3 淡友反攻、乌云盖顶和倾盆大雨实战分析

下面讲解淡友反攻、乌云盖顶和倾盆大雨的基础知识与实战应用技巧。

7.3.1 淡友反攻

淡友反攻的特征是：在上升行情中，出现中阳线或大阳线的次日，股价跳空高开，但上攻无力，继而下跌，其收盘价与前一根阳线的收盘价相同或相近，形成立根大阴线或中阴线。淡友反攻的图形如图 7.25 所示。

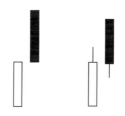

图7.25 淡友反攻

淡友反攻是见顶信号，它提示投资者不要再盲目看多了。淡友反攻与乌云盖顶的区别是：阴线实体未深入阳线实体，其预示的下跌可靠性不如乌云盖顶。但上升行情中出现淡友反攻，并伴随着成交量急剧放大，其领跌作用甚至要超过乌云盖顶，这一点投资者不可忽视。所以见到该 K 线组合，投资者要适量减仓。

📶 提醒：淡友反攻，又称黑云压阵，意思是说股价在上涨途中遇到黑云压在头顶上，那其后的走势就岌岌可危了。虽然此 K 线组合出现后，股价不会马上跌下来，但这个压在头上的黑云，一旦化成暴雨，股价就要大跌了。

7.3.2 乌云盖顶

乌云盖顶的特征是：在上升行情中，出现一根中阳线或大阳线后，第 2 个交易

日股价跳空高开，但没有高走，反而高开低走，收了一根中阴线或大阴线，阴线的实体已经深入到第一根阳线实体的 1/2 以下处。乌云盖顶的图形如图 7.26 所示。

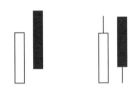

图7.26　乌云盖顶

乌云盖顶是一种见顶信号，表示股价上升势头已尽，一轮跌势即将开始。投资者见此 K 线组合，应警觉起来，可以先抛掉一些筹码，余下的筹码视其后走势而定，如果发现股价重心出现下移，就可以确定见顶信号已被市场确认，此时很有可能要大幅下跌了，这时投资者要果断抛空所有筹码，出局观望。

7.3.3 ┃倾盆大雨┃

倾盆大雨的特征是：在股价有了一段升幅之后，先出现一根大阳线或中阳线，接着出现了一根低开低收的大阴线或中阴线，其收盘价比前一根阳线的开盘价要低。倾盆大雨的标准图形如图 7.27 所示。

倾盆大雨，即股市要遭受暴水袭击，这种 K 线组合，对多方是极为不利的，投资者应及时退出观望。倾盆大雨常见的变化图形如图 7.28 所示。

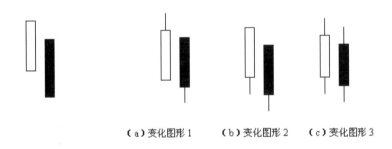

（a）变化图形 1　　（b）变化图形 2　　（c）变化图形 3

图7.27　倾盆大雨　　　　　图7.28　倾盆大雨常见的变化图形

> 📶提醒：倾盆大雨杀伤力很强，因为该K线组合的第二根阴线已经穿了前面一根阳线的开盘价，形势一下子变得非常不妙。特别是股价已有大幅上涨，出现该 K 线组合，意味着行情已见顶，股价就要出现重挫了。

7.3.4 淡友反攻实战分析案例

股价经过大幅上涨，并且经过快速拉升后，出现淡友反攻 K 线组合，表明股价已见顶或即将见顶，这时投资者要万分小心或减仓。

如图 7.29 所示的是金龙汽车（600686）2020 年 10 月 27 日至 2021 年 2 月 8 日的日 K 线图。

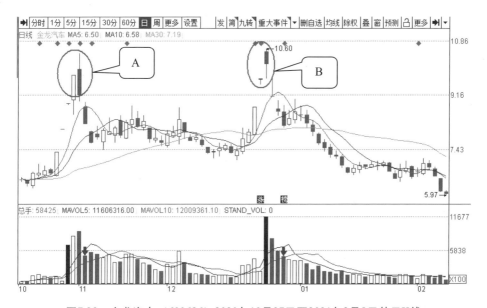

图7.29　金龙汽车（600686）2020年10月27日至2021年2月8日的日K线

金龙汽车（600686）的股价经过一波快速上涨之后，在 A 处出现乌云盖顶见顶 K 线组合，随后股价快速下跌。股价快速下跌之后，开始震荡，震荡后再度快速上涨，在 B 处出现淡友反攻见顶 K 线组合。

投资者要明白，快速上涨之后出现的见顶 K 线组合，往往具有较大的杀伤力，所以一旦出现，投资者就要果断卖出手中的股票，否则就会损失惨重。

如果股价已处于明显的下跌趋势中，并且处于下跌初期或下跌途中，出现反弹，在反弹末期出现淡友反攻 K 线组合，投资者要果断清仓离场。

如图 7.30 所示的是苏宁易购（002024）2020 年 10 月 27 日至 2021 年 4 月 30 日的日 K 线图。

苏宁易购（002024）的股价经过一波反弹，创出 9.94 元高点，然后在高位震荡，震荡 6 个交易日后，一根大阴线快速杀跌，同时跌破 5 和 10 日均线，然后又跌破 30 日均线，这样均线呈空头排列。

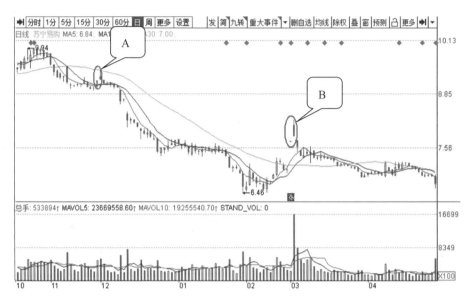

图7.30 苏宁易购（002024）2020年10月27日至2021年4月30日的日K线

在明显的下跌行情中，股价出现反弹，反弹出现淡友反攻K线组合，即A处。由于当前处在30日均线下方，这表明反弹结束后，还会继续下跌，所以手中还有该股筹码的投资者，要及时卖出手中的股票。

股价经过几波下跌之后，创出6.46元低点，然后股价在低位震荡之后，开始反弹，在反弹末端，股价又快速上涨，然后出现淡友反攻K线组合，即B处。B处也是卖出股票的好位置，因为快速上涨后，出现的见顶K线，往往会有回调，甚至是新的一波下跌的开始。

如果股价经过大幅下跌，并成功探出底部后，开始震荡上升或在上升途中，出现淡友反攻K线组合，短线投资者要减仓或清仓，而中长期投资者可以持仓不动。

如图7.31所示的是阳煤化工（600691）2020年10月9日至2021年5月12日的日K线图。

阳煤化工（600691）的股价经过较长时间、较大幅度下跌之后，创出1.88元低点，然后价格开始震荡上涨，先是站上5日均线，然后站上10日均线，最后站上30日均线，这样均线就呈多头排列。

在明显的多头行情中，特别是上涨幅度不大，如果出现见顶K线组合，不要过分害怕，短线投资者可以减仓或清仓来应对风险，如果仓位不重或看好该股其后走势，可以持仓不动。如在A处出现乌云盖顶，在B处出现淡友反攻，在C处出现倾盆大雨，都是见顶K线组合，短线高手可以卖出股票，然后耐心等待股价回调到30日均线再买进股票。中线投资者，如果看好其后市走势，则可以持仓不动。

图7.31 阳煤化工（600691）2020年10月9日至2021年5月12日的日K线

7.3.5 乌云盖顶实战分析案例

股价经过较长时间、较大幅度的上涨之后，在高位出现乌云盖顶见顶信号，投资者一定要及时出局观望，不要心存幻想，否则很可能被套在高高的山顶。

如图7.32所示的是老凤祥（600612）2020年5月8日至2020年10月26日的日K线图。

老凤祥（600612）的股价经过较长时间、较大幅度上涨之后，创出68.01元高点，但在创出高点这一天，股价收了一根大阴线，与前1个交易日的大阳线组成了乌云盖顶见顶信号，即A处。A处的乌云盖顶见顶信号，是一个高位见顶信号，所以投资者一定要明白，这里一定要及时卖出股票，否则后市一旦走下跌趋势，就会损失惨重。

可能有的投资者会说，如果后市还上涨怎么办？其实，明显的见顶信号出现后，下跌的概率有90%左右，当然也有10%的可能会上涨。这里不要纠结，大不了技术走好后，再介入即可。在股市中，机会到处都有，但投资者的资金是有限的，所以一定要以保证资金安全为主。

如果股价已处于明显的下跌趋势中，并且处于下跌初期或下跌途中，出现反弹，在反弹末期出现乌云盖顶K线组合，投资者要果断清仓离场。

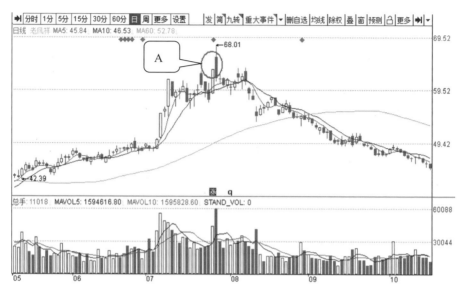

图7.32 老凤祥（600612）2020年5月8日至2020年10月26日的日K线

如图 7.33 所示的是闻泰科技（600745）2021 年 1 月 26 日至 2021 年 5 月 10 日的日 K 线图。

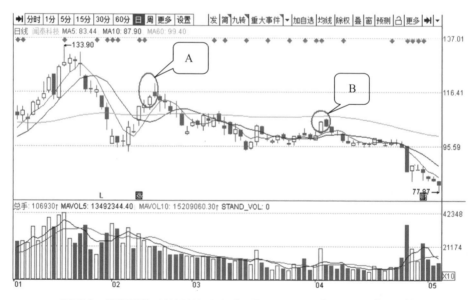

图7.33 闻泰科技（600745）2021年1月26日至2021年5月10日的日K线

闻泰科技（600745）的股价经过一波上涨后，创出 133.90 元高点，然后开始快速下跌，先是跌破 5 日均线，然后跌破 10 日均线，接着跌破 30 日均线。股价跌破所有均线后，出现了反弹。反弹比较强，重新站上 30 日均线，但在 A 处出现了淡友反攻见顶信号，所以投资者要注意减仓或清仓手中的股票。

股价在 A 处反弹见顶后，再度下跌，跌破所有均线后，虽有反弹，但没有重新站上 30 日均线，这意味着股价变成空头行情。

在明显的空头行情中，股价出现反弹，反弹的末端出现见顶 K 线组合，这时要及时卖出手中股票筹码，即在 B 处，出现了乌云盖顶 K 线组合，这是下跌趋势中的见顶信号，如果投资者手中还有该股票筹码，要果断卖出。

如果股价经过较长时间、较大幅度的下跌之后，已探明底部区域，开始震荡上升，在这个过程中出现乌云盖顶见顶信号，不要过分害怕，短线投资者可以减仓应对风险，中线投资者可以持仓不动。

如图 7.34 所示的是中路股份（600818）2021 年 1 月 29 日至 2021 年 5 月 12 日的日 K 线图。

图7.34 中路股份（600818）2021年1月29日至2021年5月12日的日K线

中路股份（600818）的股价经过较长时间、较大幅度下跌之后，创出 6.60 元低点，然后开始震荡上涨，先是站上 5 日均线，然后站上 10 日均线，接着继续震荡上涨，最后一根中阳线站上 30 日均线，但随后就是一根高开低走的中阴线，即在 A 处出现乌云盖顶见顶 K 线组合，这里到底该如何操作呢？

股价已经经过长时间、较大幅度下跌，已在低位区域，这时股价刚刚上涨，所以这里很可能是洗盘，中线投资者可以持有，短线高手可以减仓，等股价回调到重要支撑位置，即回调到 30 日均线附近，有见底 K 线组合，就可以重新买进该股票。

股价在 30 日均线附近得到支撑，又开始新的一波上涨行情。所以无论是中线单子，还是在 30 日均线买进的单子，都会有不错的投资收益。

7.3.6 倾盆大雨实战分析案例

股价经过大幅上涨，并且经过快速拉升后，出现倾盆大雨 K 线组合，表明股价已见顶或即将见顶，这时投资者要万分小心或减仓。

如图 7.35 所示的是上汽集团（600104）2020 年 9 月 24 日至 2021 年 3 月 31 日的日 K 线图。

上汽集团（600104）的股价经过较长时间、较大幅度上涨之后，创出 28.80 元高点，但在创出高点这一天，股价却收了一根带有长长上下影线的螺旋线，接着股价收了一根中阳线，然后股价低开低走，收了一根中阴线，即在 A 处出现倾盆大雨见顶 K 线组合。这表明股价已见顶，手中有该股票筹码的投资者，要及时卖出手中的股票。

从其后走势可以看出，股价见顶后，在高位出现了震荡，震荡后就出现了一波明显的下跌行情。不及时出局的投资者，可能会把盈利吐回去，甚至可能由盈利变为亏损。

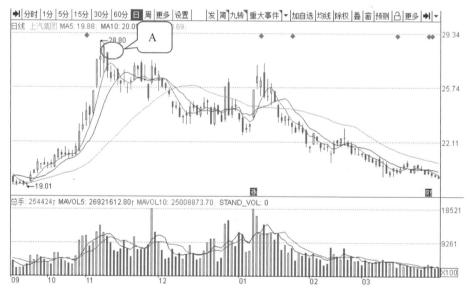

图7.35　上汽集团（600104）2020年9月24日至2021年3月31日的日K线

股价处于明显的下跌趋势中，如果出现了反弹，在反弹的过程中出现了倾盆大雨见顶信号，也可及时出局观望，以防把自己套在半山腰。

如图 7.36 所示的是云南白药（000538）2020 年 12 月 29 日至 2021 年 5 月 10 日

的日K线图。

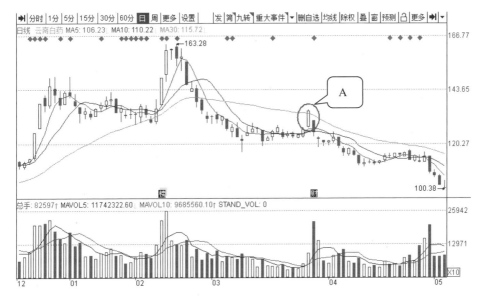

图7.36　云南白药（000538）2020年12月29日至2021年5月10日的日K线

云南白药（000538）的股价经过长时间、大幅度上涨之后，创出163.28元高点，但创出高点这一天，却收了一根中阴线，这表明上方抛压较重。随后股价继续下跌，先是跌破5日均线，然后跌破10日均线，接着跌破30日均线，这样均线呈空头排列，表明股价转变为空头行情。

股价快速下跌之后，出现了反弹，在A处，一根中阳线反弹到30日均线附近，但第2天价格没有继续上涨，反而是低开低走，收了一根中阴线，即出现了倾盆大雨，这表明股价仍会继续下跌，所以如果手中还有该股票筹码，要果断卖出为好。

如果股价已经经过长时间的下跌，并且幅度较大，然后开始震荡上升，在上涨初期出现了倾盆大雨见顶信号，短线投资者可以减仓，中线投资者可以持仓不动。

如图7.37所示的是北汽蓝谷（600733）2020年9月22日至2021年4月20日的日K线图。

北汽蓝谷（600733）的股价经过长时间、大幅度的下跌之后，创出5.78元低点，然后股价开始震荡上涨，先是站上5日均线，然后站上10日均线，最后站上30日均线，此时均线呈多头排列，即股价进入多头行情。

在多头行情中，如果股价上涨幅度不大，出现见顶信号，不要过分害怕，因为往往短线调整后，都会在重要支撑位得到支撑，然后再度上涨。所以在A处出现倾盆大雨不用过分害怕，短线高手可以减仓或清仓应对，中线投资者只要不跌破30日均线就可以持有。

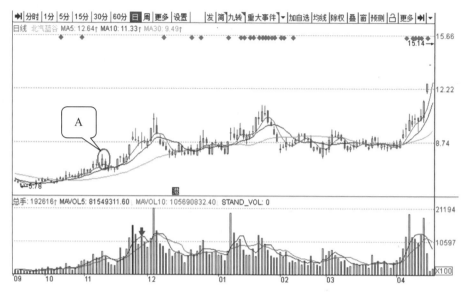

图7.37　北汽蓝谷（600733）2020年9月22日至2021年4月20日的日K线

7.4 双飞乌鸦和三只乌鸦实战分析

下面讲解双飞乌鸦和三只乌鸦的基础知识与实战应用技巧。

7.4.1 双飞乌鸦

　　双飞乌鸦的特征是：在上升行情中，连续出现两根阴线，第一根阴线的实体部分，与上一根K线的实体形成一段小缺口，构成起飞的形状，可惜翅折羽断，没有飞起来，出现了高开低走的情形；第二根阴线，也重蹈第一根阴线的覆辙，同样走出了高开低走的结局，不过第二根阴线比较长，已把第一根阴线完全吞并。从图形上看，好像两个乌鸦在空中盘旋，所以被起名为双飞乌鸦。双飞乌鸦的图形如图 7.38所示。

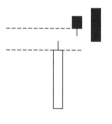

图7.38　双飞乌鸦

双飞乌鸦的出现，是令人生厌的，说明投资者对股市已很烦腻，做多力量严重不足，后市由升转跌的可能性很大。

7.4.2 三只乌鸦

三只乌鸦，又称暴跌三杰，其特征是：在上升行情中，股价在高位出现三根连续跳高开盘但却以阴线低收的 K 线。三只乌鸦的图形如图 7.39 所示。

在上涨趋势中出现三只乌鸦，说明上档卖盘压力沉重，多方每次跳高开盘，均被空方无情地打了回去。这是股价暴跌的先兆，是个不祥的信号，投资者要及早离场。

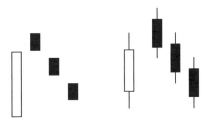

图7.39 三只乌鸦

7.4.3 双飞乌鸦实战分析案例

股价经过较长时间、较大幅度上涨之后，在高位出现三只乌鸦见顶信号，投资者要及时出局观望，最少也要减仓应对风险。

如图 7.40 所示的是厦门钨业（600549）2020 年 12 月 9 日至 2021 年 3 月 24 日的日 K 线图。

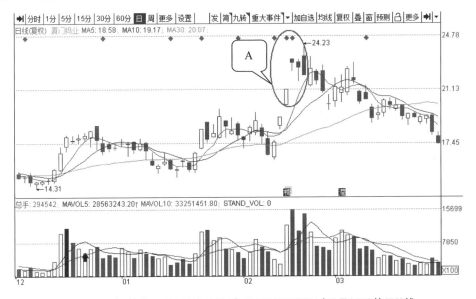

图7.40 厦门钨业（600549）2020年12月9日至2021年3月24日的日K线

厦门钨业（600549）的股价经过几波震荡上涨之后，最后出现快速拉升，连续涨停，但连续涨停之后，出现双飞乌鸦见顶信号，即 A 处，这表明价格已上涨无力，后市可能快速下跌，也可能震荡下跌，所以投资者要及时卖出手中的筹码。

如果股价经过一波下跌之后，出现反弹，在反弹末期出现双飞乌鸦见顶信号，投资者要果断清仓离场。

如图 7.41 所示的是华微电子（600360）2020 年 7 月 1 日至 2021 年 2 月 3 日的日 K 线图。

华微电子（600360）的股价经过几波上涨，创出 11.20 元高点，然后出现了快速下跌，接着在高位震荡，震荡后进入明显的沿着均线下跌行情。经过 3 个月的下跌之后，股价再度反弹，在反弹的末端出现双飞乌鸦见顶信号，即 A 处。这里也是快速拉升后，跳空出现双飞乌鸦，这表明股价上涨无力，后市还会下跌，所以这里要及时卖出手中的股票。

图7.41　华微电子（600360）2020年7月1日至2021年2月3日的日K线

如果股价已经经过长时间的下跌，并且幅度较大，然后开始震荡上升，在上涨初期出现了双飞乌鸦见顶信号，短线投资者可以减仓，中线投资者可以持仓不动。

如图 7.42 所示的是四川路桥（600039）2020 年 12 月 25 日至 2021 年 3 月 22 日的日 K 线图。

四川路桥（600039）的股价在低位区域反复震荡时，出现双飞乌鸦 K 线组合，即 A 处。需要注意，当前股价仍在底部区间，另外股价离均线不远，所以如果投资者手中有该股票筹码，不要过分害怕，可以继续持有，看看后面行情如何变化。如果股价再度跌破所有均线，甚至跌破前期低点 4.35 元，那么就要先止损出局了。如果回调到均线附近，价格得到企稳，则可以继续持有，甚至可以加仓做多。

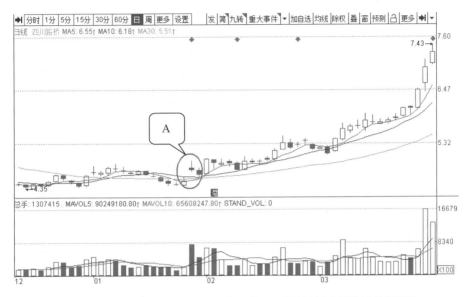

图7.42　四川路桥（600039）2020年12月25日至2021年3月22日的日K线

7.4.4 三只乌鸦实战分析案例

股价经过较长时间、较大幅度上涨之后，在高位出现三只乌鸦见顶信号，要及时出局观望，最少要减仓应对风险。

如图 7.43 所示的是国电南瑞（600406）2020 年 12 月 14 日至 2021 年 3 月 10 日的日 K 线图。

国电南瑞（600406）的股价经过长时间的大幅上涨之后，创出 51.46 元高点。需要注意的是，在创出高点这一天，股价高开低走，收了一根中阴线。随后两天，继续高开低走，收小阴线和中阴线，这样在 A 处就出现了三只乌鸦见顶 K 线组合。由于股价上涨幅度巨大，这里出现三只乌鸦见顶信号，投资者要果断卖出手中的股票。

从其后走势可以看出，股价创出最高点后，连续下跌 6 个交易日，跌破 5 日、10 日和 30 日均线，然后出现反弹，反弹到 30 日均线附近，再度出现倾盆大雨见顶 K 线，即 B 处，所以 B 处也是卖出股票的好位置。

如果股价已处于明显的下跌趋势中，并且处于下跌初期或下跌途中，出现反弹，在反弹末期出现三只乌鸦见顶 K 线组合，要果断清仓离场。

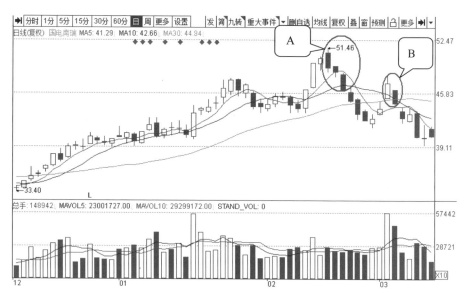

图7.43　国电南瑞（600406）2020年12月14日至2021年3月10日的日K线

　　如图 7.44 所示的是佳都科技（600728）2020 年 9 月 29 日至 2020 年 12 月 28 日的日 K 线图。

　　佳都科技（600728）的股价经过一波反弹，创出 9.54 元高点，然后继续沿着均线震荡下跌。在震荡下跌过程中出现反弹，在反弹的末端出现三只乌鸦 K 线组合，即 A 处。在这里，投资者一定要果断卖出手中的股票筹码，否则会越套越深。

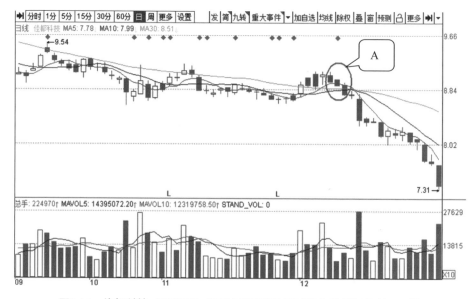

图7.44　佳都科技（600728）2020年9月29日至2020年12月28日的日K线

如果股价已经经过长时间的下跌，并且幅度较大，然后开始震荡上升，在上涨初期出现了三只乌鸦见顶信号，短线投资者可以减仓，中线投资者可以持仓不动。

如图 7.45 所示的是中储股份（600787）2021 年 1 月 29 日至 2021 年 4 月 16 日的日 K 线图。

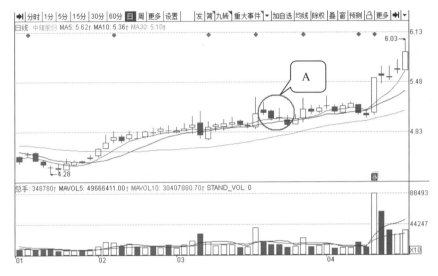

图7.45　中储股份（600787）2021年1月29日至2021年4月16日的日K线

中储股份（600787）的股价经过较长时间、较大幅度下跌之后，创出 4.28 元低点，随后股价开始震荡上涨，先是站上 5 日均线，然后站上 10 日均线，最后站上 30 日均线，这样均线呈多头排列，即行情进入上涨趋势。

在上涨行情初期，在 A 处出现三只乌鸦见顶信号，注意这里股价仍在 30 日均线上方，并且上涨幅度不大，所以这里不用过分害怕，短线高手可以减仓以应对风险，中线投资者可以持有不动。

从其后走势可以看出，出现三只乌鸦见顶信号后，股价就开始继续上涨。震荡上涨之后，又出现了快速上涨行情，这样中线投资者持有的筹码就会有不错的投资收益。

7.5　射击之星和吊颈线实战分析

下面讲解射击之星和吊颈线的基础知识与实战应用技巧。

7.5.1　射击之星

射击之星，因其像弓箭发射的样子而得名，另外，人们还根据其特点给它起了一些诨名，如扫帚星、流星。射击之星的特征是：在上涨行情中，并且已经经过一段升幅，阳线或阴线的实体很小，上影线大于或等于实体的两倍，一般没有下影线，即使有，也短得可以忽略不计。射击之星的图形如图 7.46 所示。

射击之星是一种明显的见顶信号，它暗示着股价可能由升转跌，投资者如不及时出逃，就会被流星、扫帚星击中，从而、损失惨重。

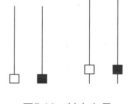

图7.46　射击之星

> 📶提醒：射击之星与倒锤头线形状是相同的，区别是：射击之星必须是在上升趋势中出现，而倒锤头线必须是在下降趋势中出现。

7.5.2　吊颈线

吊颈线，又称绞弄线，其特征是：在上涨行情的末端，阳线或阴线的实体很小，下影线大于或等于实体的两倍，一般没有上影线，即使有，也短得可以忽略不计。吊颈线的图形如图 7.47 所示。

一般来说，在股价大幅上涨后出现的吊颈线 K 线组合，是明显的见顶信号。投资者见到此 K 线，应高度警惕，不管后市如何，可先做减股，尔后一旦发现股价掉头向下，应及时抛空出局。

图7.47　吊颈线

> 📶提醒：吊颈线与锤头线形状是相同的，区别是：吊颈线必须是在上升势趋中出现，而锤头线必须是在下降趋势中出现。

7.5.3　射击之星实战分析案例

如图 7.48 所示的是华北制药（600812）2020 年 5 月 21 日至 2020 年 9 月 9 日的日 K 线图。

华北制药（600812）的股价经过一波下跌，创出 7.66 元低点，然后开始震荡上涨，经过近 3 个月时间的上涨，最高上涨到 20.24 元，上涨幅度为 164.23%。需要注意的是，股价在创出最高点这一天，却收了一根带有长长上影线的射击之星见顶 K 线，即 A 处。这是一个明显的见顶信号，投资者见到该信号，要及时果断卖出股票筹码，否则就会损失惨重。

如果股价已处于明显的下跌趋势中,并且处于下跌初期或下跌途中,出现反弹,在反弹末期出现射击之星见顶信号,也要果断清仓离场。

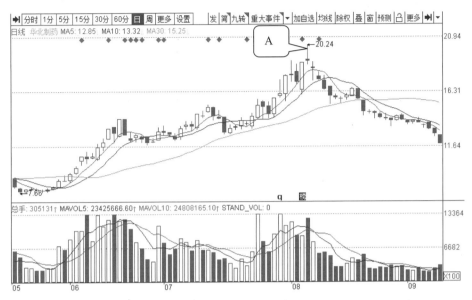

图7.48　华北制药（600812）2020年5月21日至2020年9月9日的日K线

如图 7.49 所示的是洲际油气（600759）2020 年 11 月 30 日至 2021 年 1 月 29 日的日 K 线图。

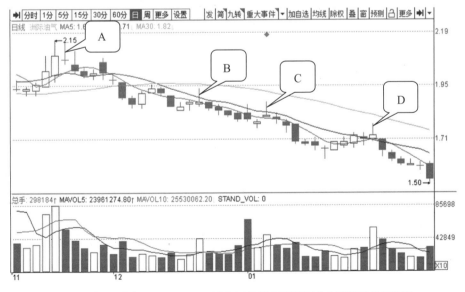

图7.49　洲际油气（600759）2020年11月30日至2021年1月29日的日K线

洲际油气（600759）的股价经过一波反弹，创出 2.15 元高点，但随后出现一根射击之星见顶信号，所以要及时卖出手中的股票筹码。

随后股价开始震荡下跌，先是跌破 5 日均线，然后跌破 10 日均线，接着跌破 30 日均线，这样均线就出现空头排列，即行情进入下跌趋势。

在下跌行情中，如果出现反弹，反弹出现射击之星，也是卖出股票的位置，即 B、C 和 D 处。

7.5.4 吊颈线实战分析案例

如图 7.50 所示的是华电能源（600726）2020 年 8 月 12 日至 2020 年 9 月 28 日的日 K 线图。

华电能源（600726）的股价经过连续涨停之后，出现吊颈线见顶信号，即 A 处，所以这里要果断卖出手中的股票筹码，否则后面连续跌停，投资者很难卖出手中的股票，这样盈利可能大幅减少，甚至由盈利变成亏损。

股价大幅下跌之后，在 30 日均线附近出现了反弹，反弹又出现射击之星，即 B 处，所以 B 处是抄底多单卖出的位置。

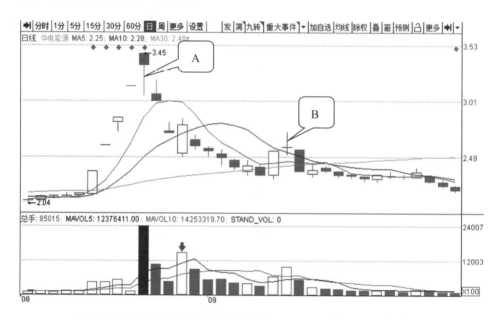

图7.50 华电能源（600726）2020年8月12日至2020年9月28日的日K线

如图 7.51 所示的是宜宾纸业（600793）2020 年 12 月 22 日至 2021 年 2 月 10 日的日 K 线图。

宜宾纸业（600793）的股价经过一波回调，创出 7.72 元低点，然后在低位区间小幅震荡7个交易日，然后一根中阳线向上突破，随后就是连续中阳线或大阳线上涨，短短10个交易日，最高上涨到21.26元，上涨幅度为175.39%。

需要注意的是，在创出21.26元高点这一天，股价收了一根吊颈线见顶K线，这表明股价有不好信号，投资者可以减仓应对风险。

随后股价中阴线下跌，又跌破5日均线，由于盈利巨大，所以卖出股票的投资者就会很多，因此还是及时果断卖出为妙。

从其后走势可以看出，股价吊颈线见顶后，出现较大幅度的下跌，不及时出局的投资者，盈利会大大的回吐。

如果股价已处于明显的下跌趋势中，并且处于下跌初期或下跌途中，出现反弹，在反弹末期出现吊颈线见顶信号，也要果断清仓离场。

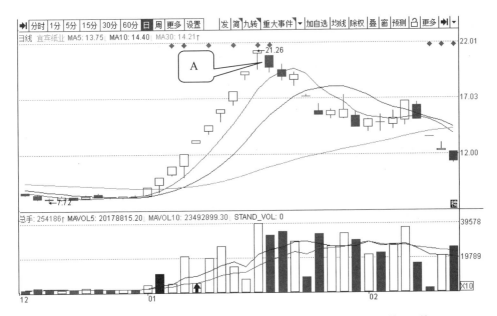

图7.51　宜宾纸业（600793）2020年12月22日至2021年2月10日的日K线

如图7.52所示的是王府井（600859）2020年7月1日至2021年3月9日的日K线图。

王府井（600859）的股价连续大阳线拉涨之后，在A处出现吊颈线见顶信号，这表明价格上涨已有压力。随后股价又拉大阳线诱多，但接着就是一根大阳线杀跌，随后股价高位震荡，先是射击之星，再是吊颈线，即B处。

高位震荡之后，股价开始快速下跌，然后在30日均线附近震荡，最后跌破30日均线，这样均线呈空头排列，即行情进入震荡下跌行情。

在震荡下跌行情中，股价出现反弹，反弹出现吊颈线见顶信号，即C处，这也是抄底的多单卖出的位置。

图7.52　王府井（600859）2020年7月1日至2021年3月9日的日K线

第 8 章

看跌 K 线组合实战分析

股价在下跌初期，很多投资者都会心存幻想，怕出局后股价再大幅上涨，造成不能及时出局观望，从而被一路深套。如果在下跌初期，投资者能够清楚透彻地了解看跌信号 K 线组合的含义，那么就不会再抱有幻想，从而及时出局，减少损失，为下一次再战打下良好的基础。本章主要讲解黑三兵、两黑夹一红、高位出逃形、绵绵阴跌形、徐缓下跌形、下降抵抗形、下跌不止形、空方尖兵、下降三部曲、下跌三颗星和断头铡刀的基础知识与实战分析案例。

8.1 黑三兵、两黑夹一红和高位出逃形实战分析

下面讲解黑三兵、两黑夹一红和高位出逃形的基础知识与实战应用技巧。

8.1.1 黑三兵

黑三兵的特征是：连续出现三根小阴线，其中最低价一根比一根低。因为这三根小阴线像三个穿着黑色服装的卫兵在列队，故名为"黑三兵"。黑三兵的图形如图8.1所示。

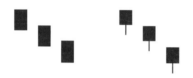

图8.1　黑三兵

黑三兵如果在上升行情中，特别是股价有了较大升幅之后出现，暗示着行情快要转为跌势；黑三兵如果在下跌行情后期出现，特别是股价已有一段较大的跌幅或连续急跌后出现，暗示空头行情短期内即将结束，并可能转为一轮升势。所以投资者见到该K线组合，可根据其所在位置，决定投资策略，即在上升行情中出现，要适量做空；在下跌行情中出现，要适量做多。

8.1.2 两黑夹一红

两黑夹一红的特征是：左右两边是阴线，中间是阳线，两根阴线的实体一般要比阳线实体长。两黑夹一红的图形如图 8.2 所示。

图8.2　两黑夹一红

在下跌行情中，尤其是在下跌的初期阶段，出现两黑夹一红K线组合，表明股

价经过短暂整理后，还会继续下跌。在上涨行情中，出现两黑夹一红K线组合，表明股价升势已尽，很有可能见顶回落。投资者无论是在升势或跌势中见此K线组合，都要保持高度警惕，做好减仓或清仓离场的准备。

8.1.3 高位出逃形

高位出逃形的特征是：在跌势中，股票某天突然大幅高开，有的以涨停板开盘，但当天就被空方一路打压，收出一根大阴线，有的可能以跌停板收盘。高位出逃形的图形如图8.3所示。

图8.3 高位出逃形

高位出逃形多数是被套庄家利用朦胧消息拉高出货所致，一般情况下，在这根大阴线之后，股价将有一段较大的跌势。投资者看到该K线组合，唯一的选择就是快速停损离场。

> 📶提醒：当股价趋势向下时，一些在高位没有出完货的主力，会设置许多诱多陷阱，目的是诱导不明真相的投资者盲目跟进，乘机将筹码抛售给他们。根据多年实战经验，高位出逃形是相当常用的诱多陷阱，也是主力大逃亡的一种非常重要的手段。

8.1.4 黑三兵实战分析

股价经过长时间的大幅上涨之后，出现见顶信号，此时一定要减仓，如果再出现黑三兵看跌信号，一定要及时清仓出局观望。

如图8.4所示的是爱柯迪（600933）2021年2月9日至2021年5月14日的日K线图。

爱柯迪（600933）的股价经过一波上涨后，创出19.12元高点，但在创出高点这一天，股价收了根带有上长影线的中阳线，这表明上方已有压力。随后股价没有继续上涨，而是低开低走，收了一根中阴线，即在 A 处，出现倾盆大雨见顶信号。

随后价格继续下跌，连续下跌 4 天后，股价在 30 日均线上方企稳，然后再度上涨，但仅上涨 5 天，又在 B 处出现黄昏十字星见顶信号。接着股价开始下跌，并且跌破 30 日均线。跌破 30 日均线后，股价仍在震荡，但在 C 处，出现黑三兵看跌 K 线组合，并且也跌破 30 日均线，这意味着行情可能要走空头趋势了，所以投资者如果手中还有该股票筹码，最好及时卖出。

股价连续下跌之后，再次反弹，注意这一次反弹较弱，始终在 30 日均线下方，反弹结束时，在 D 处出现黑三兵看跌信号，这是最后一次卖出机会，否则后面会越套越深。

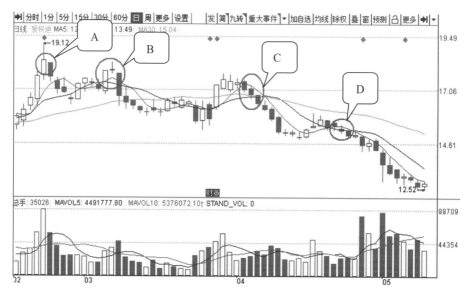

图8.4　爱柯迪（600933）2021年2月9日至2021年5月14日的日K线

股价在明显的下降趋势中，如果出现了较大幅度的反弹，在反弹后期出现了黑三兵看跌信号，要及时出局观望。

如图 8.5 所示的是南宁百货（600712）2020 年 7 月 29 日至 2021 年 1 月 13 日的日 K 线图。

南宁百货（600712）的股价经过一波上涨，创出 8.28 元高点，然后股价在高位略震荡，就开始下跌，先是跌破 5 日均线，然后跌破 10 日均线，最后跌破 30 日均线，这样均线呈空头排列，股价进入下跌趋势。

在明显的下跌行情中，如果股价出现反弹，反弹结束出现黑三兵看跌信号，投资者手中还有该股票筹码，要及时卖出，否则会越套越深，如 A、B、C 和 D 处。

股价经过长时间的大幅下跌之后，探明了底部区域，然后震荡上升，这时出现黑三兵看跌信号，短线投资者可以减仓，然后逢低再补仓；中线投资者则可以持仓不动。

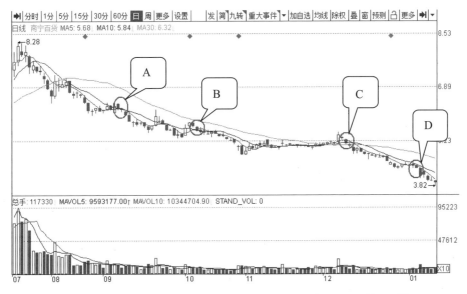

图8.5 南宁百货（600712）2020年7月29日至2021年1月13日的日K线

如图 8.6 所示的是文投控股（600712）2021 年 2 月 2 日至 2021 年 5 月 12 日的日 K 线图。

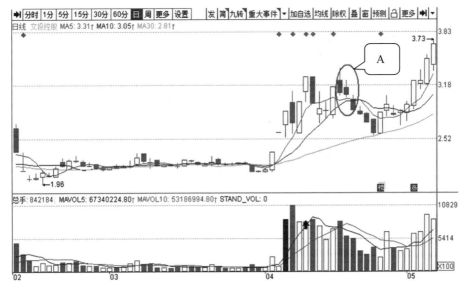

图8.6 文投控股（600712）2021年2月2日至2021年5月12日的日K线

文投控股（600712）的股价经过长时间、大幅度的下跌之后，创出 1.96 元低点，然后股价在低位区域窄幅震荡盘整。经过 2 个月时间的盘整后，一根大阳线向上突破，开始新一波上涨行情。需要注意的是，该大阳线同时站上 5 日、10 日和 30 日均线，即蛟龙出海看涨信号。

随后股价继续快速上涨，然后在 A 处出现黑三兵看跌信号。由于股价刚刚上涨，上涨幅度不大，这里很可能是主力的一次洗盘，所以中线多单投资者可以继续持有；如果是短线高手，减仓或清仓应对风险，等股价回调到 30 日均线附近得到支撑后，再重新买入该股票。

从其后走势可以看出，股价回调到 30 日均线附近，再度企稳并开始上涨，所以无论短线单子或中线单子，都会有不错的盈利。

8.1.5 两黑夹一红实战分析

股价经过长时间的大幅上涨之后，出现见顶信号，一定要减仓，但如果再出现两黑夹一红看跌信号，一定要及时清仓出局观望。

如图 8.7 所示的是上海机场（600009）2019 年 6 月 6 日至 2019 年 10 月 29 日的日 K 线图。

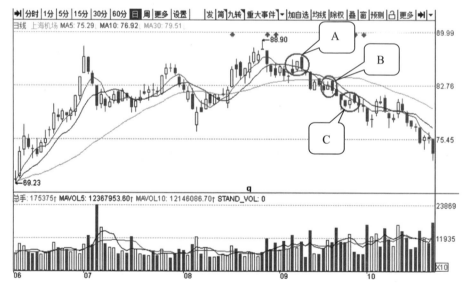

图8.7　上海机场（600009）2019年6月6日至2019年10月29日的日K线

上海机场（600009）的股价经过长时间、大幅度上涨之后，开始在高位震荡。在高位震荡过程中，虽然创出 88.90 元高点，但在创出高点这一天，股价立即收了一根射击之星见顶信号，所以投资者要注意减仓。

随后股价继续在 30 日均线上方震荡，但这时出现两黑夹一红看跌信号，即 A 处，这表明股价可能要下跌，所以投资者可以进一步减仓。随后股价跌破 30 日均线，反弹没有站上 30 日均线，股价又出现两黑夹一红看跌信号，即 B 处，这里仍是减仓或清仓的较好位置。

随后股价开始沿着均线下跌，然后在 C 处出现两黑夹一红看跌信号。看跌信号反复出现，并且均线已呈空头排列，所以投资者如果手中还有该股票筹码还是卖出为好。

股价在明显的下降趋势中，如果出现了较大幅度的反弹，在反弹后期出现了两黑夹一红看跌信号，要及时出局观望。

如图 8.8 所示的是海正药业（600267）2020 年 7 月 31 日至 2021 年 3 月 30 日的日 K 线图。

海正药业（600267）的股价经过一波上涨，创出 21.97 元高点，然后股价开始震荡下跌，先是跌破 5 日均线、10 日均线，然后跌破 30 日均线。跌破所有均线后，又开始反弹，反弹到 30 日均线附近出现了两黑夹一红 K 线组合，即 A 处。两黑夹一红是看跌信号，所以投资者如果手中还有该股票筹码，就要及时果断地卖出。

股价经过三波下跌之后，开始震荡反弹。经过近 3 个月时间的震荡之后，在 B 处出现两黑夹一红 K 线组合，所以 B 处也是卖出股票的较好位置。

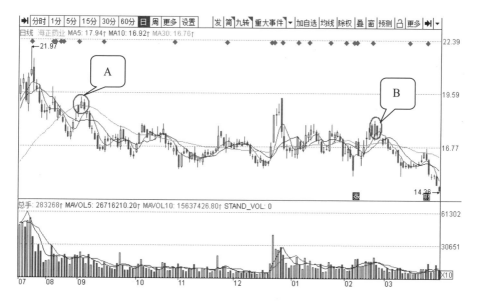

图 8.8　海正药业（600267）2020 年 7 月 31 日至 2021 年 3 月 30 日的日 K 线

股价经过长时间的大幅下跌之后，探明了底部区域，然后震荡上升，这时出现两黑夹一红看跌信号，短线投资者可以减仓，然后逢低再补仓，中线投资者则可以持仓不动。

如图 8.9 所示的是云天化（600096）2020 年 9 月 11 日至 2021 年 2 月 24 日的日
K 线图。

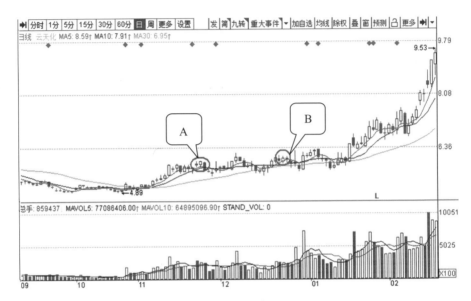

图8.9　云天化（600096）2020年9月11日至2021年2月24日的日K线

云天化（600096）的股价经过较长时间、较大幅度下跌之后，创出 4.89 元低点，
然后股价开始震荡上涨，先是站上 5 日均线，然后站上 10 日和 30 日均线，这样均
线呈多头排列，即行情进入上涨趋势。

在上涨行情初期，股价上涨幅度不大，出现两黑夹一红看跌信号，即 A 和 B 处，
短线高手可以减仓以控制风险，然后等股价回调到 30 日均线再重新买入股票。投资
者如果仓位不重或对该股票后期走势不失信心，则可以中线持有不动。

8.1.6　高位出逃形实战分析

如图 8.10 所示的是申达股份（600626）2020 年 7 月 8 日至 2021 年 2 月 4 日的
日 K 线图。

申达股份（600626）的股价经过一波反弹，创出 6.08 元高点，然后开始下跌。
经过较长时间的下跌之后，股价出现反弹，股价连续两个涨停之后，第三天出现高
位出逃形，即 A 处。这是主力利用利好消息来拉高出货，利好消息如下：

第一，申达股份公司是东方国际（集团）有限公司下属一家以汽车内饰和纺织
新材料为主业的上市公司，其研发的"柔性涂层复合材料"等纺织新材料可应用于
多个领域。

第二，当前该公司的汽车内饰在新能源领域已经开展与整车厂的合作。

一般投资者一看股价高开，认为有什么利好消息，于是进场抢筹，从而被套在高位，所以在这里看到高位出逃形一定要及时出局。

图8.10　申达股份（600626）2020年7月8日至2021年2月4日的日K线

如图 8.11 所示的是厦门国贸（600755）2020 年 11 月 16 日至 2021 年 1 月 29 日的日 K 线图。

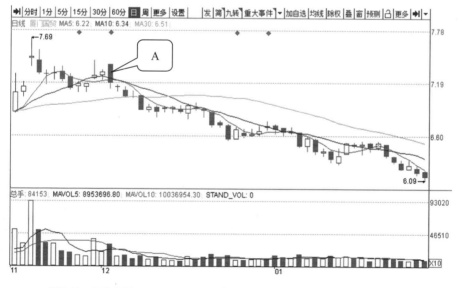

图8.11　厦门国贸（600755）2020年11月16日至2021年1月29日的日K线

厦门国贸（600755）的股价经过一波上涨，创出 7.69 元高点，然后开始震荡下跌。在 2020 年 12 月 3 日，股价高开低走，出现一个高位出逃形，即 A 处。这是主力利用利好消息来拉高出货，利好消息如下：

2020 年 12 月 2 日，中国证券监督管理委员会上市公司并购重组审核委员会召开 2020 年第 51 次并购重组工作会议，对厦门国贸集团股份有限公司发行股份购买资产暨关联交易事项进行了审核。根据会议审核结果，厦门国贸集团股份有限公司本次重组事项获得无条件通过。

8.2 绵绵阴跌形和徐缓下跌形的基础知识与实战分析

下面讲解绵绵阴跌形和徐缓下跌形的基础知识与实战应用技巧。

8.2.1 绵绵阴跌形

绵绵阴跌形，常常在盘整后期出现，由若干根小 K 线组成，一般不少于八根，其中小阴线居多，中间也可夹着一些小阳线、十字线，但这些 K 线排列呈略微向下倾斜状。绵绵阴跌形的图形如图 8.12 所示。

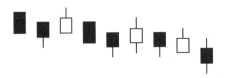

图8.12　绵绵阴跌形

绵绵阴跌，虽跌幅不大，但犹如黄梅天的阴雨下个不停，从而延长了下跌的时间和拓展了下跌的空间，股价很可能就长期走弱。股市中有一句俗语："急跌不怕，最怕阴跌。"经验的投资者知道，股价急跌后恢复也很快；但阴跌就不同，往往下跌无期，对多方杀伤相当厉害。投资者见此 K 线组合，应及早做出停损离场的决断。

8.2.2 徐缓下跌形

徐缓下跌形的特征是：在下跌行情的初期，连续出现几根小阴线，随后出现一根或两根中阴线或大阴线。徐缓下跌形的图形如图 8.13 所示。

图8.13　徐缓下跌形

徐缓下跌形是一个明显的卖出信号，因为该 K 线组合中最后的大阴线表明空方力量正在逐步壮大，后市虽有波折，但总趋势向下的格局已初步奠定。投资者见此 K 线组合，应该以做空为主或持币观望。

8.2.3　绵绵阴跌形实战分析

如图 8.14 所示的是云赛智联（600602）2020 年 7 月 6 日至 2020 年 12 月 24 日的日 K 线图。云赛智联（600602）的股价经过一波上涨，创出 8.22 元的高点，然后股价就开始震荡下跌，最后均线出现明显的空头排列。

在明显的空头行情中，如果出现绵绵阴跌形 K 线组合，投资者最好及时卖出手中的股票，否则会越套越深，最终往往会损失惨重，如 A 和 B 处。

图8.14　云赛智联（600602）2020年7月6日至2020年12月24日的日K线

股价经过长时间的大幅下跌之后，探明了底部区域，然后开始震荡上升。在上涨初期，出现绵绵阴跌形看跌信号也不要怕，短线投资者可以减仓以应对风险，中线投资者耐心持股即可。

如图8.15所示的是福耀玻璃（600660）2020年3月20日至2020年9月17日的日K线图。

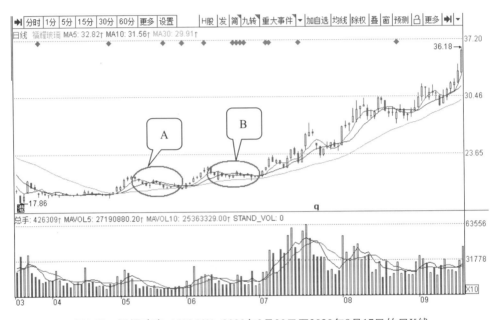

图8.15　福耀玻璃（600660）2020年3月20日至2020年9月17日的日K线

福耀玻璃（600660）的股价经过较长时间、较大幅度下跌之后，创出17.86元低点，然后股价在低位区间窄幅震荡，经过近2个月的震荡之后，一根中阳线向上突破，站上所有均线，开始多头行情。

在震荡上涨过程中，A和B处都出现了绵绵阴跌形K线组合，由于股价刚刚上涨，并且上涨幅度不大，短线高手可以减仓以应对风险，看好其后走势的投资者可以中线持有。需要注意，当股价回调到30日均线附近，再度得到支撑时，可以重新买入该股票。

8.2.4　徐缓下跌形实战分析

股价经过长时间的大幅上涨之后，出现了徐缓下跌形看跌信号，这表明多方力量已衰竭，空方力量开始聚集反攻，这时投资者要及时清仓出局观望，否则会把获得的收益回吐，甚至不及时出局，还会被套。

如图 8.16 所示的是葵花药业（002737）2020 年 8 月 28 日至 2021 年 2 月 4 日的日 K 线图。

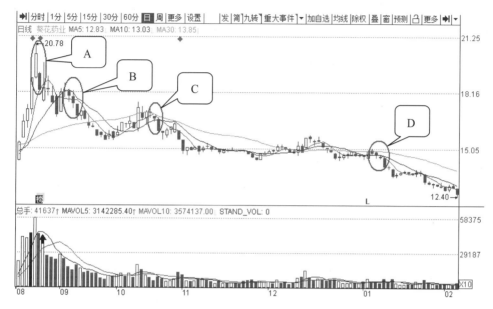

图8.16　葵花药业（002737）2020年8月28日至2021年2月4日的日K线

葵花药业（002737）的股价经过连续快速上涨之后，创出 20.78 元高点，但第 2 个交易日就来一根低开低走的中阴线，即在 A 处出现了倾盆大雨见顶信号，所以投资者要注意减仓以应对风险。

随后价格继续下跌，在 B 处出现徐缓下跌形看跌信号，这意味着股价还会继续下跌，手中还有该股票的投资者，要及时卖出。

股价跌破 30 日均线后，出现了反弹，正好反弹到 30 日均线附近，股价再度下跌，在 C 处又出现徐缓下跌形看跌信号，有抄底买进的投资者，要注意果断卖出。

同理，在 D 处再度出现徐缓下跌形看跌信号，有抄底买进的投资者仍要果断卖出，否则就会越套越深。

股价如果探明底部区域，开始震荡盘升，并且涨幅不大，这时出现徐缓下跌形看跌信号。短线投资者可以减仓，然后再逢低把仓位补回来；中线投资者可以持仓不动。

如图 8.17 所示的是中视传媒（600088）2021 年 2 月 4 日至 2021 年 5 月 14 日的日 K 线图。

中视传媒（600088）的股价经过较长时间、较大幅度下跌之后，创出 11.04 元的低点，然后开始震荡反弹，但反弹到 30 日均线附近，再度受压下行，需要注意的是，股价虽然在 30 日均线下方窄幅震荡，但没有再创新低。

　　经过一个月的窄幅震荡之后，一根大阳线向上突破，站上所有均线，这意味着股价要开始上涨行情了。经过明显的两波上涨之后，出现了回调，在 A 处出现徐缓下跌形看跌信号。因为这时的上涨幅度不大，所以看好其后走势的中线投资者可以持仓不动，短线高手则可以减仓以应对风险。

　　从其后走势来看，股价跌破了 30 日均线，但正好回调到前期震荡平台的低点附近，股价出现一根带有上影线的倒锤头线，这是一个见底信号，即 B 处。所以 B 处是短线高手重新买进股票的好位置。

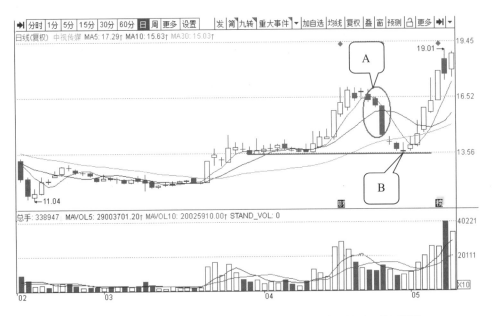

图8.17　中视传媒（600088）2021年2月4日至2021年5月14日的日K线

8.3　下降抵抗形和下跌不止形实战分析

　　下面讲解下降抵抗形和下跌不止形的基础知识与实战应用技巧。

8.3.1　下降抵抗形

　　下降抵抗形的特征是：股价在下降过程中，连续跳空低开盘，并收出众多阴线，其中夹着少量阳线，但这些阳线收盘价均比前一根 K 线的收盘价要低。下降抵抗形的图形如图 8.18 所示。

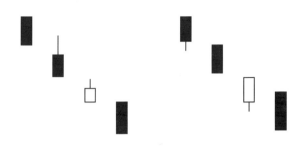

图8.18　下降抵抗形

下降抵抗形K线组合，反映多方不甘心束手就擒，不时地组织力量进行反抗，但终因大势所趋，回天无力，在空方的打击下，股价又出现惯性下滑。投资者见此K线组合，应以做空为主，持币冷静观望，不要轻易去抢反弹。

8.3.2 下跌不止形

下跌不止形的特征是：在股价下跌过程中，众多阴线中夹着较少的小阳线，股价一路下滑。下跌不止形的图形如图8.19所示。

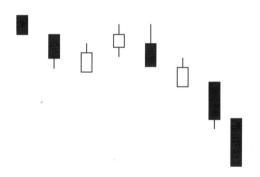

图8.19　下跌不止形

下跌不止形的出现，表明股价仍会继续下跌。投资者见此K线组合后，要认清方向，卖出股票，越早卖出，损失越少。

下跌不止形和绵绵阴跌形、徐缓下跌形、下降抵抗形的区别是：下跌不止形成于下跌过程中，虽然出现少量上涨的K线，但仍然止不住下跌的趋势，这表明盘中空头的力量占了上风；绵绵阴跌形出现在股价经过一段盘整的后期，反映盘中空方力量在悄悄地积累；徐缓下跌形是先出现小阴线下跌，然后拉出中、大阴线，反映盘中空头势力日益强大；下降抵抗形是连续低开，说明盘中空头力量十分强大。

从推动股价下滑的短期作用来说，力量最强的首先是下降抵抗形，其次是徐缓下跌形，再次是下跌不止形，最后是绵绵阴跌形。但这只对短线操作者有参考价值，对中长线操作者而言，绵绵阴跌形的走势最让人担心。

8.3.3 下降抵抗形实战分析

股价经过长时间的大幅上涨之后，出现见顶信号，一定要减仓，但如果再出现下降抵抗形看跌信号，一定要及时清仓出局观望。

如图 8.20 所示的是爱尔眼科（300015）2021 年 12 月 16 日至 2021 年 3 月 9 日的日 K 线图。

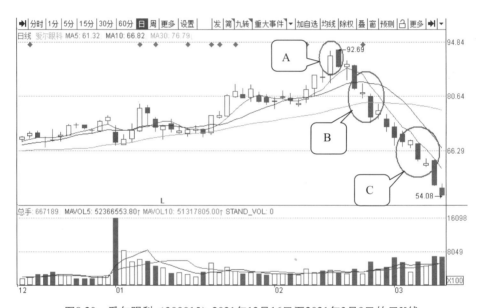

图8.20 爱尔眼科（300015）2021年12月16日至2021年3月9日的日K线

爱尔眼科（300015）的股价经过较长时间、较大幅度上涨之后，创出 92.69 元高点。但创出高点这一天，股价收了一根高开低走的中阴线，与前 1 个交易日的中阳线组成乌云盖顶见顶信号，即 A 处。

出现见顶信号后，股价继续下跌，先是跌破 5 日均线、再跌破 10 日均线，最后跌破 30 日均线，即在 B 处出现下降抵抗形看跌信号，所以手中还有筹码的投资者，要及时卖出。同理，在 C 处也出现了下降抵抗形看跌信号，所以后市应继续看空。

股价在明显的下降趋势中，如果出现了较大幅度的反弹，在反弹后期出现了下降抵抗形看跌信号，要及时出局观望。

如图 8.21 所示的是西藏药业（600211）2020 年 7 月 30 日至 2021 年 3 月 9 日的

日 K 线图。西藏药业（600211）的股价经过长时间、大幅度上涨之后，创出 182.07 元高点。但创出高点这一天是高开低走的巨阴线。随后股价开始下跌，在 A 处出现下降抵抗形看跌信号，所以投资者手中如果有该股的筹码，要及时果断卖出。

　　股价经过连续下跌之后，出现了反弹，在反弹的末端出现下降抵抗形看跌信号，即 B 处，所以 B 处也是卖出股票的好位置。

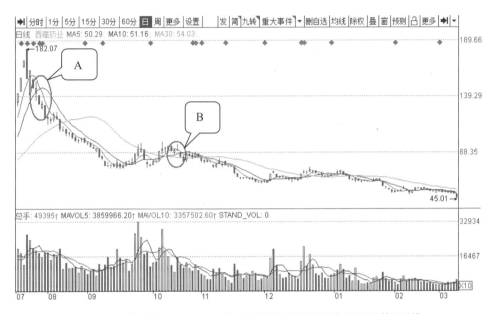

图8.21　西藏药业（600211）2020年7月30日至2021年3月9日的日K线

　　股价如果探明底部区域，开始震荡盘升，并且涨幅不大，这时出现下降抵抗形看跌信号。短线投资者可以减仓，然后再逢低把仓位补回来；中线投资者则可以持仓不动。

　　如图 8.22 所示的是浙江广厦（600052）2021 年 1 月 20 日至 2021 年 4 月 20 日的日 K 线图。

　　浙江广厦（600052）的股价经过长时间、大幅度下跌之后，创出 2.34 元低点，然后开始震荡上涨，先是站上 5 日均线，然后站上 10 日均线，最后站上 30 日均线，这样均线呈多头排列，即股价进入多头行情之中。

　　股价在 30 日均线上方开始震荡盘整，然后在 A 处出现下降抵抗形看跌信号，但由于当前是低位区域，所以出现看跌信号也不要过分担心，看好该股走势的中线投资者，可以耐心持有该股，短线高手则可能减仓以应对风险。

　　从其后走势可以看到，主力比较狡猾，跌破了 30 日均线，但仍在前期支撑平台低点附近，即 B 处。随后一根中阳线向上突破，站上所有均线，所以中线投资者往往能得到较大的盈利。

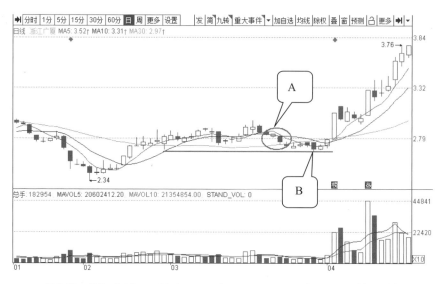

图8.22　浙江广厦（600052）2021年1月20日至2021年4月20日的日K线

8.3.4 下跌不止形实战分析

股价经过长时间的大幅上涨之后，出现见顶信号，一定要减仓，但如果再出现下跌不止形看跌信号，一定要及时清仓出局观望。

如图 8.23 所示的是三一重工（600031）2020 年 12 月 22 日至 2021 年 5 月 13 日的日 K 线图。

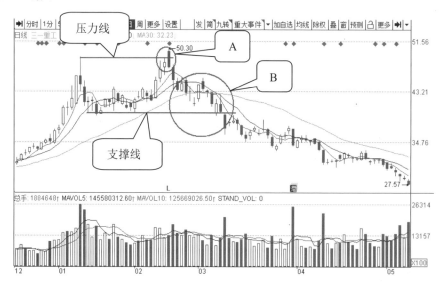

图8.23　三一重工（600031）2020年12月22日至2021年5月13日的日K线

三一重工（600031）的股价经过长时间、大幅度的上涨之后，创出 50.30 元高点。需要注意的是，虽然这一天股价突破了前期高点，但最终收盘却没有突破，并且收了一根大阴线，这表明是假突破，即突破是诱多，下跌才是真，所以后市下跌概率很大，投资者要及时减仓或清仓。另外，在 A 处还是一个乌云盖顶见顶信号，所以聪明的投资者往往会在见到该信号时，就果断卖出手中的股票筹码来止盈。

股价见顶后，就开始下跌，连续跌破 5 日和 10 日均线，在 30 日均线附近出现震荡下跌，最终跌破 30 日均线，即在 B 处出现下跌不止形看跌信号，并且跌破了下方支撑，所以如果投资者这里还有股票筹码，要果断卖出。

股价在明显的下降趋势中，如果出现了较大幅度的反弹，在反弹后期出现了下跌不止形看跌信号，要及时出局观望。

如图 8.24 所示的是羚锐制药（600285）2020 年 7 月 30 日至 2021 年 1 月 28 日的日 K 线图。

图8.24　羚锐制药（600285）2020年7月30日至2021年1月28日的日K线

羚锐制药（600285）的股价经过一波反弹上涨，创出 12.53 元高点，然后开始下跌，下跌到 30 日均线附近再度震荡。在 30 日均线附近震荡后，再度跌破 30 日均线，这样均线呈空头排列，行情进入下跌趋势。

在明显的下跌行情中，如果反弹出现下跌不止形看跌信号，手中还有该股票筹码的投资者，一定要及时卖出，即 A 和 B 处是抄底多单卖出的好位置。

股价经过长时间的大幅下跌之后，探明了底部区域，然后震荡上升，这时出现下跌不止形看跌信号。短线投资者可以减仓，然后逢低再补仓；中线投资者则可以持仓不动。

如图 8.25 所示的是宁沪高速（600377）2021 年 1 月 18 日至 2021 年 5 月 11 日的日 K 线图。

宁沪高速（600377）的股价经过长时间、大幅度下跌之后，创出 8.60 元低点，然后开始震荡上涨，先是站上 5 日和 10 日均线，然后一根大阳线站上 30 日均线，这样均线呈多头排列，即股价进入上涨趋势。

股价站上 30 日均线后，出现下跌不止形，即 A 处。虽然下跌不止形是看跌信号，但股价刚开始上涨，并且始终没有跌破 30 日均线。所以中线投资者可以耐心持有；短线高手可以减仓，等股价回调到 30 日均线附近得到支撑时，再重新买进该股票。

在 B 处，股价也出现下跌不止形看跌信号，并且股价最后跌破 30 日均线，注意这是一个假突破，因为第 2 个交易日，就出现一根中阳线重新站上所有均线。这样跌破 30 日是诱空，所以后面的中阳线上涨是真，这时可以继续做多。

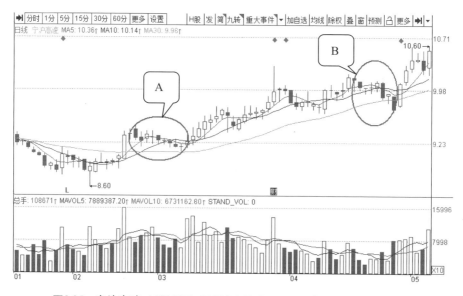

图8.25　宁沪高速（600377）2021年1月18日至2021年5月11日的日K线

8.4　空方尖兵和下降三部曲实战分析

下面讲解空方尖兵和下降三部曲的基础知识与实战应用技巧。

8.4.1　空方尖兵

空方尖兵的特征是：股价在下跌过程中，遇到多方反抗，出现了一根下影线，股价随之反弹，但空方很快又发动了一次攻势，股价就穿越了前面的下影线。空方尖兵的图形如图 8.26 所示。

图8.26　空方尖兵

空方尖兵的技术含义是：空方在杀跌前曾做过一次试探性进攻，在 K 线上留下了一根较长的下影线，有人把它视作深入多方阵地的尖兵，这就是空方尖兵名称的由来。空方尖兵的出现，表示股价还会下跌。投资者见到该 K 线组合，要及时做空，以减少股价继续下行带来的风险。

8.4.2 下降三部曲

下降三部曲，又称降势三鹤，其特征是：股价在下跌时出现了一根实体较长的阴线，随后连续拉出三根向上攀升的实体较为短小的阳线，但最后一根阳线的收盘价仍比前一根大阴线的开盘价要低，之后又出现了一根长阴线，把前面三根小阳线全部或大部分都吞吃了。下降三部曲的图形如图 8.27 所示。

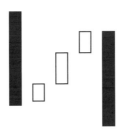

图8.27　下降三部曲

下降三部曲的出现，表明多方虽然想反抗，但最终在空方的打击下显得不堪一击，这暗示着股价还会进一步向下滑落。投资者见此 K 线组合，要顺势而为，快速减持手中的仓位或清仓离场。

8.4.3 空方尖兵实战分析

股价经过长时间的大幅上涨之后，出现见顶信号，一定要减仓，但如果再出现空方尖兵看跌信号，一定要及时清仓出局观望。

如图 8.28 所示的是理工环科（002322）2019 年 2 月 29 日至 2019 年 6 月 17 日的日 K 线图。

理工环科（002322）的股价经过长时间、大幅度上涨之后，创出 18.88 元高点，但第 2 个交易日没有继续上涨，而是低开低走，即在 A 处出现倾盆大雨见顶信号，投资者见到该信号，要及时减仓或清仓以应对风险。随后股价继续震荡下跌，并出现空方尖兵看跌信号，即 B 处，这也是卖出股票的不错机会，否则随着股价不断下跌，就会造成盈利大幅回吐，甚至由盈利变成亏损。

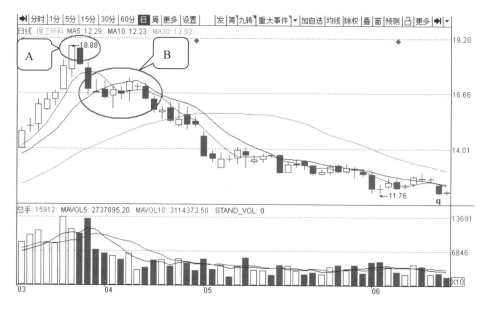

图8.28 理工环科（002322）2019年2月29日至2019年6月17日的日K线

股价在明显的下降趋势中，出现空方尖兵看跌信号，要及时出局观望。

图 8.29 所示的是红日药业（300026）2020 年 10 月 9 日至 2021 年 2 月 5 日的日 K 线图。

红日药业（300026）的股价经过一波反弹，创出 6.26 元高点，然后开始震荡下跌，先是跌破 5 日和 10 日均线，然后跌破 30 日均线，这样均线呈空头排列，即股价进入震荡下跌行情。

在震荡下跌行情中，如果出现空方尖兵看跌信号，即 A 处，此时手里还有该股票筹码的投资者，要果断及时卖出。

股价经过长时间的大幅下跌之后，探明了底部区域，然后震荡上升，这时出现空方尖兵看跌信号。短线投资者可以减仓，然后逢低再补仓；中线投资者则可以持仓不动。

图8.29　红日药业（300026）2020年10月9日至2021年2月5日的日K线

如图 8.30 所示的是宏昌电子（603002）2021 年 1 月 6 日至 2021 年 4 月 12 日的日 K 线图。

图8.30　宏昌电子（603002）2021年1月6日至2021年4月12日的日K线

宏昌电子（603002）的股价经过较长时间、较大幅度下跌之后，创出 4.43 元低点，然后股价开始震荡反弹，经过几波反弹之后，最终站上 30 日均线，这样均线就呈多头排列，即股价进入上升趋势。

在上涨趋势中，特别是在上涨初期，股价回调出现空方尖兵看跌信号，即 A 处，短线高手可以减仓以应对风险，而看好该股后期走势的中线投资者则可以耐心持有。

8.4.4 下降三部曲实战分析

股价经过长时间的大幅上涨之后，出现了下降三部曲看跌信号，这表明多方力量已衰竭，空方力量开始聚集反攻，所以这时投资者要及时清仓出局观望，否则会把获得的收益回吐，甚至不及时出局，还会被套。

如图 8.31 所示的是凯利泰（300326）2020 年 4 月 2 日至 2020 年 11 月 25 日的日 K 线图。

凯利泰（300326）的股价经过长时间、大幅度的上涨之后，创出 31.38 元高点，但在收出最高点的这一天，收了一根螺旋线。然后股价开始震荡下跌，在 A 处出现下降三部曲，这是明显的看跌信号，所以手中有该股票筹码的投资者一定要及时卖出，否则会越套越深。

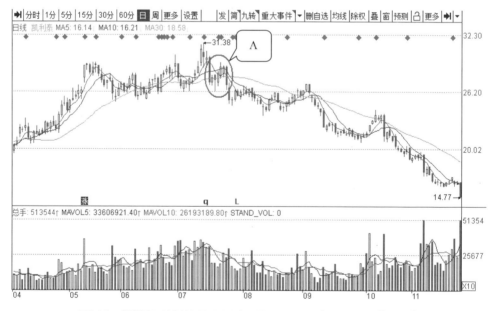

图8.31 凯利泰（300326）2020年4月2日至2020年11月25日的日K线

股价在明显的下跌趋势中，特别是在下跌初期或下跌途中，出现下降三部曲 K 线组合时，投资者要及时清仓离场。

如图 8.32 所示的是华胜天成（600410）2020 年 6 月 29 日至 2020 年 11 月 2 日
的日 K 线图。

图8.32　华胜天成（600410）2020年6月29日至2020年11月2日的日K线

华胜天成（600410）的股价经过一波上涨，创出 16.96 元高点，然后股价开始下跌，
先是跌破 5 日均线，然后跌破 10 日均线，最后跌破 30 日均线。随后股价虽有反弹，
但很快又跌破所有均线，这样均线就呈空头排列，即股价处于下跌趋势。

在下跌行情的初期，如果出现下降三部曲看跌信号，即 A 和 B 处，投资者都宜
卖出手中的股票筹码。

如果股价已经经过大幅下跌并且探明了底部，然后开始震荡上升，并在上涨初
期或上涨途中出现下降三部曲 K 线组合，投资者不必恐慌，很可能是主力在诱空。

如图 8.33 所示的是诺德股份（600110）2020 年 5 月 21 日至 2020 年 11 月 6 日
的日 K 线图。

诺德股份（600110）的股价经过长时间、大幅度下跌之后，创出 4.16 元低点，
然后股价开始震荡上涨，先是站上 5 日均线，接着站上 10 日均线，然后站上 30 日均线，
最后站上 60 日均线，这样均线就呈多头排列，即股价进入上涨趋势。

经过近一个月时间的上涨之后，股价出现了回调，如果回调出现下降三部曲看
跌信号，短线高手可以减仓以应对风险，看好该股票后期走势的中线投资者则可以
耐心持有，即 A 和 B 处。

从其后走势可以看出，股价都回调到 60 日均线附近，股价得到支撑，所以短线
高手，可以在 60 日均线附近重新购买该股票。

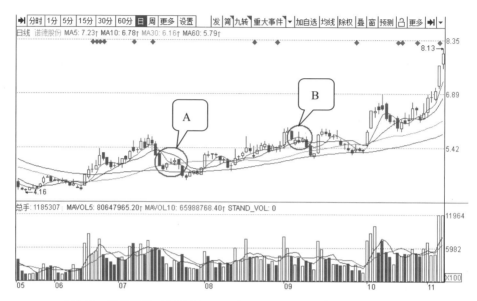

图8.33　诺德股份（600110）2020年5月21日至2020年11月6日的日K线

8.5　下跌三颗星和断头铡刀实战分析

下面讲解下跌三颗星和断头铡刀的基础知识与实战应用技巧。

8.5.1　下跌三颗星

下跌三颗星在下跌行情的初期或中期出现，由一大三小四根K线组成。在下跌时，先出现一根中阴线或大阴线，随后就在这根阴线的下方出现了三根小K线，这些小K线可以是小阳线，也可以是小阴线。下跌三颗星的图形如图8.34所示。

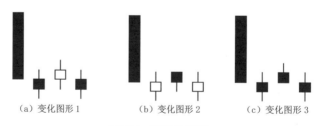

（a）变化图形1　　　（b）变化图形2　　　（c）变化图形3

图8.34　下跌三颗星

下跌三颗星的出现，表明行情回升乏力，股价仍有继续下探的空间。投资者见到该K线组合，要做好离场准备。

8.5.2 断头铡刀

断头铡刀出现在股价上涨后期或高位盘整期，一根大阴线如一把刀，一下子把短期、中期和长期均线切断，收盘价已收到所有均线下方。断头铡刀的图形如图 8.35 所示。

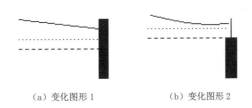

（a）变化图形 1 　　　　　　（b）变化图形 2

图8.35　断头铡刀

断头铡刀是一个明显的看跌信号，一般都会引起一轮大的跌势，对对多方造成很大的伤害。所以短线投资者见此信号；应抛空离场；中长线投资者应密切关注 60 日均线和 120 日均线，如果这两个均线也走破，就立即止损离场。

注意：直线"——"表示短期移动平均线；虚线"------"表示中期移动平均线；点划线"………"表示长期移动平均线。

> 提醒：标准的断头铡刀是很少见的，变形的断头铡刀却不少，投资者要学会认真辨别。

8.5.3 下跌三颗星实战分析

股价经过长时间的大幅上涨之后，出现见顶信号，一定要减仓，但如果再出现下跌三颗星看跌信号，一定要及时清仓出局观望。

如图 8.36 所示的是新世界（600628）2020 年 7 月 9 日至 2020 年 11 月 2 日的日 K 线图。

新世界（600628）的股价经过长时间、大幅度上涨之后，创出 15.95 元高点。但需要注意的是，在创出高点这一天，股价收盘收了一根长十字线，这是一个转势的 K 线，即股价很可能见顶，所以投资者要减仓或清仓。

随后股价开始继续中阴线杀跌，然后出现三根小 K 线，即在 A 处出现了下跌三颗星看跌信号。所以 A 处投资者还有该股票的筹码，最好及时卖出。

接着股价继续下跌，回调到 30 日均线附近，股价开始震荡，震荡后股价再度跌破所有均线，开始空头行情，所以 B 处出现的下跌三颗星看跌信号，表明股价仍会继续下跌，所以手中还有该股票筹码的投资者，要果断卖出。

股价在明显的下降趋势中，如果出现了较大幅度的反弹，并在反弹后期出现了下跌三颗星看跌信号，投资者就要及时出局观望。

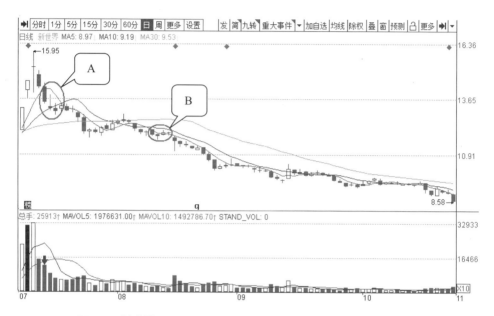

图8.36　新世界（600628）2020年7月9日至2020年11月2日的日K线

如图 8.37 所示的是国金证券（600109）2020 年 12 月 1 日至 2021 年 2 月 8 日的日 K 线图。

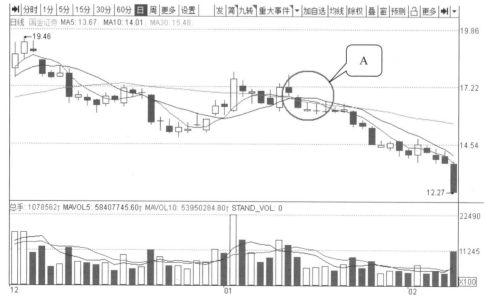

图8.37　国金证券（600109）2020年12月1日至2021年2月8日的日K线

国金证券（600109）的股价经过一波上涨，创出 19.46 元高点，然后开始下跌，先是跌破 5 日和 10 日均线，然后跌破 30 日均线。经过十几个交易日的下跌之后，股价开始反弹，反弹到 30 日均线，在 A 处出现下跌三颗星看跌信号，所以 A 处也是卖出股票的较好位置。

如果股价已经经过大幅下跌并且探明了底部，然后开始震荡上升，并在上涨初期或上涨途中出现下跌三颗星 K 线组合，投资者不必恐慌，很可能是主力在诱空。

如图 8.38 所示的是新奥股份（600803）2020 年 3 月 16 日至 2020 年 7 月 23 日的日 K 线图。

图8.38　新奥股份（600803）2020年3月16日至2020年7月23日的日K线

新奥股份（600803）的股价经过长时间、大幅度下跌之后，创出 7.99 元的低点，然后股价开始震荡上涨，先是站上 5 日均线，然后站上 10 日均线，最后站上 30 日均线，这样均线开始呈多头排列。

需要注意的是，股价刚刚出现上升趋势，就出现大阴线杀跌，然后在 A 处出现下跌三颗星看跌信号。短线高手，可以在 A 处减仓以应对风险；看好其后走势的投资者则可以耐心持有，往往从中长期来看，会有不错的投资收益。

从其后走势来看，股价回调到 30 日均线附近出现带有长长下影线的锤头线，这是见底 K 线，所以短线高手可以在这里补回卖出股票的筹码。

8.5.4 断头铡刀实战分析

股价经过长时间的大幅上涨之后，出现见顶信号，一定要减仓，如果再出现断头铡刀看跌信号，一定要及时清仓出局观望。

如图 8.39 所示的是恩捷股份（002812）2020 年 12 月 3 日至 2021 年 2 月 25 日的日 K 线图。

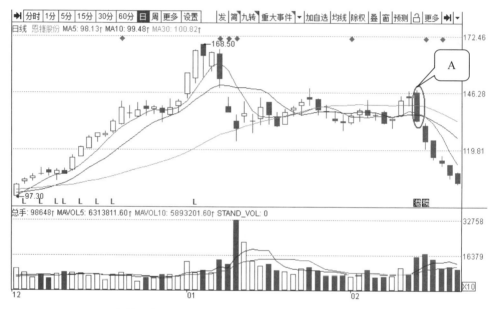

图8.39　恩捷股份（002812）2020年12月3日至2021年2月25日的日K线

恩捷股份（002812）的股价经过长时间、大幅度的上涨之后，创出 168.50 元高点，但在创出高点这一天，股票收了一根带有长长下影线的吊颈线，这是转势 K 线。投资者在这里已盈利丰厚，需注意减仓保护盈利。

股价见顶后，又来一根中阳线诱多，随后就开始连续杀跌，仅仅 3 个交易日，股价就下跌到 30 日均线附近。接着股价开始震荡盘整，均线出现粘合，然后在 A 处出现断头铡刀看跌信号，这表明股价又要开始下跌了，所以手中还有该股筹码的投资者要果断卖出。

股价在明显的下降趋势中，出现了较大幅度的反弹，在反弹后期出现了断头铡刀看跌信号，投资者要及时出局观望。

如图 8.40 所示的是万向德农（600371）2020 年 12 月 25 日至 2021 年 4 月 29 日的日 K 线图。

万向德农（600371）的股价经过一波上涨之后，创出 16.65 元高点，然后在高位震荡 5 个交易日，就开始快速下跌，连续跌破 5 日、10 日和 30 日均线。股价快速下跌之后，出现窄幅横盘整理，然后出现一波下跌。这一波下跌之后，股价就开始反弹，反弹到 30 日均线附近，开始震荡，然后在 A 处出现断头铡刀看跌信号，这表明震荡反弹结束，又要开始下跌了，所以投资者如果手中还有该股票筹码，就要果断及时卖出，否则会越套越深，损失越来越惨重。

　　如果股价已经经过大幅下跌并且探明了底部，然后开始震荡上升，并在上涨初期或上涨途中出现断头铡刀看跌信号，投资者不必恐慌，很可能是主力在诱空。

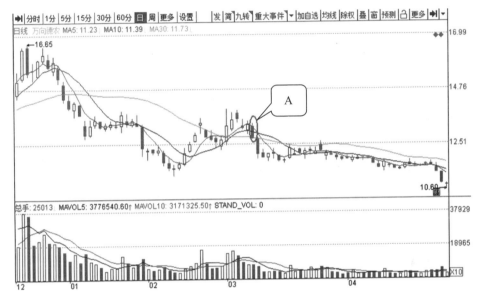

图8.40　万向德农（600371）2020年12月25日至2021年4月29日的日K线

　　如图 8.41 所示的是瀚蓝环境（600323）2018 年 10 月 16 日至 2019 年 4 月 9 日的日 K 线图。

　　瀚蓝环境（600323）的股价经过长时间、大幅度的下跌之后，创出 11.04 元低点。随后股价不断震荡上涨，先是站上 5 日均线，然后站上 10 日均线，接着站上 30 日均线，这样均线就呈多头排列，即股价进入上升趋势。

　　需要注意的是，股价均线进行多头行情之后，股价并没有上涨，而是进行窄幅盘整，即上方有压力线，下方有支撑线。在反复震荡之中，在 A 和 B 处出现断头铡刀看跌信号，这里不用过分害怕，毕竟下方有支撑，所以短线投资者可以减仓，中线看好该股走势的投资者可以耐心持有。

　　从其后走势可以看出，横盘整理之后，股价向上突破，开始了新的一波上涨行情，中线持有的投资者往往会得到丰厚的盈利。

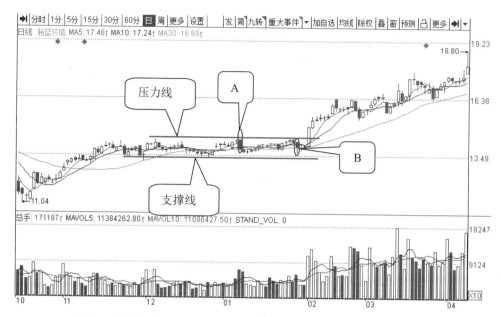

图8.41　瀚蓝环境（600323）2018年10月16日至2019年4月9日的日K线

第 9 章

K 线抄底实战分析

　　说到抄底，见底信号的 K 线组合是最有效、最直接的分析技术，但抄底最常用、最安全的技术是底部反转形态。底部反转形态的出现，意味着下跌趋势的结束和新一波上涨趋势的开始，所以中长线资金这时介入风险较小、收益最大。本章首先讲解底部和 k 线形态的特征；然后讲解双底和头肩底的特征、重点提示、操作要点与实战分析案例；最后讲解圆底、潜伏底、V 形底的实战分析技巧。

359,464	0.3%
8,632,724	7.7%
59,087	0.1%
13,963,095	12.4%
5,266,055	4.7%
10,323,178	9.2%
5,283,470	4.7%
4,330,582	3.8%
490,555	0.4%
12,036,658	10.7%
121,056	0.1%
4,162,809	3.7%
33,607,969	29.9%
1,987,731	1.8%
1,665,228	1.5%
5,014,932	4.5%
5,255,312	4.7%

9.1 底部概述

无论是大盘指数或个股，一旦走熊，最终的底部是很难预测的。但底部区域来临时，具有丰富实战经验的理性投资者可以凭知识和经验做出正确判断。一般而言，股市底部可分为三大类，分别是长期底部、中期底部和短期底部。

9.1.1 长期底部的特征

长期底部，又称大底，是熊市和牛市的产界点。长期底部的形成有两个重要前提，一是导致长期弱势的宏观基本面利空因素正在改变过程当中，无论利空因素消除速度的快慢，最终结果必须消除；二是在一个极低股价水平的基础上，投资者的信心开始恢复。

长期底部最终形成可能是利用某种利好题材促成的，但利好题材只是一个开头，绝不是反转的全部原因。只有市场存在空翻多的内在因素，才有走大牛市的可能性。如图 9.1 所示的是上证指数大幅下跌后出现的长期底部。

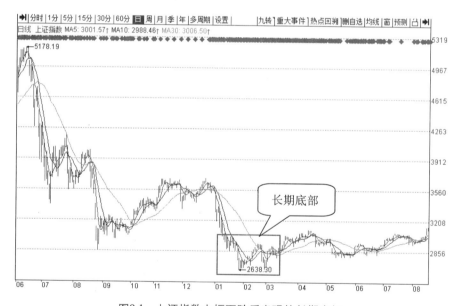

图9.1　上证指数大幅下跌后出现的长期底部

长期底部的特征共有 9 点，具体如下：

（1）投资者普遍亏损

绝大多数投资者出现亏损，并且亏损幅度在 50% 以上，甚至出现股民倾家荡产的地步？即使是主力机构也未能幸免。

（2）股指快速下跌

当股指走势形成顶部后，一旦趋势反转的迹象出现，即使股指连续下跌 20% 也往往不会出现反弹的行情；同时，在跌势途中出现连续数日的巨幅阴线，促使股指快速下滑。

（3）市场大面积跌停

在市场需要释放空头卖压时，由于无人愿意进场承接，于是往往会出现大面积的跌停现象，有时跌停的个股会达到沪、深两市股票总数的 70% 以上。

（4）抗跌股补跌

当绝大数股票都已经深幅下跌后，前期一些较为抗跌的强势股票也开始出现补跌行情，无论是大盘蓝筹股，还是绩优股，或是基金重仓扎堆股，纷纷开始破位下行。

（5）股指连续破位

一些具有历史意义的、曾经被认为牢不可破的重要支撑位往往被轻易击穿，而股指的某些整数关口也常常接连丢失，市场形成了"熊市不言底"的状态。

（6）股民纷纷离场

在新股民开户数量不断下降的同时，旧股民开始不断离场，同时部分股民发誓再也不进入股市。

（7）融资功能衰竭

由于市场交易日趋低迷，导致新股上市和增发融资被迫减少或停止，使证券市场的融资功能出现衰竭的现象，此时往往会有政策性利好消息出现，但投资者普遍逢高减磅。

（8）舆论反思不断

"熊市思维"畅通无阻，股民对各种利好消息充耳不闻，同时怨声载道；新闻舆论则不断对股市现象进行反思或抨击，促使政策改良。

（9）末期成交量增加

在股市持续下跌时间超过一年且下跌幅度超过 50% 以后，如果市场上的成交量开始持续增加，说明有新资金开始进场，等想卖股票的投资者几乎都卖光后，市场底部就会出现。即只有等到中长线筹码和严重套牢盘不计成本地抛售，且市场出现巨大承接力量时，说明市场已经临近长期的重要底部。

9.1.2 中期底部的特征

中期底部一般是在跌势持续时间较长、跌幅较深（下跌 30% 以上）之后才会出现的中级反弹。中期底部的出现不需要宏观基本面因素的改变，但往往需要消息面的配合，即先利用重大利空使股价加速下跌，然后再利用利好消息配合市场形成触底反弹走势。如图 9.2 是深证指数大幅下跌后出现的中期底部。

图9.2 深证指数大幅下跌后出现的中期底部

中期底部的特征共有五点，具体如下所述。

第一，个股往往通过半个月至两个月的周期，形成了头肩底、W底、V形底、圆弧底等形态。

第二，股价常常运行在45日均线之上，即使出现回调，也往往不会有效跌破90日均线。

第三，股价回调的幅度往往会比较深，但通常不超过前面上涨幅度的50%。

第四，股价回调的时间往往不会太长，通常不超过2个月。

第五，个股往往呈现出上涨有量而回调无量的现象，说明市场抛压较轻，主力没有出局。

9.1.3 短期底部的特征

短期底部是指股价经过一段时间的连续下跌之后，导致短期技术指标超卖，从而出现股价反弹的转折点。

短期底部以V形居多，在探出底部前常常出现2~3根比较大的阴线，然后出现见底的K线组合。如好友反攻、曙光初现、早晨之星等，图9.3是深证指数下跌时出现的短期底部。

短期底部的特征共有五点，具体如下所述。

第一，个股日K线图上常常会出现长下影线或锤子线等带有触底反弹意义的K线。

第二，股价回落到5日、10日、20日均线时常获得支撑，或快速上穿5日、10日等均线。

第三，股价的回落幅度往往很小，回落时间以天来计算。

第四，由于时间太短，成交量可能放大也可能不放大，但基本上不会改变股价上升的趋势。

第五，市场人气比较旺盛，热点持续不断，人们仍然积极看多。

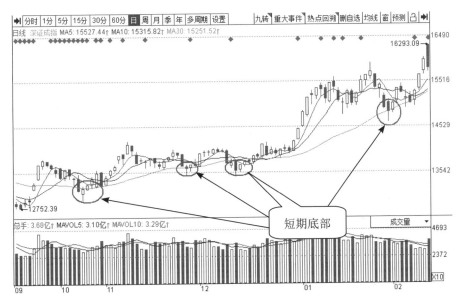

图9.3 深证指数下跌时出现的短期底部

9.1.4 千万不能把下跌途中的腰部当成底部

没有实战经验的投资者，常常把下跌途中的腰部当底部，这样就上了主力的当，被主力套在高位。那么投资者该如何理解股价的腰部呢？如何区分股价的腰部与底部呢？

一般来说，在下跌趋势中，股价腰部的形成常常由以下三种原因造成。

第一，由于基金掌控的品种无法形成真正的联合坐庄，当大盘走势不好时就往往无法控制股价的跌势，而某些基金一旦认为大盘仍无法扭转熊市的状态，就会出现调整品种和减仓的动作。如此，现在的股价底部就会成为将来股价腰部。

第二，当主力不愿意在股价顶部继续支撑时，就会暗中派发筹码并控制交易节奏，导致股价缓慢降到某一低位后好像会止跌回升；而事实上，如果大盘有向上的趋势，主力就会借反弹出货；如果大盘继续下跌，则主力会快速出局。如此，现在的股价底部就会成为将来的股价腰部。

第三，某些主力急于出局，往往就会快速拉低股价，把其他投资者套在高位而无法与之竞争出货，然后再在低位制造一波反弹行情，等短线投资者蜂拥而至时，主力则乘机完成了筹码的派发工作。如此，现在的股价底部就会成为将来的股价腰部。

投资者应该如何区分股价的腰部和底部呢？常用的方法有 3 种，具体如下：

第一，如果熊市已经来临或正在进行中，则"底部"一说不成立，真正的股价底部可能遥遥无期。

第二，如果没有经过下跌有量的过程，要想出现股价底部也是不现实的，因为卖压还没有释放。

第三，当股价从顶部跌下来时，如果连续跌幅没有达到 40%，则该股真正的反弹行情难以出现；即使股价下跌幅度较大且出现了反弹行情，股价后期仍然会继续下跌，因为股价底部尚在下面。

9.2　K线形态概述

K 线图是记录股票价格的一种方式，在股价起起落落的时候，它们都会在图表中留下一些投资者购买或抛售的预兆。K 线形态分析就是根据 K 线图表中过去所形成的特定价格形态，来预测股价未来发展趋势的一种方法。当然，这是一种纯粹的经验性统计，因为在股票购买或抛售的过程中，K 线图常常会表现出一些可以理解的、重复的价格形态，如 M 头、W 底等。

股价的运行总伴随着上涨和下跌，如果在某一时期，趋势向上，虽然有时出现下跌，但不影响升势，即股价不断创出新高，使投资者看好后市；如果在某一时期，趋势向下，虽然有时出现上涨，但不影响跌势，即股价不断创出新低，使投资者看淡后市。从一种趋势向另一种趋势转换，通常需要一段酝酿时间，在这段时间内，趋势如果转换成功，就是反转形态；如果转换不成功，即还按原来的趋势运行，就是整理形态。

反转形态的形成起因于多空双方力量对比失去平衡，变化的趋势中一方的能量逐渐被耗尽，另一方转为相对优势。它预示着趋势方向的反转，股价在多空双方力量平衡被打破之后探寻新的平衡。在股市中，反转形态是重要的买入或卖出信号，所以投资者要掌握并灵活运用反转形态。

反转形态可以分为两类，分别是底部反转形态和顶部反转形态。底部反转形态共 5 种，分别是双底、头肩底、圆底、潜伏底、V 形底。顶部反转形态共 4 种，分别是头肩顶、双顶、圆顶、尖顶。

9.3　双底实战分析技巧

双底，因其形状像大写的英文字母"W"，所以又称"W 底"，是很多投资者所熟知的底部反转形态之一，但投资者往往由于了解尚浅，只要见到 W 形状都认为是双底，而按照双底的操作方法入场，最终的结果可想而知。下面就来具体讲解该形态的形状、特征及技术含义。

9.3.1　双底的特征

双底在构成前后有 4 个显著的要素，可以作为投资者判定某股在某阶段走势是否为双底的依据，具体如下：

第一，原有趋势为下跌趋势。

第二，有两个显著的低点并且价位基本接近，有跨度（即两个点要相互呼应）。

第三，第二次探底的节奏和力度要有放缓迹象。

第四，有效向上突破颈线确认。

双底图形如图 9.4 所示。

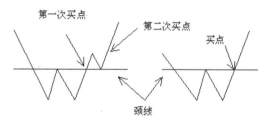

图9.4　双底

在实际判断中，很多投资者最容易遗漏的是第一点，这也是最关键的一个点：原有趋势为下跌趋势。

9.3.2　双底形态重点提示

在形成双底第一个底部后的反弹，幅度一般在 10% 左右，而在第二个底形成时，成交量经常较少，且市况沉闷，因此很容易形成圆形的形态，而上破颈线之时成交量必须迅速放大，双底突破后常常有回抽，在颈线附近自然止跌回升，从而确认向上突破有效。

在双底形态中，第二个低点一般比第一个低点高，但也可能比第一个低点低，因为对于主力而言，探底必须要彻底，必须要跌到空头恐慌、害怕，不去持股，这样才能达到低位建仓的目的。第一个低点与第二个低点之间的时间跨度不应少于 1 个月，如果时间太短，形成的双底可靠性就不强，很可能是主力在诱多，投资者要注意。

另外，要突破颈线，成交量必须放大，但也不是越大越好，即要有明显放量，这是因为在关键阻力位，多空双方都有大战。即空方认为不能突破颈线；而多方认为可以突破颈线。双方在这里大战就必须放量，但放量太大，很可能是主力利用对倒进行诱多，即自己拉高出货，让看多的散户接盘。

在回抽时，成交量不能放大，要缩量，但成交量也不能太小。因为回抽是主力在清洗短线获利筹码，不是主力在出货。所以成交量不能放大，而要缩量。但也不能没有成交量，没有成交量表明主力清洗获利筹码不成功，主力还有可能进一步洗盘。

> 📶 提醒：在股市中，主力想放大成交量很容易，因为只需对倒就行，即自己卖给自己；但要想缩量就办不到了，缩量是一种自然交易现象。在双底的第一买点买入股票，风险很大，一旦双底失败，就会被套住。

9.3.3 双底形成过程中的操作要点

投资者首先要明白，前面讲解的双底是一个标准图形，而在实战中标准的双底图形几乎是不存在的。在具体操作中，投资者要注意技术含义的相似，而不能死套图形。

双底反转形态的形成必须有一个首要条件，即股价在下跌趋势中，如果股价已经经过大幅下跌，并且双底形成的时间较长，一般会带来一轮幅度较大的上涨行情；如果股价下跌幅度很小或只是在震荡整理，并且双底形成的时间较短，一般只能带来一轮幅度较小的上涨行情。当然也可能是主力在反技术操作，在进行诱多散户，这一点投资者要注意。

双底的操作要点共有三项，具体如下：

（1）有依据的入场点

在双底走势中，最有依据的买入机会是在向上突破颈线后，以及突破颈线后的回抽确认，是否能够入场或者说是否能按照双底来入场，需要更多局部走势与指标的配合来进一步判断。

（2）合理的止损位置

作为最有依据的止损价位，应该是双底形态的底部，只有底部被向下突破才能确认双底形态的失败；而在实际走势中，可能双底的幅度较大，导致直接以下破最低位作为止损设置的幅度偏宽，盈亏比并不合适，所以一般都以颈线为止损位置，即有效向下突破颈线，就止损出局。

（3）理论最小目标的计算

理论最小目标为双底形态幅度向上直接翻一倍的距离，但这只是最小距离，实际走势中的幅度计算不只限于此，应该更多地参考大形态上的走势，主要看股价所处的大形态运行阶段和节奏。

> 📶 提醒：在某些大型双底形态中，由于整个双底的运行时间很长，如果简单地按照小型双底的操作方式等候突破，则可能需要等候很长的时间，这个时候要求投资者通过局部走势对接下来的行情有一个预判。

9.3.4 双底实战分析案例

如图 9.5 所示的是华能国际（600011）2020 年 2 月 21 日至 2020 年 8 月 21 日的日 K 线图。

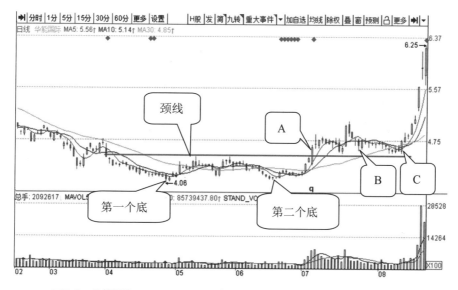

图9.5 华能国际（600011）2020年2月21日至2020年8月21日的日K线

华能国际（600011）的股价经过较大幅度、长时间下跌之后，在 2020 年 4 月 28 日创出 4.06 元低点，需要注意，这时成交量很小。

随后股价开始震荡上涨，先是站上 5 日均线，然后站上 10 日均线，接着站上 30 日均线，需要注意，这一波上涨成交量是略放大的。

接着股价就开始震荡，震荡之后又开始下跌，注意这一波下跌成交量也较小，出现了第二个底，第二个底比第一个底价格高。

随后价格开始震荡上涨，然后在 A 处放量向上突破，即突破了双底颈线，这是第一个买点。

> 📶 提醒：如果突破颈线时，没有放量，则很可能是假突破，投资者如果买进，就会被套。

接着股价在双底颈线上方震荡盘整，出现两个买点，即 B 和 C 处。注意，震荡盘整后出现一波明显的上涨行情。

在周 K 线图中，股价已经过大幅下跌后出现 W 底，由于跨度时间长，所以这个 W 底如果及时跟进，可以获得不错的收益。

如图 9.6 所示的是天坛生物（600161）2018 年 6 月 15 日至 2020 年 7 月 31 日的周 K 线图。

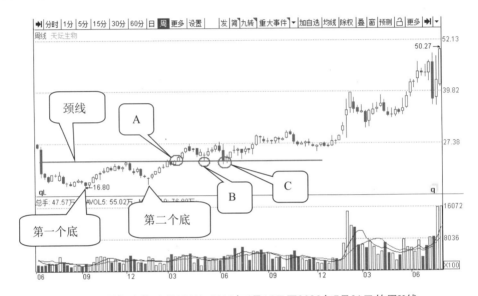

图9.6 天坛生物（600161）2018年6月15日至2020年7月31日的周K线

天坛生物（600161）的股价在周 K 线图中出现双底形态，A 处突破是一个买点，回调不跌破颈线又是新的买点，即 B 和 C 处。

下面再来看一下最小涨幅，从颈线到底部的距离为：23.20 元 – 16.80 元 = 6.40 元，那么理论最小涨幅是：23.20 元 + 6.40 元 =29.60 元。通过上图可以看出，涨幅可不仅仅是这么一点，所以投资者在这里及时跟进，就可以获利丰厚。

如果在月 K 线图中，股价经过大幅下跌出现 W 底，更应该及时跟进，因为一般涨幅会比较大。

如图 9.7 所示的是生益科技（600183）2018 年 4 月至 2020 年 2 月的月 K 线图。

生益科技（600183）的股价在月 K 线图中出现双底形态，A 处突破是一个买点，回调不跌破颈线又是新的买点，即 B 处。

📶提醒：底部形态相对顶部形态形成的时间长，股价波动幅度小。形成时间长，是因为底部需要人气和时间，所以投资者可以利用周K线图或月K线图来识底部形态。

当然有些有主力，为了欺骗中小散户，常常在周K线图的顶部区域形成假的W底，对于这一点投资者要高度警惕。

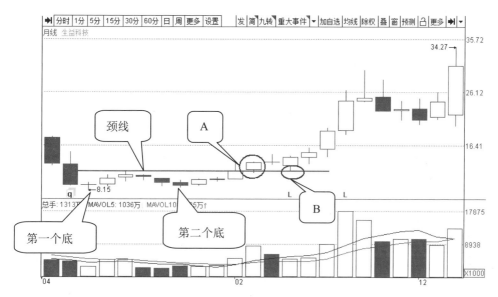

图9.7　生益科技（600183）2018年4月至2020年2月的月K线

如图 9.8 所示的是太龙药业（600222）2020 年 1 月 17 日至 2021 年 2 月 5 日的周 K 线图。

图9.8　太龙药业（600222）2020年1月17日至2021年2月5日的周K线

太龙药业（600222）的股价经过一波上涨之后，创出 8.90 元高点，然后出现下跌，在震荡下跌行情中出现周 K 线双底形态。需要注意，这是一个假的双底，没有突破颈线，最后又出现新一波下跌。

在下跌行情的初期或下跌过程中，股价出现反弹，反弹出现假双底形态，对于这一点投资者也要特别注意。

如图 9.9 所示的是冠农股份（600251）2020 年 8 月 17 日至 2021 年 2 月 4 日的日 K 线图。

冠农股份（600251）的股价经过一波上涨之后，创出 9.77 元高点，但在创出高点这一天，股价收了一根螺旋线，即一根转势 K 线，所以投资者要注意减仓或清仓，以应对风险。

随后股价开始震荡下跌，先是跌破 5 日和 10 日均线，然后跌破 30 日均线。跌破 30 日均线后，出现了反弹，反弹出现双底形态，并且在 A 处有一个假突破，这是一个诱多双底，所以投资者一定要看清楚，不要上主力的当，否则就会损失惨重。

同理，在 B 处也出现双底假突破，但最后还是跌了下去，所以投资者也一定要注意下跌行情反弹出现的假双底，千万不能被套在半山腰。

图9.9　冠农股份（600251）2020年8月17日至2021年2月4日的日K线

📶提醒：每个投资者都会有这样的经历，一旦被套就不动了，即所谓的长期投资，其实这里也可以卖出，然后在更低价位再买进，这样就可以买进更多的股票，这要比所谓的长期投资好得多。其实股市场中的每个投资者都可能被套，被套不可怕，怕的是什么也不懂，硬要长期投资，等到股价已跌得不能再跌时，受够了，只能"割肉"走人，这就是散户损失的最主要原因。

9.4 头肩底实战分析技巧

头肩底是常见的经典的底部反转形态，当个股中出现这种 K 线形态时，上涨的概率很大。

9.4.1 头肩底的特征

头肩底的特征共有四点，具体如下：

第一，急速下跌，随后止跌反弹，形成第一个波谷，就是通常所说的"左肩"。

第二，从左肩底回升受阻，股价再次下跌，并跌破左肩低点，随后止跌反弹，这就是通常所说的"头部"。

第三，从头部底回升，并在左肩顶受阻，然后第三次回落，并且在左肩底相同或相近的位置止跌，这就是通常所说的"右肩"。

第四，左肩高点和右肩高点用直线连接起来，就是一根阻碍股价上涨的颈线，但右肩反弹时，会在成交量放大的同时，冲破该颈线，并且股价站上颈线上方。

头肩底图形如图 9.10 所示。

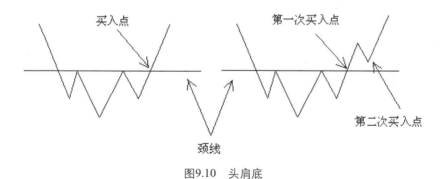

图9.10 头肩底

> 📶提醒：头肩底是很常见的底部形态，投资者要认真学习和分析，并能灵活应用。需要注意的是，若股价向上突破颈线时，成交量没有显著增加，很可能是一个"假突破"，这时投资者应逢高卖出，退出观望。

9.4.2 头肩底形态重点提示

在形成头肩底形态的"左肩部分"时，成交量在下跌过程中出现放大迹象，在左肩最低点出现见底 K 线组合，从最低点回升时成交量有减少倾向，这表明主力开始吃货。

在形成头肩底形态的"头部部分"时，成交量会有所增加，这表明主力为得到更多的廉价筹码，就借利空消息和先以向下破位的方式，制造市场恐怖情绪，让一些长期深套者觉得极端失望后，向外大量出逃，这样主力就可以乘机把投资者低位"割肉"的筹码照单全收。

在形成头肩底形态的"右肩部分"时，成交量在下跌过程中极度萎缩，而在反弹时成交量明显增加。这表明在下跌时已很少有人抛货，而在上升时，主力在抢筹。

> 提醒：判断形态，重点看形态的图形，成交量可以配合，也可以不配合，但成交量配合表示主力操作成功，以后升幅可能较大。

头肩底的底部转势信号要比双底强，因为双底形态只经过两次探底，对盘面的清理不如头肩底那么彻底干净，这也是双底冲破颈线后一般要回调确认的原因。

9.4.3 头肩底形成过程中的操作要点

投资者首先要明白，前面讲解的头肩底是一个标准图形，而在实战中标准的头肩底图形几乎是不存在的，在具体操作中，投资者要注意技术含义的相似，而不能死套图形。

头肩底与双底反转形态相同，必须有一个首要条件，即股价在下跌趋势中。如果股价已经过大幅下跌，并且头肩底形成的时间较长，一般会带来一轮幅度较大的上涨行情；如果股价下跌幅度很小或只是在震荡整理，并且头肩底形成的时间较短，一般只能带来一轮幅度较小的上涨行情，当然也可能是主力在反技术操作，进行诱多散户，这一点投资者要注意。

头肩底的操作要点共有三项，具体如下所述。

（1）有依据的入场点

在头肩底走势中，最有依据的买入机会是在向上突破颈线后，以及突破颈线后的回抽确认，是否能够入场或者说是否能按照头肩底来入场，需要更多局部走势与指标的配合来进一步判断。

（2）合理的止损位置

作为最有依据的止损价位，应该是头肩底形态的头部，只有头部被向下突破才能确认头肩底形态的失败；而在实际走势中，可能头肩底的幅度较大，导致直接以下破最低位作为止损设置的幅度偏宽，盈亏比并不合适，所以一般都以颈线为止损位置，即有效向下突破颈线，就止损出局。

（3）理论最小目标的计算

理论最小目标为头肩底形态幅度向上直接翻一倍的距离，但这只是最小距离，实际走势中的幅度计算不只限于此，应该更多地参考大形态上的走势，主要看股价所处的大形态运行阶段和节奏。

9.4.4 头肩底实战分析案例

如图 9.11 所示的是西藏药业（600211）2021 年 1 月 25 日至 2021 年 5 月 19 日的日 K 线图。

西藏药业（600211）的股价经过大幅下跌后，在左肩底处主力开始建仓吃货；主力为了得到更多的廉价筹码，就借利空消息和先行向下破位的方式，制造市场恐怖情绪，让一些长期深套者觉得极端失望后，向外大量出逃，这样主力就可以乘机把投资者低位"割肉"的筹码照单全收，即头部形成；然后为了清除短线投资者的浮动筹码，又开始向下跌，即形成右肩。注意形成右肩时，成交量很小，因为主力怕筹码砸出去后买不回来，然后放量突破颈线，即 A 处；最后回调确认，即 B 处，然后就一路上扬。投资者可以在颈线突破然后回落确认时买入，即 B 处。

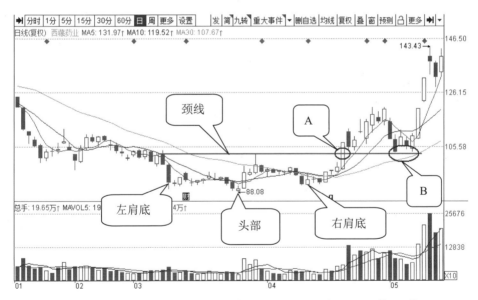

图9.11　西藏药业（600211）2021年1月25日至2021年5月19日的日K线

在周 K 线图中，股价已经经过大幅下跌后出现头肩底，由于跨度时间长，所以这个头肩底如果及时跟进，可以获得不错的收益。

如图 9.12 所示的是黄河旋风（600172）2020 年 12 月 4 日至 2021 年 5 月 21 日的周 K 线图。

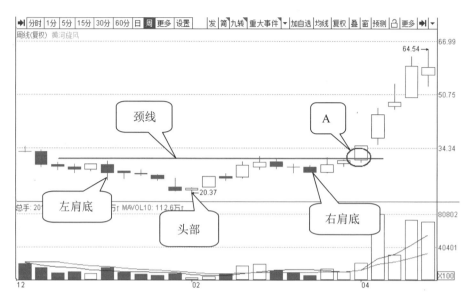

图9.12 黄河旋风（600172）2020年12月4日至2021年5月21日的周K线

黄河旋风（600172）的股价在周K线图出现头肩底形态，然后在A处突破颈线，所以A处是最佳的买入位置。需要注意，这时的头肩底形态没有二次回采，不能及时买进的投资者会错过机会。

下面再来看一看最小涨幅，从颈线到头部低点的距离为：31.54元 – 20.37元 = 11.17元，那么理论最小涨幅是：31.54元 + 11.17元 = 42.71元。通过图9.12可以看出，涨幅可不仅是这么一点儿，所以投资者在这里及时跟进，就可以获利丰厚。

在下跌行情的初期或下跌过程中，如果股价出现反弹，反弹出现假头肩底形态，投资者也要特别注意。

如图9.13所示的是空港股份（600463）2020年8月27日至2021年1月13日的日K线图。

空港股份（600463）的股价经过一波上涨之后，创出9.55元高点。随后股价开始下跌，先是跌破5日均线，然后一根大阴线跌破30日均线，这样股价就进入空头行情。

股价经过连续下跌之后，出现了反弹，反弹出现假的头肩底形态，所以投资者一定要看清楚，不要上主力的当，否则就会损失惨重。

提醒：在股市中，不要去猜底和猜顶，而是要学会根据情况去分析，站在主力的角度，进行K线分析，实现与主力的对话，从而早一步了解主力动向，获利较好的收益。另外，股市中没有绝对的事，主力有时也要根据情况改变做战计划，散户要灵活应变。

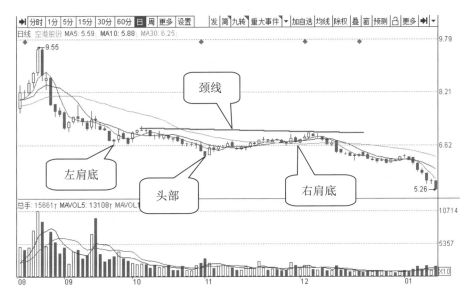

图9.13 空港股份（600463）2020年8月27日至2021年1月13日的日K线

9.5 圆底实战分析技巧

圆底，又称浅蝶形，也是常见的经典的底部反转形态，当个股中出现这种 K 线形态时，上涨的概率很大，下面就来具体讲解一下该形态的形状、特征及技术含义。

9.5.1 圆底的特征

圆底的特征是：股价先是在成交量逐渐减少的情况下，下跌速度越来越缓慢，直到成交量出现极度萎缩，股价才停止下跌，然后在多方主力有计划的推动下，成交量温和放大，股价由缓慢上升逐渐转为加速上升，从而形成股价走势的圆弧形态。在圆弧形态形成的过程中，成交量也常常是圆弧形的。圆底的图形如图 9.14 所示。

图9.14 圆底

> 📶 **提醒**：股市中标准的圆底很少见到，大多数是不太标准的圆底。

圆底的形成时间比较漫长，这样在底部换手极为充分，所以一旦突破，常常会有一轮可观的上涨行情。但圆底没有明显示的买入信号，入市过早，则陷入漫长的筑底行情中，这时股价不涨而略有下挫，几个星期甚至几个月都看不到希望。投资者很可能受不了这种时间折磨，在股价向上攻击之前一抛了之，这样就错过了一段好的行情。投资者在具体操作时，要多观察成交量，因为它们都是圆弧形，当股价上冲时，如果成交量也在放大，此时要敢于买进。如果成交量萎缩，即便股价上冲也不能参与。

判断圆底形态是否完成的标准：看股价是否带量突破右边的"碗沿"，从而与"碗柄"彻底脱离。通常圆弧底形成的时间越长，其后股价上涨的空间越大。

> 📶 **提醒**：圆底的判断是能从其形成的时间和前面趋势的大小来判断股价未来的上涨空间，但没有什么其他的度量方法可以用来测量其最终价格目标。

9.5.2 圆底实战分析案例

如图 9.15 所示的是中国卫星（600118）2019 年 9 月 26 日至 2020 年 2 月 21 日的日 K 线图。

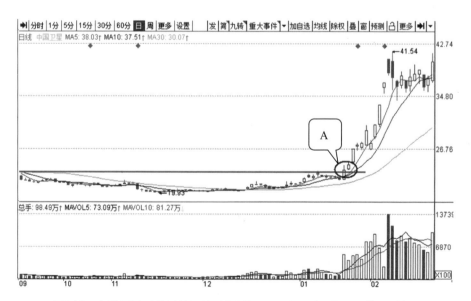

图9.15 中国卫星（600118）2019年9月26日至2020年2月21日的日K线

中国卫星（600118）的股价经过长时间、大幅度下跌之后，成交量越来越少，股价下跌越来越慢，最后在成交量萎缩的情况下，创出 19.93 元新低，然后慢慢放量向升，最后成交量放大，股价加速上升，这是圆底反转形态。

圆弧底形成之时，是投资者进场的最佳时机，即 A 处，因为这时进场，往往会在短时间内就会有丰厚的投资收益。

在周 K 线图中，股价已经经过大幅下跌后出现圆底，由于跨度时间长，投资者如果及时跟进，则可以获得不错的收益。

如图 9.16 所示的是中国巨石（600176）2020 年 1 月 23 日至 2021 年 2 月 10 日的周 K 线图。

中国巨石（600176）的股价在周 K 线图中出现圆底形态，当股价向上突破圆右边的"碗沿"时，是较好的进场机会，即 A 处。

从其后走势可以看到，大胆重仓介入的投资者在较短的时间内就会有较丰厚的盈利。

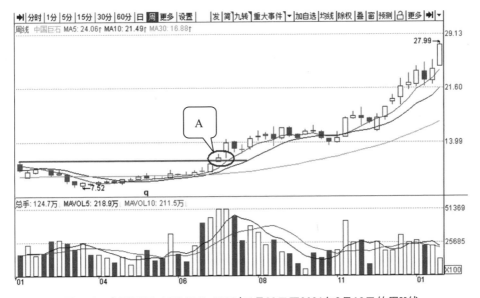

图9.16　中国巨石（600176）2020年1月23日至2021年2月10日的周K线

如果在月 K 线图中，股价经过大幅下跌出现圆底，更应该及时跟进，因为一般涨幅会比较大。

如图 9.17 所示的是金发科技（600143）2015 年 6 月至 2021 年 2 月的月 K 线图。

金发科技（600143）的股价经过长时间、大幅度下跌之后，开始在底部区域震荡，在震荡过程中出现了圆底。月 K 线图中出现圆底，往往意味着后市涨幅巨大，所以在 A 处，股价突破圆底"碗沿"时，要敢于重仓介入该股。

另外，该股主力比较好，还有一个回采过程，即 B 处是最佳的加仓该股票的位置。

从其后走势可以看出，投资者果断及时地重仓介入该股，就会有巨大的投资收益。

在下跌行情的初期或下跌过程中，如果股价出现反弹，反弹出现假圆底形态，投资者也要特别注意。

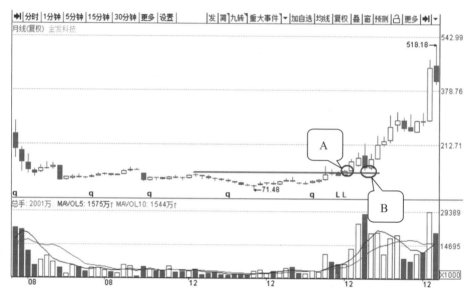

图9.17　金发科技（600143）2015年6月至2021年2月的月K线

如图 9.18 所示的是旭光电子（600353）2020 年 7 月 8 日至 2021 年 2 月 4 日的日 K 线图。

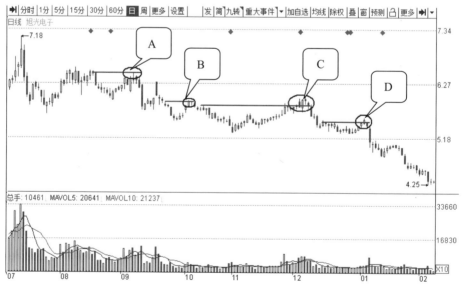

图9.18　旭光电子（600353）2020年7月8日至2021年2月4日的日K线

旭光电子（600353）的股价经过一波上涨，创出 7.18 元高点，但在创出高点这一天股价收了一根带有上影线的中阳线，这表明上方有压力。但随后股价没有继续上涨，而是出现大阴线杀跌，这表明股价要开始下跌了。

股价连续下跌之后，出现了反弹，并且在 A 处出现圆底形态，需要注意，这是高位震荡出现的圆底，是主力在诱多，投资者不要上当。

随后股价继续下跌，然后在 B 处出现圆底形态，又是一个诱多。

同理，在 C 和 D 处，分别出现圆底形态，并且这里还有假突破，很容易把投资者诱进去。总之，在股价下跌过程中，投资者一定要小心主力的诱多。

9.6 潜伏底实战分析技巧

潜伏底是常见的底部反转形态，当个股中出现这种 K 线形态时，上涨的概率很大，下面就来具体讲解该形态的形状、特征及技术含义。

9.6.1 潜伏底的特征

潜伏底就是股价经过一段跌势后，长期在一个狭窄的区间内波动，交易十分清淡，股价和成交量都形成一条带状。潜伏底的图形如图 9.19 所示。

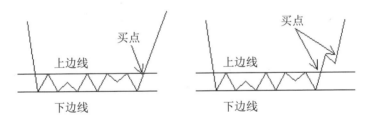

图9.19 潜伏底

潜伏底一般横盘时间很长，换手相当充分，一旦突破，股价会一路向上，很少出现回调，并且涨幅巨大。但真正炒到潜伏底，享受到股价上飙带来的丰厚投资回报的投资者却很少，原因有两点，具体如下：

第一，入市时间不当，因为潜伏底成交量几乎处于停滞状态，而且历时很长，有的几个月，有的则高达数年之久，投资者入市时间早了，就忍受不了这种不死不活的长时期的折磨，即在股价发起上攻之前离开。

第二，不敢追涨，潜伏底一旦爆发，上攻势头十分猛烈，常常会走出连续逼空的行情，投资者看到一根根大阳线，就是不调整，所以不敢买进。

潜伏底有个特点是：上涨时往往在拉出大阳线后再拉大阳线，超涨后再超涨，升幅高达十几倍。

> 📶提醒：潜伏底向上发动时，只要股价不超过50%的涨幅，成交量保持价升量增的态势，涨幅就可以追涨；超过50%，回调可以逢低吸纳。

9.6.2 潜伏底实战分析案例

如图 9.20 所示的是三星医疗（601567）2020 年 9 月 16 日至 2021 年 5 月 27 日的日 K 线图。

三星医疗（601567）的股价在 6 元到 7 元之间反复震荡，竟然潜伏了将近 8 个月，从而形成了潜伏底，然后就开始放量大涨，从 7 元涨到 17.99 元，涨幅高达两倍多。所以潜伏底爆发力很强，投资者以后要多留意。

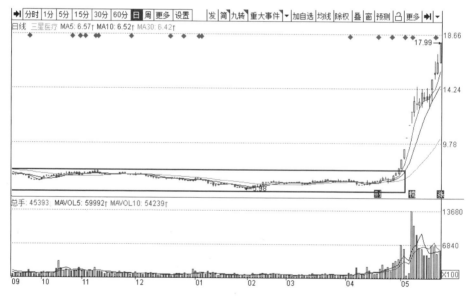

图9.20　三星医疗（601567）2020年9月16日至2021年5月27日的日K线

在周 K 线图中，股价已经过大幅下跌后出现潜伏底，如果及时跟进，则可以获得不错的收益。

如图 9.21 所示的是郑州煤电（600121）2020 年 1 月 23 日至 2020 年 12 月 31 日的周 K 线图。

郑州煤电（600121）的股价经过长时间、大幅度下跌之后，在低位开始窄幅震荡，盘整区间为 1.70 元到 2.30 元之间。经过 7 个多月时间的窄幅震荡，形成潜伏底形态，一旦股价放量向上突破，就是极好的盈利机会。

如果在月K线图中出现潜伏底，投资者更应该关注，如果及时跟进，就能成为股市中的大赢家。

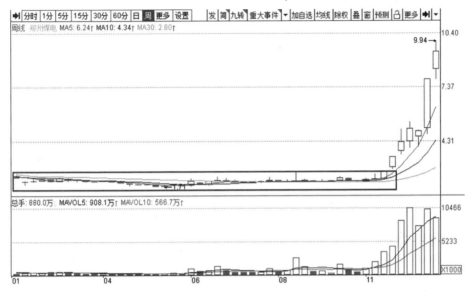

图9.21 郑州煤电（600121）2020年1月23日至2020年12月31日的周K线

如图9.22所示的是科达制造（600499）2018年4月至2021年5月的月K线图。

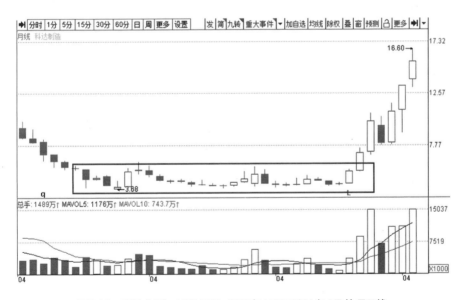

图9.22 科达制造（600499）2018年4月至2021年5月的月K线

科达制造（600499）的股价经过长时间、大幅度下跌之后，在低位震荡。股价震荡区间为 3.70 元到 5.30 元，经过长达 2 年多时间的震荡，形成潜伏底形态，这样股价一旦向上突破，就要及时跟进，并且要重仓跟进。

从其后走势可以看出，重仓跟进的投资者都会有丰厚的投资回报。

> 📶 提醒：如果股价已有较大升幅，然后在高位反复震荡盘整，投资者可不能把高位的小幅度长期盘整看成潜伏底，否则很可能会损失惨重。

9.7 V 形底实战分析技巧

V 形底是常见的底部反转形态，当个股中出现这种 K 线形态时，上涨的概率很大，下面就来具体讲解一下该形态的形状、特征及技术含义。

9.7.1 V 形底的特征

V 形底的特征是：股价在下跌趋势中，下跌的速度越来越快，最后在股价下跌最猛烈时，出现了戏剧性的变化，股价触底反弹，然后一跌上扬。其走势像英文大写字母 "V"，故命名为 "V 形底"。V 形底的图形如图 9.23 所示。

图9.23 V形底

V 形底要满足三点，具体如下所述。

第一，呈现加速下跌状态。

第二，突然出现戏剧性化，拉出了大阳线。

第三，转势时成交量特别大。

V 形底比较难把握，但投资者要明白，股价在连续急跌时，特别是急跌的后期，不要轻易卖出手中的股票，有急跌，必有反弹，然后根据反弹力度，决定进一步的操作。所以，对 V 形底，投资者应拿好手中的筹码，不轻易相信他人，特别不要涨了一点就逢高派发；激进型投资者，可以在拉出第一根大阳线并放出巨量时，先少量参与，几日后，V 形走势明朗时，再继续追加买进；而稳健型投资者，可以在 V 形走势形成后买入，这样虽然获益少些，但风险也小些。

9.7.2 V形底实战分析案例

如图 9.24 所示的是浦东建设（600284）2021 年 1 月 20 日至 2021 年 5 月 11 日的日 K 线图。

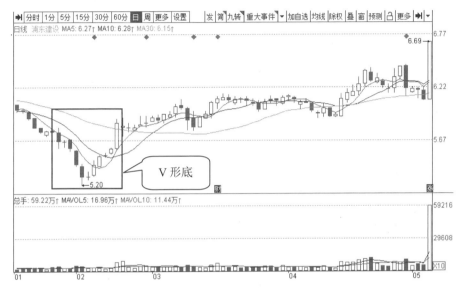

图9.24　浦东建设（600284）2021年1月20日至2021年5月11日的日K线

浦东建设（600284）的股价经过震荡下跌之后，又开始快速下跌，并且最后跌幅越来越快，股价触底后，放量上涨。这是标准的 V 形走势。投资者一般很难参与，只有激进型的投资者利用 K 线图技术（早晨十字星见底 K 线组合），少量参与做反弹。

在周 K 线图中常常也会出现 V 形底，但投资者要分清是快速上涨后的快速回调底，还是下跌过程中快速下跌后的快速反弹底。

如图 9.25 所示的是南京熊猫（600775）2018 年 10 月 26 日至 2021 年 2 月 5 日的周 K 线图。

其中 A 处是股价快速上升后快速回落形成的 V 形底，而 B 处是股价快速下跌后快速反弹形成的 V 形底。注意它们的操作方法是不同的，因为一个是上升趋势，一个是下跌趋势。

> 📶 提醒：对于底部反转形态，投资者要熟记这些经典图形，然后了解它们的技术含义，再根据股价所在的位置，即高位、中位或低位进行详细分析，通过K线与主力进行对话，从而了解主力的意图及下一步的动向，提前防范，这样就可以在股市中做到小输而大赢，成为股市中真正的赢家。

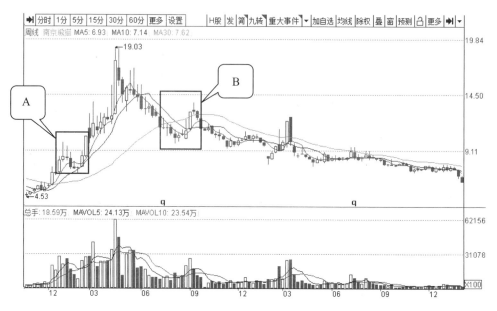

图9.25　南京熊猫（600775）2018年10月26日至2021年2月5日的周K线

第 10 章

K 线逃顶实战分析

逃顶是瞬间的过程，散户只需几秒钟就可以卖出股票，但又有几位能在高位顺利出逃呢？大多数投资者不是在低位被主力早早洗盘出局，就是在高位被牢牢套死。成功逃顶成了很多投资者心中的梦想。本章首先讲解顶部的特征；然后讲解双顶和头肩顶的特征、操作要点与实战分析案例；最后讲解圆顶和尖顶的特征及实战分析案例。

10.1 顶部概述

投资者都喜欢逃顶，因为它是保证投资者账面盈利转化为实际盈利的手段，如果投资者只会买不会卖，其结果跟不入市没有什么区别，甚至还降低了自己的资金使用效率。投资者如果了解了顶部的各项特征，然后采取长多短空的滚动操作方法（利用一部分筹码进行短线操作），就可以使自己的盈利实现最大化。

10.1.1 长期顶部的特征

个股长期顶部的形成往往同步于大盘走势，下面来讲解一下大盘顶部形成时的特征。

（1）新股民纷纷涌入

越来越多的新股民不断涌入市场，每月开户数量持续上升，同时银行存款数额不断下滑。

（2）交易持续疯狂

在大盘即将到达顶部时，绝大多数股民处于盈利状态，人们进入股市的意愿空前高涨，大量资金前后赴继地涌入股市，造成股价不断翻番、人们争相竞购的状况。

（3）垃圾股获利也翻番

当绩优股、蓝筹股、中低价股的价格接连翻番后，一直被市场冷落的 ST 类股票也普遍出现了价格翻番的现象。至此，所有的股票都"鸡犬升天"，市场整体的市盈率高居不下。

（4）舆论一片看涨

80% 的舆论继续看涨股市，但也有 20% 的舆论开始唱反调，只是此时的利空消息和反对舆论早已被市场疯狂的热情所淹没，只有少数职业选手和机构投资者开始减仓离场。

（5）融资功能强大

由于入市资金日益庞大和投机氛围日趋热烈，监管机构不断提高上市公司融资的规模与速度，期望通过扩大市场容量来给市场降温，于是，一些"航母级"的股票也开始"招摇入市"。

（6）出现头部形态

随着先知先觉资金的减仓行为，市场顶部形态开始渐行渐现，但长期顶部的形成不是几天可以完成的，即使当时出现了暴跌现象，由于股市上涨的惯性作用，也往往会出现反复的行情，导致 M 顶、头肩顶、圆顶形态的出现。

（7）末期成交量递减

相对于前期巨大的成交量而言，此时的成交量往往开始减少。原因是：前期多、空双方意见发生分歧后，主力抛售而散户抢入，导致成交量激增；而后期成交量的减少，则说明市场购买力已经开始下降，仅仅只是散户的购买行为是难以承接机构的减仓量的。

如图 10.1 所示的是上证指数大幅上涨后出现的长期顶部，即 2007 年 10 月的 6124.04 点和 2015 年 6 月的 5178.19 点。

图10.1　上证指数大幅上涨后出现的长期顶部

10.1.2 中期顶部的特征

中期顶部形成时的特征共有五项，具体如下：

（1）主流热点开始退潮

曾经对大盘起到主导作用的龙头板块开始出现整理状态，非主流热点则处于散乱的活跃状态，一些冷门板块则开始出现补涨行情，这些都意味着主流资金开始减仓或换股。

（2）部分庄股大肆减仓

对于一些前期涨幅巨大的庄股，主力开始大肆减仓以缓解资金供应的压力，同时也为高抛低吸、滚动获利做好准备；但有些庄股的主力也会错误地估计了形势，因而见好就收，匆匆离场。

（3）市场交易依然活跃

由于大盘大势向好，所以市场投资者不敢轻易看空，人气依然旺盛，即使舆论认为阶段性调整应该来临，投资者也无所畏惧，反而逢低补仓。

（4）政策面依旧偏暖

此时的市场能不断消化利空消息，同时积极追捧利好消息，而宏观经济面和政策面依然偏暖，能够支撑股市继续向上发展。

（5）股价回调到 45 日或 90 日均线附近

当出现中期顶部时，股指或股价往往会在回落到 45 日均线附近时获得支撑；如果股指或股价被打压过狠，也往往会在 90 日均线附近获得支撑，然后开始反转向上。

图 10.2 所示的是上证指数上涨后的中期顶部，即 2009 年 7 月的 3454.02 点和2018 年 1 月的 3587.03 点。

图10.2　上证指数上涨后的中期顶部

10.1.3 短期顶部的特征

短期顶部形成时的特征共有五项，具体如下：

第一，个股常常会出现射击之星、吊颈线、螺旋桨等带有触顶回落意义的 K 线以及单日反转 K 线。

第二，个股常常出现穿头破脚、黄昏之星、淡友反攻、乌云盖顶和倾盆大雨等看跌 K 线组合。

第三，此前，股价往往已经远离 5 日均线，呈 75 度以上角度快速向上拉升，而现在则开始回落。

第四，在股价顶部形成前，成交量会放大；而在股价回调时，成交量则会萎缩。

第五，由于市场人气比较旺盛，热点持续不断，人们仍然积极看多。

投资者在交易中有 3 种风格，分别是长线交易、中线交易和短线交易。长线交易的投资者不在乎股价短期顶部的形成，但是往往会在股价中期顶部来临时进行高抛低吸的操作，从而在同一品种上增加盈利的空间；中线交易的投资者会在乎股价短期顶部的形成，往往会在股价短期顶部来临时进行高抛低吸的操作；短线交易的投资者则会对每个股价的短期顶部都不会放过，力求在每个短期顶部来临时及时出局。

10.1.4 别把上涨途中的腰部当头部

没有实战经验的投资者，常常把上涨途中的腰部当头部，常常上主力的当，被主力早早"甩下马"。那么投资者该如何理解股价的腰部呢？如何区分股价的腰部与顶部呢？

一般来说，在上升趋势中，股价腰部的形成常常由以下三种原因造成。

第一，当股价从底部上涨到一定程度时，大量短线获利盘急于出手，于是主力就会顺势打压股价，吃掉恐慌出逃的获利筹码，导致成交量激增；等浮动筹码消灭后，主力随即开始大幅拉升股价。于是，过去的股价头部就成为如今的股价腰部。

第二，当股价从底部上涨到一定程度时，主力往往会因为筹码太多而开始减仓，同时促使跟风者与其他持股者交换筹码，以提高股票持有者的平均成本。一旦整个过程完成后，个股就会继续上涨，直至主力完成最后的出货任务。于是，过去的股价头部就成为如今的股价腰部。

第三，主力在第一波拉升过程完成后，往往会做暂时的休整，或者察看此时大盘的动态，或者等待该股票利好消息的出台，或者等待投资者跟上自己的节奏；一旦消息、时间、人气跟上，主力就会立刻发动第二波主升浪行情。于是，过去的股价头部就成为如今的股价腰部。

投资者应该如何区分股价的腰部和顶部呢？常用的方法有三种，具体如下：

第一，从大盘和个股基本面来看，如果该行情不应只到这里就结束，则此处往往不是股价的头部。

第二，从成交量来看，如果上涨有量而下跌无量，能量形态较好，则此处往往不是股价的头部。

第三，从 K 线图来看，如果主力刻意打压股价的痕迹较为明显，则此处往往不是股价的头部。

10.2 双顶实战分析技巧

双顶，因其形状像英文的"M"，所以又称"M头"，是很多投资者所熟知的顶部反转形态之一，但投资者往往由于了解尚浅，只要见到 M 形状的都认为是双顶，而按照双顶的操作方法出逃，结果可想而知。

10.2.1 双顶的特征

双顶的特征是：股价在上升趋势中出现了两个比较明显的峰，并且两个峰顶的价位也大致相同，当股价在第二次碰顶回落时跌破了前次回落的低位，即颈线突破有效，有可能跌破颈线后回抽，但回抽时成交量明显萎缩并受阻于颈线，这时就正式宣告双顶成立。双顶的图形如图 10.3 所示。

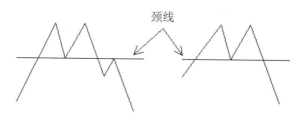

图10.3　双顶

在双顶形成过程中，股价第一次上冲到峰顶时成交量比较大，第二次上冲到峰顶时成交量略小些。双顶是一个明显的见顶转势信号，清醒的投资者在双顶成立后，会第一时间清仓出局。

10.2.2 双顶形成过程中的操作要点

投资者首先要明白，前面讲解的双顶是一个标准图形，而在实战中标准的双顶图形几乎是不存在的，在具体操作中，投资者要注意技术含义的相似，而不能死套图形。

如果股价已经过大幅上涨，然后在高位形成双顶，那么投资者一定要小心，接下来很可能是一轮漫长的下跌；如果股价上涨幅度较小或只是在震荡整理，然后形成双顶，一般只能带来一轮幅度较小的下跌行情，当然也可能是主力在反技术操作，进行诱空散户，这一点投资者要注意。

双顶操作的要点共有两项，具体如下：

（1）有依据的出场点

股价在上涨过程中，当两次上涨到几乎同一高度而回调时，投资者就可以感到那里有较强的卖压；而股价一旦回到前一次回调低点以下时，即向下突破颈线，就基本可以确定双顶的成立，这里果断卖出股票筹码是较好的选择。有些股票的价格在向下突破颈线后还会回抽，但一般不会突破颈线，在回抽到颈线附近时，也是一个比较好的卖出点。

（2）理论最小目标的计算

双顶形成后，股价下跌的理论目标为从顶部到颈线垂直距离的 1~3 倍。实际走势中的幅度计算不只限于此，应该更多地参考大形态上的走势，主要看股价所处的大形态运行阶段和节奏。

投资者还要注意，双顶反转形态出现后，并不一定意味着股价趋势必定反转，股价如果在回落到颈线附近时获利支撑，则有可能再创新高，继续上涨或形成三重顶、多重顶、短形等多种形态。判断双顶是否成立有三个标准，具体如下：

第一，看是否有效突破颈线。

第二，看双顶之间的时间间隔，如果双顶形成的时间较长，如一个月，那么反转的可能性较大，这是因为消耗了大量的多头热情而股价却得不到迅速上升，即主力在出货。

第三，看双顶的高度，一般是前一上涨幅度的 20%~30%。

> 📶提醒：双顶形态的两个峰之间的距离越远，则形成双顶的可能性越大。

10.2.3 双顶实战分析案例

如图 10.4 所示的是青岛啤酒（600600）2020 年 11 月 4 日至 2021 年 3 月 4 日的日 K 线图。

青岛啤酒（600600）经过长时间、大幅度上涨之后，在高位出现了双顶，即股价创出 110.70 元高点后，股价先是跌破 5 日均线，又跌破 10 日均线，然后有大阴线跌破 30 日均线，接着跌破双顶的颈线，即 A 处。

股价跌破双顶的颈线，往往意味着股价又开始走下跌趋势了，所以手中还持有该股票的投资者，要注意及时卖出手中的股票。

股价跌破颈线之后，又连续下跌几天，接着股价开始反弹，当股价反弹到双顶的颈线附近时，是最佳的卖出股票的机会，即 B 和 C 处。

从其后走势可以看出，投资者如果不及时卖出手中的股票，很可能会回吐大部分盈利，甚至由盈利变成亏损。

> 📶提醒：双顶也是一个明显的见顶转势信号，突破其颈线后就开始大幅下跌，投资者一定要及时清仓，离场观望。

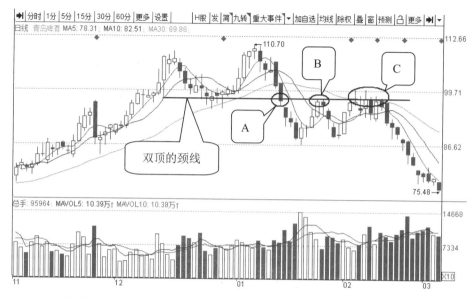

图10.4 青岛啤酒（600600）2020年11月4日至2021年3月4日的日K线

如果股价经过大幅上涨后，在周K线图中形成双顶形态，这是相当可怕的，投资者在相当长的时间内都不要碰该股。

如图10.5所示的是三六零（601360）2017年11月17日至2021年5月14日的周K线图。

图10.5 三六零（601360）2017年11月17日至2021年5月14日的周K线

三六零（601360）的股价经过连续大阳线上涨之后，在高位震荡。在震荡过程中形成双顶，这是一个非常可怕的双顶，因为股价上涨幅度太大，所以一旦跌破双顶的颈线，要及时卖出，否则后果相当可怕。

在 A 处，股价跌破双顶的颈线，随后虽有反弹，但没有反弹到颈线附近，就再度下跌，所以在反弹到 B 处时，也是较好的卖出股票的机会。

从其后走势可以看出，直至 2021 年 5 月，股价仍在跌跌不休。

10.3 头肩顶实战分析技巧

头肩顶是常见的经典的顶部反转形态，当个股中出现这种 K 线形态时，下跌的概率很大。

10.3.1 头肩顶的特征

头肩顶的特征是：在上升趋势中出现了 3 个峰顶，这 3 个峰顶分别是左肩、头部和右肩，左肩和右肩的最高点基本相同，而头部最高点比左右两个肩的最高点都要高。另外，股价在上冲失败向下回落时形成的两个低点又基本上处在同一水平线上，这个水平线就叫颈线。当股价第三次上冲失败回落后，颈线被有效突破，这时就正式宣告头肩顶成立。头肩顶的图形如图 10.6 所示。

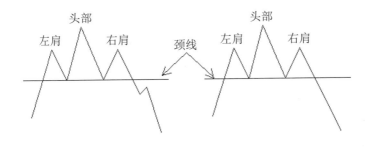

图10.6 头肩顶

在头肩顶的形成过程中，左肩的成交量最大，头部成交量略小些，右肩成交量最小。成交量呈递减现象，说明股价上升时追涨力量越来越弱，股价就涨到头了。所以，头肩顶是一个明显的见顶信号。一旦头肩顶形成，股价下跌已成定局，投资者应抛出所有筹码，离场观望。

10.3.2 头肩顶的操作要点

投资者首先要明白，前面讲解的头肩顶是一个标准图形，而在实战中标准的头肩顶图形几乎是不存在的，在具体操作中，投资者要注意技术含义的相似，而不能死套图形。

另外，头肩顶与头肩底的形态相反，它们的区别具体如下：

第一，头肩底形成的时间较长且形态较为平缓，不像头肩顶的形态那样剧烈。因为底部需要聚人气，而顶部处于疯狂状态。

第二，头肩底形态的总成交量比头肩顶的总成交量要少，这是由于底部供货不足而顶部恐慌抛售所致。

第三，头肩底形态突破颈线时必须要有大成交量才算有效，而头肩顶形态突破颈线时可以是无量下跌的。

在实战操作中，还要注意头肩顶的颈线的倾斜方向，一般情况下，颈线是水平的，但很多情况下，颈线可能从左至右向上或向下倾斜。向下倾斜的颈线往往意味着行情更加疲软，处于颈线位的价格反抽不一定会发生。

头肩顶形成后，股价下跌的理论目标为从顶部到颈线垂直距离的 1~3 倍。实际走势中的幅度计算不只限于此，应该更多地参考大形态上的走势，主要看股价所处的大形态运行阶段和节奏。

> 📶 提醒：头肩顶的左肩的成交量最大，头部次之，右肩成交量明显减少，突破颈线时成交量增加，价格反抽时成交量减少，反抽结束后成交量再度放大，股价加速下跌。

10.3.3 头肩顶实战分析案例

如图 10.7 所示的是华建集团（600629）2020 年 6 月 12 日至 2021 年 1 月 13 日的日 K 线图。

华建集团（600629）的股价经过连续上涨之后，在高位震荡，在震荡过程中出现头肩顶。左肩高点是一个十字线，与前一天的大阳线及后一天的大阴线组成早晨十字星见顶 K 线。股价短线见顶后，就开始大幅回调，正好回调到 30 日均线附近，再度震荡上涨，最高上涨到 14.36 元。注意在创最高点这一天，股价收了一根大阳线，但第二天股价没有上涨，收了一根低开低走的大阴线，随后价格就开始下跌，下跌到左肩回调的低点附近，价格再度上涨。注意这一波上涨就是右肩上涨，成交量明显减少，也没创新高。随后股价开始震荡下跌，跌破头肩顶的颈线，即 A 处，所以

A 处是投资者卖出手中股票的最佳技术位置。

股价跌破颈线后，出现了反弹，正好反弹到颈线附近，即 B 处，这时是最后卖出股票的较好位置。随后股价就开始沿着均线震荡下跌，不及时卖出股票的投资者就会损失惨重。

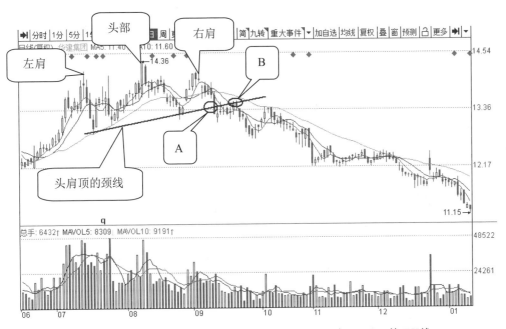

图10.7 华建集团（600629）2020年6月12日至2021年1月13日的日K线

📶提醒：头肩顶是一个明显的见顶转势信号，突破其颈线后就开始大幅下跌，投资者一定要及时清仓，离场观望。

如果股价经过大幅上涨后，在周 K 线图中形成头肩顶形态，这是相当可怕的，投资者在相当长的时间内都不要碰该股。

如图 10.8 所示的是思创医惠（300078）2019 年 8 月 9 日至 2021 年 4 月 30 日的周 K 线图。

思创医惠（300078）的股价经过一波上涨之后，在高位震荡，震荡过程中出现了头肩顶。左肩是一根射击之星见顶 K 线；头部最高点为 211.48 元，也是一根射击之星见顶 K 线；右肩是一根大阴线杀跌见顶。

在 A 处，股价跌破头肩顶的颈线，这意味着头肩顶形成，所以手中还有该股票筹码的投资者要注意清仓观望。如果此时没有及时卖出，在股价反弹到颈线附近时，即 B 处，是最后的卖出机会。

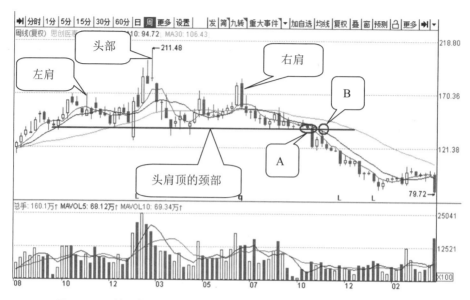

图10.8　思创医惠（300078）2019年8月9日至2021年4月30日的周K线

10.4 圆顶实战分析技巧

圆顶是常见的顶部反转形态，当个股中出现这种K线形态时，下跌的概率很大，下面就来具体讲解该形态的形状、特征及技术含义。

10.4.1 圆顶的特征

圆顶的特征是：股价经过一段时间的上涨后，虽然升势仍然维持，但上升势头已经放慢，直至停滞状态，后面在不知不觉中，股价呈现缓慢下滑态势，当发现势头不对时，头部就出现一个明显的圆弧状，这就是圆顶。圆顶的图形如图10.9所示。

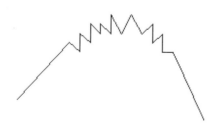

图10.9　圆顶

在形成圆顶的过程中，成交量的走势可以是圆顶状，但大多数情况下无明显特征。圆顶是一个明显的见顶信号，其形成的时间越长，则下跌力度就越大。投资者见到圆顶成立后，要第一时间清仓出逃，否则就会深受套牢之苦。

📶提醒：股市中标准的圆顶很少见到，大多数是不太标准的圆顶。

10.4.2 圆顶实战分析案例

如图 10.10 所示的是我武生物（300357）2020 年 8 月 25 日至 2021 年 3 月 24 日的日 K 线图。

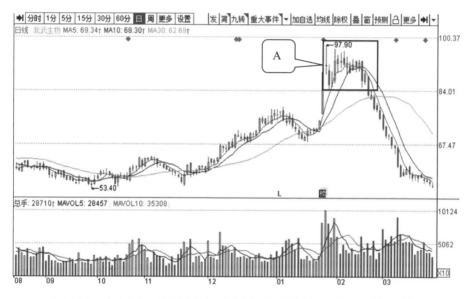

图10.10　我武生物（300357）2020年8月25日至2021年3月24日的日K线

我武生物（300357）的股价经过长时间、大幅度上涨之后，创出 97.90 元高点，但在创出高点这一天，股价收了一根带有长长上影线的十字线。随后股价开始在高位震荡，并形成圆顶，即 A 处。

圆顶是一个明显的见顶信号，一旦形成并开始下跌，则下跌力量就很强。投资者见到圆顶成立后，要第一时间清仓出逃，否则就会深受套牢之苦。

如果股价经过大幅上涨后，在周 K 线图中形成圆顶形态，这是相当可怕的，投资者在相当长的时间内都不要碰该股。

如图 10.11 所示的是天士力（600535）2018 年 2 月 14 日至 2020 年 3 月 20 日的周 K 线图。

图10.11　天士力（600535）2018年2月14日至2020年3月20日的周K线

天士力（600535）经过一波上涨之后，在周K线图中出现圆顶，即A处，所以当圆顶形成时，投资者要第一时间卖出手中的股票。

股价经过较大幅度下跌之后，再度反弹，在反弹末端再度出现圆顶，即B处，所以B处也是卖出抄底多单的位置。

如果股价已经经过大幅下跌，然后在底部震荡上行时出现了圆顶，这时投资者一定不能想当然地按圆顶的操作方法来操作，否则就会"肉割到地板上"。

如图10.12所示的是北方稀土（600111）2020年2月3日至2020年8月7日的日K线图。

北方稀土（600111）的股价经过长时间、大幅度下跌之后，创出8.28元低点，注意在最低点这一天，股价收了一根低开高走的大阳线，这意味着股价要开始反弹了。

随后股价开始反弹上涨，先是站上5日均线，然后站上10日均线，接着上攻30日和60日均线，注意这里没有突破压力，所以抄底多单要在这里卖出。

随后股价开始在低位震荡，在震荡过程中，于A处出现圆顶。对于短线投资者来讲，这里要减仓或清仓；但对于看好该股票后期走势的投资者，则可以耐心持有该股票，因为当前毕竟在低位震荡，只要不再创新低，就可以耐心持有。

从其后走势可以看出，股价回调到前期平台高点附近，即B处，股价得到支撑，然后股价开始新一波上涨，所以B处是新的买入位置。

📶提醒：股价经过大幅下跌后，进行震荡上涨，如果涨幅不大，出现圆顶形态，投资者就要认真识别主力的意图，看看主力是否在进行反技术操作。

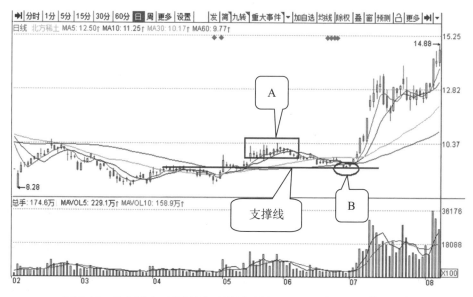

图10.12　北方稀土（600111）2020年2月3日至2020年8月7日的日K线

10.5　尖顶实战分析技巧

尖顶是常见的顶部反转形态，当个股中出现 K 线形态时，下跌的概率很大，下面就来具体讲解该形态的形状、特征及技术含义。

10.5.1　尖顶的特征

尖顶，又称倒 V 形，其特征是：先是股价快速上扬，随后股价快速下跌，头部为尖顶，就像倒写的大写英文字母"V"。尖顶的图形如图 10.13 所示。

图10.13　尖顶

尖顶的走势十分尖锐，常在几个交易日之内形成，而且在转势时有较大的成交量。投资者见此形态，要第一时间止损出局。

> 📣提醒：尖顶形态的涨势很凶猛，往往会出现多次的价格跳空缺口，当局势突破不利时，股价就会猛烈地下跌，所以尖顶体现了暴涨暴跌的特征。

10.5.2　尖顶实战分析案例

如图 10.14 所示的是西藏药业（600211）2020 年 7 月 21 日至 2020 年 2 月 8 日的日 K 线图。

西藏药业（600211）的股价经过连续大幅度上涨之后，创出 182.07 元高点。需要注意，股价在创出最高点这一天，收了一根高开低走的大阴线，这表明股价要走坏了，随后又是一根低开高走的大阳线，进行诱多，接着股价开始一路下跌，即在 A 处出现了尖顶。投资者见此形态，要第一时间止损出局。

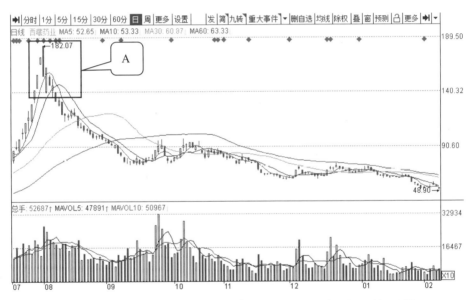

图10.14　西藏药业（600211）2020年7月21日至2020年2月8日的日K线

如果股价经过大幅上涨后，在周 K 线图中形成尖顶形态，这是相当可怕的，建议投资者在相当长的时间内都不要碰该股。

如图 10.15 所示的是格力地产（600185）2020 年 3 月 27 日至 2021 年 3 月 12 日的周 K 线图。

格力地产（600185）的股价经过快速上涨之后，在高位出现尖顶，即 A 处，投资者见到尖顶形态，要第一时间卖出手中的股票筹码，否则就会损失惨重。

如果股价已经经过大幅下跌，然后在底部震荡上行时出现尖顶，这时投资者不能想当然地按尖顶的操作方法来操作，否则就会"肉割到地板上"。

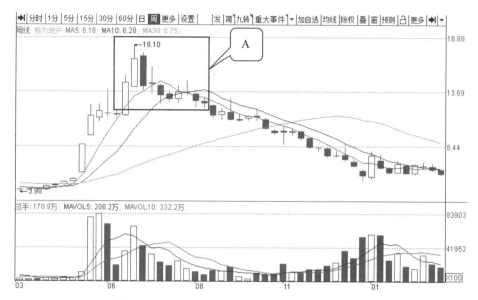

图10.15 格力地产（600185）2020年3月27日至2021年3月12日的周K线

如图 10.16 所示的是江苏吴中（600200）2021 年 1 月 4 日至 2021 年 5 月 26 日的日 K 线图。

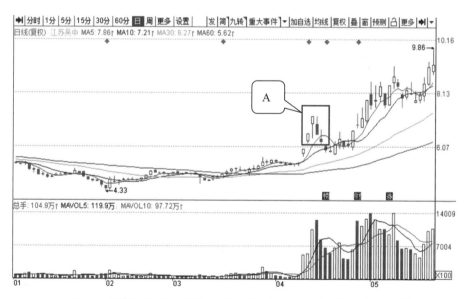

图10.16 江苏吴中（600200）2021年1月4日至2021年5月26日的日K线

江苏吴中（600200）的股价经过长时间、大幅度的下跌之后，创出 4.33 元低点，随后股价开始震荡上涨，先是站上 5 日均线，然后站上 10 日均线，最后站上 30 日和 60 日均线，这样均线呈多头排列，即股价进入震荡上涨行情。

股价震荡小幅上涨之后，开始快速上涨，即连续 3 个交易日大阳线上涨，但 3 个交易日大阳线上涨之后，就是连续快速下跌，即在 A 处出现了尖顶。

这里需要注意，当前涨幅不大，并且均线在多头行情之中，所以对于这时出现的尖顶不要过分害怕，要认识到这很可能是主力在洗盘，并利用反技术操作，恐吓投资者。所以短线高手可以减仓或清仓以应对风险，看好该股票后面走势的投资者则可以耐心持有。

从其后走势来看，股价在 30 日均线上方企稳，然后开始新的一波上涨行情，所以投资者一定要识别主力的意图，否则很容易被主力骗出手中的股票筹码。

第 11 章

K 线整理形态实战分析

　　投资者要反复练习观看 K 线整理形态，加深认识和理解，真正在股市中做到领先一步，成为股市大赢家。本章首先讲解整理形态的基础知识；然后讲解上升三角形、下降三角形、扩散三角形、收敛三角形、上升旗形、下降旗形、上升楔形、下降楔形和矩形的特征、技术含义、操作注意事项及实战分析案例。

11.1　整理形态概述

股价在向某个方向经过一段时间的快速运行后，不再继续原趋势，而是在一定区域内上下窄幅波动，等待时机成熟后再继续前进，这种不改变股价运行基本走势的形态，称为整理形态。

整理形态的完成过程往往不会超过 3 个月，而且多数出现在日 K 线图上，周 K 线图上很少出现，月 K 线图上几乎没有出现过。整理时间不长的原因是：整理经不起太多的时间消耗，士气一旦疲软，继续原有趋势就会产生较大的阻力。

对于整理形态，如果你是中长线投资者，在整个整理形态中可以不进行操作，等形势明朗后，才去具体操作。但对于短线投资者来说，不可以长达 3 个月不进行操作，而应以 K 线的逐日观察为主。也就是说，当股价在这些形态中来回折返时，也会产生很多次短线交易机会。因此，短线投资者对长期价格形态并不在意，而仅仅是对某些重要的突破位比较在意。

K 线整理形态主要有 9 种，分别是上升三角形、下降三角形、扩散三角形、收敛三角形、上升旗形、下降旗形、上升楔形、下降楔形、矩形。

11.2　上升三角形实战分析

上升三角形是常见的 K 线整理形态，当个股中出现这种 K 线形态时，继续上涨的概率很大，下面就来具体讲解该形态的特征、技术含义、操作注意事项及实战分析案例。

11.2.1　上升三角形的特征

上升三角形出现在股价的涨势中，每次股价上涨的高点基本处于同一水平位置，回落低点却不断上移，这样将每次上涨的高点和回落低点分别用直线连接起来，就构成一个向上倾的三角形，即上升三角形。上升三角形的图形如图 11.1 所示。

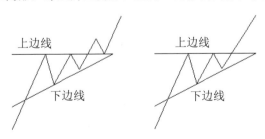

图11.1　上升三角形

上升三角形在形成过程中，成交量不断萎缩，向上突破压力线时要放大量，并且突破后一般会有回抽，在原来高点连接处止跌回升，从而确认突破有效。上升三角形是买进信号，为了安全，投资者应在最后股价突破压力线后，小幅回调再创新高时买进。

> 📶 提醒：上升三角形一般都会向上突破，但少数情况下也有向下突破的，这时投资者应及时清仓出局。

11.2.2　上升三角形的技术含义

上升三角形显示多空双方在该范围内的较量，在较量中多方稍占上风，空方在其特定的股价水平不断沽售，但并不急于出货，也不看好后市，于是股价每升到理想水平便沽出，这样在同一价格的沽售形成了一条水平的供给线。不过市场的买力很强，投资者不待股价回落到上次的低点，便迫不及待地买进，因此形成一条向右上方倾斜的需求线。

11.2.3　上升三角形的操作注意事项

上升三角形的操作注意事项，具体如下：

第一，大部分的上升三角形都在上升的过程中出现，且暗示有向上突破的倾向。

第二，在向上突破上升三角形顶部水平的供给阻力时（并有成交激增的配合），就是一个短期买入信号。

第三，其"最少升幅"的量度方法具体是，从第一个短期回升高点开始，划出一条和底部平行的线，突破形态后，将会以形态开始前的速度上升到这条线之处，甚至是超越它。

第三，当形态在形成期间，可能会出现轻微的错误变动，稍微突破形态之后又重新回到形态之内，这时候我们应根据第三或第四个短期性低点重新修正上升三角形形态。有时候形态可能会出现变异，形成另外一些形态。

第四，虽然上升三角形暗示往上突破的机会较多，但也有往下跌的可能存在，所以应在形态明显突破后才采取相应的买卖决策。倘若往下跌破 3%（收市价计算），投资者宜暂时沽出。

第五，上升三角形向上突破阻力，如果没有成交激增的支持，信号可能出错，投资者应放弃这个指示信号，继续观望市势进一步的发展。倘若该形态往下跌破，则不必成交量的增加。

第六，上升三角形越早突破，越少错误发生。假如股价反复走到形态的尖端后跌出形态之外，这突破的信号不足为信。

11.2.4 上升三角形实战分析案例

如果股价经过几次下跌，然后开始震荡盘升，在盘升的过程中出现了上升三角形形态，当股价放量突破上升三角形上边线时，要果断加仓做多。

如图 11.2 所示的是金花股份（600080）2020 年 5 月 13 日至 2020 年 9 月 9 日的日 K 线图。

图11.2 金花股份（600080）2020年5月13日至2020年9月9日的日K线

金花股份（600080）的股价，经过长时间、大幅度下跌之后，最后来一波连续跌停，创出 3.70 元低点。需要注意的是，在创出低点这一天，股价却收了一根大阳线，这表明股价已见底。随后股价开始震荡上涨，经过一个多月时间上涨之后，股价开始震荡整理，在整理过程中出现了上升三角形。

在 A 处，股价放量突破上升三角形的上边线，这表明股价要开始新的一波上涨了，所以 A 处是一个买进的好时机。

股价突破上升三角形上边线后，略回调，但始终在上边线上方，所以回调是最佳的买入位置，即 B 处。

从其后走势可以看出，在股价向上突破时，及时买进该股，短时间就会有不错的投资收益。

如果股价在上升过程中，出现了回调，在回调过程中出现了上升三角形形态，这时股价突破上边线是不错的买入时机。

如图 11.3 所示的是恒立液压（601100）2020 年 10 月 26 日至 2021 年 1 月 7 日的日 K 线图。

图11.3　恒立液压（601100）2020年10月26日至2021年1月7日的日K线

恒立液压（601100）的股价在明显的上涨行情中出现回调整理，在回调整理过程中出现上升三角形，然后在 A 处突破了上升三角形的上边线，这是一个好的买点。

需要注意的是，这里向上突破，并没有放量，这意味着股价不会快速上涨，所以不要追涨。从其后走势可以看出，股价仍是震荡上涨，但股价始终在上升三角形的上边线上方，所以多单可以持有，并且仍可以逢低介入多单。耐心持有的多单，往往会带来丰厚的投资收益。

如果股价已经经过大幅上涨，在高位震荡盘整，这时出现上升三角形，投资者要注意这很可能是主力在诱多。

如图 11.4 所示的是英科医疗（300677）2020 年 12 月 10 日至 2021 年 6 月 7 日的日 K 线图。

英科医疗（300677）的股价经过长时间、大幅度上涨之后，创出 299.99 元高点，随后股价就开始下跌，形成一个尖顶。接着股价在高位震荡盘整，在盘整过程中出现了上升三角形。

需要注意的是，这里是高位震荡盘整，如果向上突破，仍可以轻仓买进股票，但如果是向下突破，即向下跌破支撑，那么就意味着股价要开始新的一波下跌，所以在 A 处，投资者要第一时间卖出手中的股票。

如果在明显的下跌趋势中，出现上升三角形，要万分小心，因为很可能是主力在诱多，所以在这里出现不好的信号，此时也要果断出局观望。

图11.4　英科医疗（300677）2020年12月10日至2021年6月7日的日K线

如图 11.5 所示的是华夏幸福（600340）2020 年 8 月 20 日至 2021 年 1 月 12 日的日 K 线图。

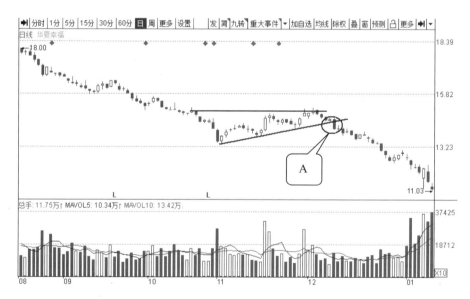

图11.5　华夏幸福（600340）2020年8月20日至2021年1月12日的日K线

华夏幸福（600340）的股价在明显的震荡下跌行情中出现了反弹，在反弹过程中出现了上升三角形。需要注意的是，当前是下跌行情，反弹到压力位就要减仓或清仓。如果投资者没有来得及逢高卖出，那么当股价跌破下方支撑时，即 A 处，就要果断卖出，否则后面会损失惨重。

11.3　下降三角形实战分析

下降三角形是常见的 K 线整理形态，当个股中出现这种 K 线形态时，继续下跌的概率很大，下面就来具体讲解该形态的特征、技术含义及实战分析案例。

11.3.1　下降三角形的特征

下降三角形一般出现在股价的跌势中，每次股价上涨的高点不断下移，但回落的低点基本处于同一水平位置，这样将每次上涨的高点和回落低点分别用直线连接起来，就构成一个向下倾的三角形，即下降三角形。下降三角形的图形如图 11.6 所示。

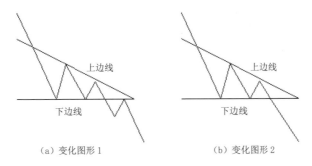

（a）变化图形 1　　　　　　　　（b）变化图形 2

图11.6　下降三角形

下降三角形在形成过程中，成交量不断放大，向下突破压力线时可以放量也可以不放量，并且突破后一般会有回抽，在原来支撑线附近受阻，从而确认向下突破有效。下降三角形是卖出信号，投资者可在跌破支撑线后，止损离场。

11.3.2　下降三角形的技术含义

下降三角形是多空双方在某价格区域内的较量表现，然而多空力量却与上升三角形所显示的情形相反。看淡的一方不断地增强沽售压力，在股价还没回升到上次高点时便再沽出，而看好的一方坚守着某一价格的防线，使股价每次回落到该水平便获得支持。

从这个角度来看，此形态的形成亦可能是主力在托价出货，直到货源沽清为止。目前市场中有许多投资者往往持有股价多次触底不破且交投缩小为较佳买股时机的观点，其实在空头市场中，这种观点相当可怕，雪上加霜的下降三角形正说明了这一点。

事实上，下降三角形在多空较量中形成构成买方的股票需求支撑带，即一旦股价从上回落到这一价位便会产生反弹，而股价反弹后便又遇卖盘打压，再度回落至买方支撑带，再次反弹高点不会超前一高点，卖方的抛压一次比一次快地压向买方阵地。这种"打压－反弹－再打压"的向下蓄势姿态，逐渐瓦解多方斗志，产生多杀多情况，预示多方阵线的最终崩溃。

11.3.3 下降三角形实战分析案例

如果股价经过长时间的上涨，并且累计涨幅较大，然后在高位宽度震荡，在震荡过程中形成了下降三角形，那么不仅要注意上边线的假突破，还要注意下边线的支撑是否有效突破，一旦有效突破，一定要果断出局观望，否则会损失惨重。

如图 11.7 所示的是鹏鼎控股（002938）2020 年 9 月 9 日至 2021 年 5 月 10 日的日 K 线图。

图11.7　鹏鼎控股（002938）2020年9月9日至2021年5月10日的日K线

鹏鼎控股（002938）的股价经过长时间、大幅度上涨之后，创出 61.57 元高点，但在创出高点这一天，股价却收了一根转势长十字线。

随后股价开始在高位震荡盘整，在震荡整理过程中出现了下降三角形，股价在A 处跌破下方支撑线，这意味着新的一波下跌行情开始，所以手中还有该股票筹码的投资者一定要果断卖出，否则就会被套牢，从而损失惨重。

在明显的下跌趋势中，如果股价出现反弹，在反弹过程中出现了下降三角形，并且跌破下边支撑线，投资者就要果断出局，否则是相当危险的。

如图 11.8 所示的是哈空调（600202）2020 年 9 月 9 日至 2021 年 2 月 4 日的日K 线图。

哈空调（600202）的股价在明显的下跌行情中，出现反弹上涨，然后开始震荡，在震荡过程中出现了下降三角形，然后在 A 处跌破下方支撑线，这意味着新的下跌开始，所以投资者一定要及时卖出手中所持有的股票筹码。

图11.8　哈空调（600202）2020年9月9日至2021年2月4日的日K线

如果股价经过长时间的大幅下跌之后，开始震荡上升，并且涨幅不大，这时出现了下降三角形形态，投资者不要恐慌，这很可能是主力在上升过程中骗取散户手中的低价筹码。

如图 11.9 所示的是酒钢宏兴（600307）2020 年 12 月 22 日至 2021 年 5 月 12 日的日 K 线图。

酒钢宏兴（600307）的股价经过长时间、大幅度下跌之后，创出 1.43 元低点，然后股价就开始震荡上涨。在震荡上涨初期，股价出现回调，回调出现下降三角形。投资者需要注意，当前股价已见底，所以看到该股价后期走势的投资者可以耐心持有，短线高手则可以减仓以应对风险。但当股价放量向上突破上方压力线时，即 A 处，投资者要及时买进，这样短时间内就会有较大的收益。

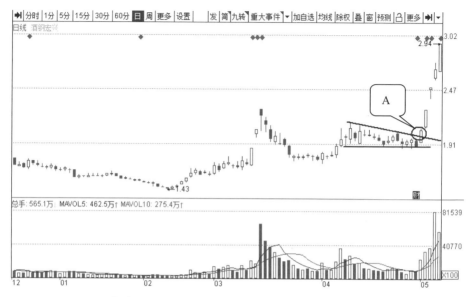

图11.9　酒钢宏兴（600307）2020年12月22日至2021年5月12日的日K线

11.4　扩散三角形实战分析

扩散三角形是常见的 K 线整理形态，当个股中出现这种 K 线形态时，继续下跌的概率很大，下面就来具体讲解该形态的特征、技术含义、操作注意事项及实战分析案例。

11.4.1　扩散三角形的特征

扩散三角形出现在股价的上涨趋势中，即股价上升的高点越来越高，而下跌的低点越来越低，如将两个高点连成直线，再将两个低点连成直线，就像一个喇叭。扩散三角形的图形如图 11.10 所示。

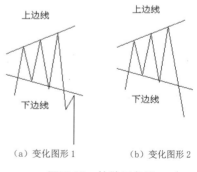

（a）变化图形 1　　　（b）变化图形 2

图11.10　扩散三角形

扩散三角形常常出现在投机性很强的个股上，当股价上涨时，投资者受到市场中火热的投机气氛或流言的感染，疯狂地追涨，成交量急剧放大；而当股价下跌时，则盲目地杀跌，所以造成股价大起大落。扩散三角形是大跌的前兆，所以投资者见到此形态后，要及时止损退出，否则会损失惨重。

11.4.2 扩散三角形的技术含义

由于股价波动的幅度越来越大，形成了越来越高的三个高点，以及越来越低的两个低点。这说明当时的股票交易异常活跃，成交量日益放大，市场已失去控制，完全由参与交易的公众的情绪决定。

在目前这个混乱的时候进入股市是很危险的，进行交易也十分困难。在经过剧烈的动荡之后，投资者的热情会渐渐消退，慢慢远离这个市场，股价将逐步地往下运行。

三个高点和两个低点是扩散三角形已经完成的标志。投资者应该在第三峰调头向下时就抛出手中的股票，这在大多数情况下是正确的。如果股价进一步跌破了第二个底谷，则扩散三角形完成得到确认，抛出股票更成为必然。

11.4.3 扩散三角形的操作注意事项

扩散三角形的操作注意事项，具体如下：

第一，标准的扩散三角形至少包含三个转折高点和两个转折低点。这三个高点一个比一个高，两个低点可以在水平位置，或者右边低点低于左边低点；当股价从第三个高点回跌，其回落的低点较前一个低点为低时，可以假设形态的成立。将高点与低点各自联结成颈线后，两条线所组成的区域，外观就像一个喇叭形，由于其属于"五点转向"形态，故较平缓的扩散三角形也可视之为一个有较高右肩和下倾颈线的头肩顶。

第二，扩散三角形在整个形态形成的过程中，成交量保持着高而且不规则的波动。扩散三角形是由于投资者冲动和非理性的情绪造成的，绝少在跌市的底部出现，因为股价经过一段时间的下跌之后，市场毫无人气，在低沉的市场气氛中，不可能形成这种形态。而不规则的成交波动，反映出投资者激动且不稳定的买卖情绪，这也是大跌市来临前的先兆。因此，扩散三角形为下跌形态，暗示升势将尽头。

第三，扩散三角形下跌的幅度无法测量，也就是说并没有，至少跌幅的计算公式估计未来走势，但一般来说，跌幅都将极深。同时扩散三角形右肩的上涨速度虽快，但右肩破位下行的速度更快，而形态却没有明确指出跌市出现的时间。只有当下限跌破时形态便可确定，投资者该马上止盈或止损出局了。在扩散三角形构筑后出现了快速暴挫。

　　第四，扩散三角形也有可能会失败，即会向上突破，特别在扩散三角形的顶部是由两个同一水平的高点连成，如果股价以高成交量向上突破，那么显示前面上升的趋势仍会持续。但对于稳健保守的投资者而言，"宁可错过，不能做错"，不必过于迷恋这种风险大于收益的行情，毕竟扩散三角形的构筑头部概率十分大。

11.4.4　扩散三角形实战分析案例

　　如果股价经过长时间的上涨，并且累计涨幅较大，然后在高位宽度震荡，形成了扩散三角形，这很可能是大跌的前兆，所以投资者见到此形态后，要及时止损出局，否则就会损失惨重。

　　如图 11.11 所示的是隆基股份（601012）2020 年 12 月 18 日至 2021 年 3 月 24日的日 K 线图。

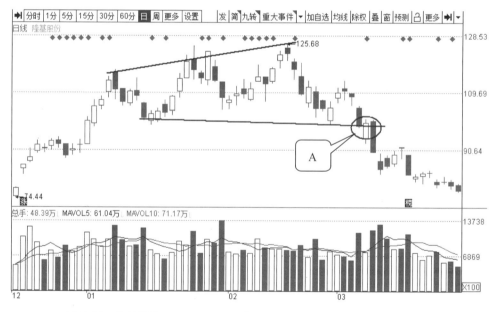

图11.11　隆基股份（601012）2020年12月18日至2021年3月24日的日K线

　　隆基股份（601012）的股价经过长时间、大幅度的上涨之后，在高位震荡。在高位震荡盘整过程中出现了扩散三角形，然后在 A 处跌破下方支撑线，并且反弹也没有站上支撑线，所以在 A 处，投资者要及时卖出手中的股票筹码，否则会越套越深。

在明显的下跌趋势中，如果股价出现反弹，在反弹过程中出现了扩散三角形，并且股价跌破下边支撑线，此时投资者就要果断出局，否则是相当危险的。

如图 11.12 所示的是 ST 红太阳（000525）2020 年 11 月 19 日至 2021 年 5 月 17 日的日 K 线图。

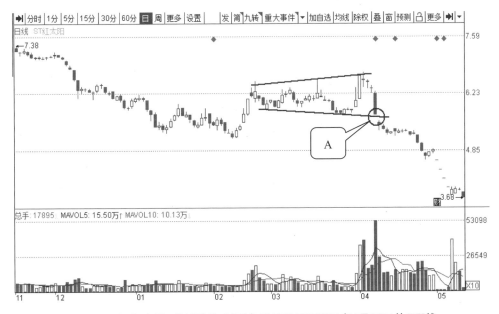

图11.12　ST红太阳（000525）2020年11月19日至2021年5月17日的日K线

ST 红太阳（000525）的股价在明显的下跌行情中，出现了反弹，在反弹末期出现了扩散三角形。在 A 处，股价跌破了扩散三角形的下边线，这表明扩散三角形已完成，后市还会有大跌，所以在这里一定要及时止损出局观望，千万不能心存幻想进行死扛，否则会损失惨重，并且会受到心理上的煎熬，最后在主力大幅杀跌实现忍无可忍时"割肉"出局。

如果股价经过长时间的大幅下跌之后，开始震荡上升，并且涨幅不大，这时出现了扩散三角形，投资者不要恐慌，这很可能是主力在上升过程中骗取散户手中的低价筹码。

如图 11.13 所示的是渝三峡 A（000565）2020 年 12 月 8 日至 2021 年 3 月 31 日的日 K 线图。

渝三峡 A（000565）的股价经过长时间、大幅度的下跌之后，创出 3.86 元低点，然后开始震荡上涨。在震荡上涨的初期出现了扩散三角形，这很可能是主力通过诱空来骗取散户手中的筹码。在 A 处，股价突破了上边线，这表明股价要开始新的一波上涨了，所以 A 处，投资者要敢于加仓做多。

图11.13　渝三峡A（000565）2020年12月8日至2021年3月31日的日K线

11.5　收敛三角形实战分析

收敛三角形既可以出现在跌势中，也可以出现在涨势中，是常见的K线整理形态，下面就来具体讲解该形态的特征、技术含义及实战分析案例。

11.5.1　收敛三角形的特征

收敛三角形每次上涨的高点连线与每次回落的低点连线相交于右方，呈收敛状，其形状像一把三角形尖刀。收敛三角形的图形如图 11.14 所示。

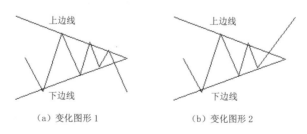

（a）变化图形1　　　　　　（b）变化图形2

图11.14　收敛三角形

收敛三角形与扩散三角形的形状正好颠倒，扩散三角形最终向下的概率较大，而收敛三角形整理后可能向上，也可能向下，是一个观望信号。在涨势中，如果放量收于压力线上方，可追加筹码；如果向下突破，要看空、做空。在跌势中，放量收于压力线上方，也不要急于跟进，而是当回探压力线后再创新高时，再适量买进，其他情况下都要做空。

11.5.2　收敛三角形的技术含义

收敛三角形是因为买卖双方的力量在该段价格区域内势均力敌，暂时达到平衡状态所形成。

股价从第一个短期性高点回落，但很快地便被买方所消化，推动价格回升；而购买的力量对后市没有太大的信心，又或是对前景感到有点犹疑，因此股价未能回升至上次高点已告掉头，再一次下跌。

在下跌的阶段中，那些沽售的投资者不愿意以太低价贱售或对前景仍存有希望，所以回落的压力不强，股价未跌到上次的低点便已告回升，买卖双方的观望性争持使股价的上下小波动日渐缩窄，形成了此一形态。

成交量在收敛三角形形成的过程中不断减少，正反映出看淡力量对后市犹疑不决的观望态度，使得市场暂时沉寂。

由于收敛三角形属于整理形态，所以只有在股价朝其中一方明显突破后，才可以采取相应的买卖行动。如果股价往上冲破阻力（必须得到大成交量的配合），就是一个短期买入信号；如果股价是往下跌破（在低成交量之下跌破），便是一个短期沽出信号。

11.5.3　收敛三角形实战分析案例

如果股价已经过长时间的大幅下跌，探明了底部区域，然后开始震荡上升，在上涨初期如果出现收敛三角形，当股价放量突破收敛三角形的上边线时，是相当不错的买点。

如图 11.15 所示的是海天精工（601882）2020 年 1 月 23 日至 2020 年 8 月 12 日的日 K 线图。

海天精工（601882）的股价经过长时间、大幅度下跌之后，创出 6.31 元低点。随后股价开始震荡上涨，在上涨的初期，出现了收敛三角形。需要注意，最后股价是跳空高开突破上方压力线，这表明股价要开始新的上涨行情了，所以投资者在 A 处可以买进股票。

如果股价处于明显的上升趋势中，并且上涨幅度并不大，这时出现了收敛三角形整理形态，当股价突破其上边线时，投资者也要敢于加仓做多。

图11.15 海天精工（601882）2020年1月23日至2020年8月12日的日K线

如图 11.16 所示的是比亚迪（002594）2020 年 9 月 11 日至 2021 年 2 月 2 日的日 K 线图。

比亚迪（002594）的股价在明显的上升行情中出现了震荡整理，在震荡整理过程中出现了收敛三角形，然后在 A 处，股价向上突破上边线，这意味股价又要开始上涨了，所以 A 处可以买进该股票。

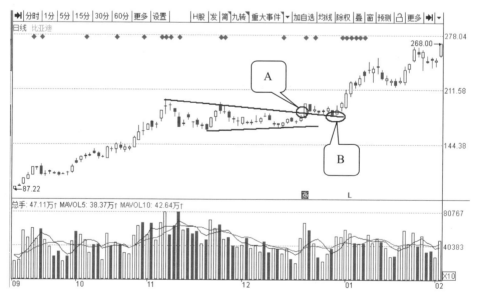

图11.16 比亚迪（002594）2020年9月11日至2021年2月2日的日K线

　　需要注意的是，股价突破上边线后，没有直接上涨，而是继续震荡回调，但股价始终在上边线上方，所以当股价回调到上边线时，即 B 处，又是一次买进该股票的机会。

　　如果股价已经经过长时间的大幅上涨，然后在高位反复震荡，在震荡过程中出现了收敛三角形，这时最好轻仓操作，毕竟风险大于收益，所以还是小心为好。

　　如图 11.17 所示的是英科医疗（300677）2021 年 1 月 6 日至 2021 年 6 月 10 日的日 K 线图。

图11.17　英科医疗（300677）2021年1月6日至2021年6月10日的日K线

　　英科医疗（300677）的股价经过长时间、大幅度上涨之后，创出 299.99 元高点，然后股价开始震荡下跌，在震荡下跌的初期出现了反弹整理，在反弹整理过程中出现了收敛三角形，然后在 A 处，股价跌破下边线支撑，意味着震荡盘整结束，要开始新的一波下跌行情，所以投资者在 A 处要果断卖出手中的股票。

　　在明显的下跌趋势中，如果股价出现反弹，在反弹过程中出现了收敛三角形，并且股价跌破下边支撑线，此时投资者就要果断出局，否则是相当危险的。

　　如图 11.18 所示的是海特生物（300683）2020 年 7 月 27 日至 2021 年 2 月 4 日的日 K 线图。

　　海特生物（300683）的股价创出 69.38 元高点之后，在高位略做震荡，随后就开始震荡下跌，先是跌破 5 日均线，然后跌破 10 日均线，接着跌破 30 日均线，这样均线呈空头排列，股价进入震荡下跌阶段。

　　股价经过一大波下跌之后，出现了反弹，注意反弹的力量并不强，并且出现收敛三角形，在 A 处跌破下方支撑线，这意味着反弹结束，要开始新的一波下跌了，所以手中还有该股票的投资者一定要及时卖出，否则只会越套越深。

图11.18 海特生物（300683）2020年7月27日至2021年2月4日的日K线

11.6 上升旗形实战分析

上升旗形是常见的 K 线整理形态，当个股中出现这种 K 线形态时，继续上涨的概率很大，下面就来具体讲解该形态的特征、技术含义、操作注意事项及实战分析案例。

11.6.1 上升旗形的特征

股价经过一段时间的上涨后，出现了回调，如果将其反弹的高点用直线连接起来，再将回调中的低点也用直接连接起来，就可以发现其图形像一面挂在旗竿上迎风飘扬的旗子，这就是上升旗形，如图 11.19 所示。

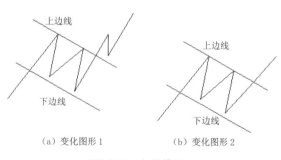

（a）变化图形 1　　　　（b）变化图形 2

图11.19 上升旗形

上升旗形在向上突破压力线时要放大量，并且突破后一般会有回抽，在原来高点连接处止跌回升，从而确认突破有效。上升旗形是诱空陷阱，是一个买进信号，为了安全，投资者应在最后股价突破压力线后，小幅回调再创新高时买进。注意，投资者不要被股价下移所迷惑，要警惕主力的诱空行为，持筹者可静观其变。

11.6.2 上升旗形的技术含义

在上升旗形的形成过程中，成交量逐渐递减，投资者因对后市看好而普遍存有惜售心理，市场的抛压减轻，新的买盘不断介入，直到形成新的向上突破，完成上升旗形的走势。

成交量伴随着旗形向上突破逐渐放大，与前一波行情一样再度拉出一根旗杆，开始了新的多头行情。所以说上升旗形是强势的特征，投资者在调整的末期可以大胆地介入，享受新的飙升行情。

11.6.3 上升旗形的操作注意事项

上升旗形的操作注意事项，具体如下：

第一，上升旗形很容易误解为头部反转。投资者可以从三个方面进行判断。一是从量价配合上进行判断，股价经过大幅上扬出现了调整，形成类似旗形整理的形态，如果在调整过程中，下跌的成交量是逐渐萎缩的，而上涨的成交量却明显放大，这种走势很可能是旗形。二是从时间上进行判断，如果调整的时间过长，就可能形成顶部。由于旗形是强势的特征，所以旗形调整的时间一般都比较短，股价很快便突破先前的高点，展开新的行情。三是从行情的幅度上进行判断，如果股价已经涨了很多或跌了很多，就不能看作是旗形，而应该当作反转形态来看。下降旗形的道理也是这样。

第二，牛市中的上升旗形一般出现在行情的第一阶段和第二阶段，用波浪理论来说，即第一浪和第三浪，如果在第三阶段即第五浪中出现剧烈的下跌就不能看作是旗形调整了，也许股价可能还会上涨，但是走势往往创了新高后便立刻反转，变成了其他顶部形态。

11.6.4 上升旗形实战分析案例

如果股价经过几次下跌之后，然后开始震荡盘升，在盘升的过程中出现了上升旗形形态，当股价放量突破上升旗形的上边线时，要果断加仓做多。

如图 11.20 所示的是北方稀土（600111）2020 年 10 月 14 日至 2021 年 3 月 3 日的日 K 线图。

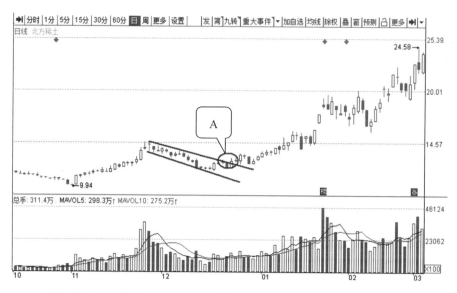

图11.20　北方稀土（600111）2020年10月14日至2021年3月3日的日K线

北方稀土（600111）经过几次下跌之后，创出 9.94 元低点，然后股价开始上涨，经过一波上涨之后，股价开始回调，在回调过程中出现了上升旗形，然后在 A 处向上突破，所以 A 处是新的买入位置。

> 📶 提醒：怎样才能避免上主力的当？首先我们一定要认识到，股价已经大幅下跌过了，现在仅仅是上升趋势的开始，主力不可能只拉这么多就结束行情。所以从短线上说，见到不好K线，可以减仓，但不要清仓，因为这样可以保证心态平和。另外，当股价在回调过程中，我们一定要清醒认识到，主力是在洗盘，是为了以后更好的拉升，所以每次回调到一定位置时，可以分批建仓，然后耐心持有，如果能坚持这样，就能成为股市中的赢家。

如果股价已经上涨了一段时间，并且有一定的涨幅，但如果经过调整，并且调整中出现了上升旗形，当股价有效突破上边线时，也可以顺势做多。

如图 11.21 所示的是爱美客（300896）2020 年 9 月 29 日至 2021 年 2 月 10 日的日 K 线图。

爱美客（300896）的股价在明显的上涨行情中，出现多次调整，每次调整都是出现上升旗形，所以当股价突破上升旗形的上边线时，都是不错的买入机会，所以 A、B、C 和 D 处，都可以买入该股票。

如果股价已经过大幅上涨，在高位震荡盘整，这时出现上升旗形，投资者要注意这很可能是主力在诱多。

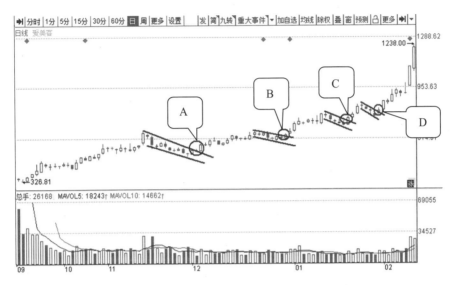

图11.21　爱美客（300896）2020年9月29日至2021年2月10日的日K线

如图 11.22 所示的是珀莱雅（603605）2020 年 5 月 6 日至 2020 年 9 月 14 日的日 K 线图。

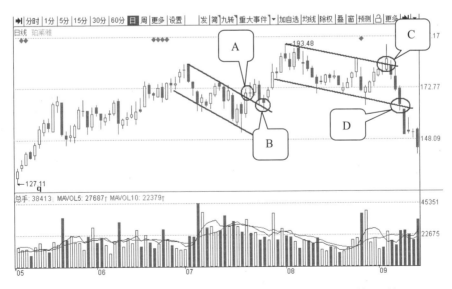

图11.22　珀莱雅（603605）2020年5月6日至2020年9月14日的日K线

　　珀莱雅（603605）的股价经过长时间、大幅度上涨之后，股价开始在高位震荡。在高位震荡过程中，出现了上升旗形，然后在 A 处突破上边线，所以 A 处可以短线买入该股票，随后股价出现回调，没有跌破上边线，所以 B 处也是不错的短线买入点。

　　随后股价震荡上涨，创出 193.48 元高点，然后股价继续在高位震荡，再度出现上升旗形，在 C 处，股价再度突破上边线，但第 2 个交易日，股价却低开低走，这意味着突破为假，所以 C 处要注意减仓或清仓。

　　随后股价继续中阴线下跌，然后在 D 处跌破下边支撑线，这意味着股价要开始下跌了，所以在 D 处，投资者一定要卖出手中所有的股票筹码。

11.7　下降旗形实战分析

　　下降旗形是常见的 K 线整理形态，当个股中出现这种 K 线形态时，继续下跌的概率很大，下面就来具体讲解该形态的特征及技术含义及实战分析案例。

11.7.1　下降旗形的特征

　　下降旗形一般出现在跌势中，每次反弹的高点连线平行于每次下跌低点的连线，并且向上倾斜，看上去就像迎面飘扬的一面旗子。下降旗形的图形如图 11.23 所示。

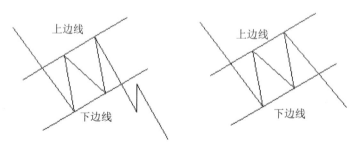

图11.23　下降旗形

　　下降旗形从表面上看，是很不错的，因为股价高点越来越高，而低点不断抬升，并且股价在上升通道中运行，常常得到成交量的支持，出现价升量增的喜人现象。但投资者一定不能被其表面现象所迷惑。因为下降旗形是诱多陷阱，是一个卖出信号，投资者应果断止损离场。注意，投资者不要被股价上移所迷惑，要警惕主力的诱多行为，应持币观望为主。

11.7.2 下降旗形的技术含义

在下跌过程中，成交量达到高峰，抛售的力量逐渐减少，在一定的位置有强支撑，于是形成了第一次比较强劲的反弹，然后再次下跌，然后再反弹，经过数次反弹，形成了一个类似于上升通道的图形，但是每次反弹的力度随着买盘的减少而下降，这个倒置的旗形，往往会视为看涨，但是经验丰富的投资者根据成交量和形态来判断，排除了反转的可能性，所以每次反弹都是做空的机会。经过一段时间调整，某天股价突然跌破了旗形的下边沿，新的跌势终于形成。

11.7.3 下降旗形的操作注意事项

下降旗形的操作注意事项，具体如下：

第一，下降旗形一般出现在熊市的初期，投资者看到这种形态可以大胆沽空，后面有猛烈的跌势，甚至出现崩盘式的暴跌。因此在这个阶段形成的旗形形态大都比较小，时间可能只有 5~6 个交易日，由于下跌的能量充足，反弹无力，下跌时的成交量无须很大，惯性的作用很快将股价打下去。

第二，如果在熊市的末期出现下降旗形走势，突破的成交量放大，可是价格下跌的幅度却不大，投资者就要当心了。一般情况下，熊市末期出现的下降旗形，时间比较长，下跌的幅度未能达到目标位，很可能形成空头陷阱。

11.7.4 下降旗形实战分析案例

如果股价已经经过大幅上涨，并且累计涨幅较大，然后在高位震荡，在震荡中出现下降旗形形态。如果跌破下边支撑，线就要果断出局，否则是相当危险的。

如图 11.24 所示的是比亚迪（002594）2020 年 12 月 14 日至 2021 年 5 月 7 日的日 K 线图。

图11.24　比亚迪（002594）2020年12月14日至2021年5月7日的日K线

比亚迪（002594）经过长时间、大幅度的上涨之后，在高位震荡。需要注意的是，股价在高位震荡过程中，出现了下降旗形，即低点不断抬高，高点之后还有高点，从表面上看，是一个相当明显的上升通道。但要明白，股价已大幅上涨，主力进场的目的是赚钱，所以股价在高位，只要形态完好，投资者可以看涨，并且持股不动，让利润自己向前奔跑。但投资者心中一定要清楚，现在是高位，一旦出现什么风吹草动，股价可能就会大跌，所以在这里一定要关注不好的K线信号，一旦出现，先减仓或清仓出局再说。

在A股，股价一根中阴线跌破下方支撑线，这表明上涨形态出现了明显的走坏形态，投资者要及时减仓或清仓观望。

从其后走势来看，后市股价一路下跌，并且没有出现反弹行情，所以一旦有不好信号，及时卖出是最佳选择。

如果股价在下跌初期或下跌途中的反弹行情出现了下降旗形形态，当股价有效突破下方支撑线时，也要果断止损出局，否则很容易被套在半山腰。

如图11.25所示的是洪都航空（600316）2020年12月24日至2021年4月30日的日K线图。

图11.25　洪都航空（600316）2020年12月24日至2021年4月30日的日K线

洪都航空（600316）的股价从 63.18 元开始下跌，一路震荡下跌到 37.98 元，然后开始反弹。在反弹过程中出现了下降旗形，这里具有一定的迷惑性，因为股价刚下跌后，就出现反弹，如果认为股价回调后还会大幅上涨，就会大错特错。但如果投资者对"下降旗形"比较了解的话，就会发现这里有很多问题。首先股价已经经过大幅拉升，从 5 元左右一直上涨到 63.18 元，涨幅之大让人吃惊，并且这里刚刚回调。投资者在这里要警惕，这里可能上升，但也可能下降，如果下跌，则跌幅巨大。通过后面的图形走势可以看到，这里是主力为散户精心布置的一个诱多陷阱，如果投资者对技术一知半解，则很可能买进股票，那后果就是被深深套牢。

所以在 A 处，股价跌破了下降旗形的下边线，一定要及时出局，否则后果相当严重。

如果股价经过大幅下跌，已探明底部区域，然后震荡上升，在震荡过程中出现了下降旗形，即使股价跌破了下方支撑线，也不要恐慌，毕竟只是回调，而不是新的下跌行情，所以短线投资者可以减仓应对风险，而中长线投资者可以持仓不动。

如图 11.26 所示的是金花股份（600080）2020 年 5 月 5 日至 2022 年 9 月 9 日的日 K 线图。

图11.26　金花股份（600080）2020年5月5日至2022年9月9日的日K线

金花股份（600080）的股价经过长时间、大幅度下跌之后，创出 3.70 元低点，注意在创出低点这一天，股价收了一根低开高走的大阳线，这意味着股价要开始上涨了。

随后股价开始震荡上涨，经过十几个交易日上涨之后，出现了回调，然后继续上涨，这时出现了下降旗形。

在震荡上升的初期出现了下降旗形，在 A 处，股价跌破了上降旗期的下边线。短线投资者可以减仓，然后逢低再买进；而中长线投资者可以持仓不动。原因是股价才刚刚转势，下跌是为了清洗短线获利筹码，骗取散户手中的低廉筹码，不要轻易上主力的当。

股价跌破下降旗形的下边线之后，并没有跌多深，而是跌到前期下跌的低点附近，就开始震荡上涨，需要注意，在震荡上涨过程中，又出现收敛三角形，然后在 B 处，突破收敛三角形上边线压力，开始新的一波上涨。

11.8　上升楔形实战分析

上升楔形是常见的 K 线整理形态，当个股中出现这种 K 线形态时，继续上涨的概率很大，下面就来具体讲解该形态的特征、技术含义及实战分析案例。

11.8.1 上升楔形的特征

上升楔形出现在跌势中，反弹高点的连线与下跌低点的连线相交于右上方，其形状构成一个向上倾斜的楔形图。最后股价跌破支撑线向下滑落。上升楔形的图形如图 11.27 所示。

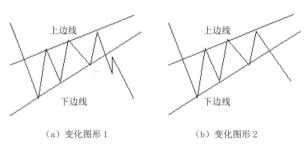

（a）变化图形 1　　　　（b）变化图形 2

图11.27　上升楔形

11.8.2 上升楔形的技术含义

上升楔形在形成过程中，成交量不断减少，呈现价升量减的反弹特征。上升楔形是诱多陷阱，表示升势已尽，是一个卖出信号。投资者不要被低点上移所迷惑，要保持警惕，还是以持币观望为妙。

另外，上升楔形上下两条线收敛于一点，而股价理想的跌破点是由第一个低点开始，直到上升楔形尖端之间距离的 2/3 处。有时候，股价可能会一直移动到楔形的尖端，出了尖端后还稍作上升，然后才大幅下跌。

11.8.3 上升楔形实战分析案例

如果股价已经经过大幅上涨，并且累计涨幅较大，然后在高位震荡，在震荡中出现上升楔形形态。如果跌破下边支撑线，投资者就要果断出局，否则是相当危险的。

如图 11.28 所示的是迈瑞医辽（300760）2020 年 11 月 27 日至 2021 年 3 月 9 日的日 K 线图。

图11.28 迈瑞医辽（300760）2020年11月27日至2021年3月9日的日K线

　　迈瑞医辽（300760）的股价经过长时间、大幅度的上涨，然后在高位震荡。在高位震荡过程中，出现了上升楔形，即低点不断抬高，高点之后还有高点，从表面上看，是一个相当明显的上升通道。但要明白，股价已大幅上涨，主力进场的目的是赚钱，所以股价在高位，只要形态完好，投资者可以看涨，并且持股不动，让利润自己向前奔跑。但投资者心中一定要清楚，现在是高位，一旦出现什么风吹草动，股价可能就会大跌，所以在这里一定要关注不好的K线信号，一旦出现，先减仓或清仓出局再说。

　　在A处，股价跌破了上升楔形的下边线，所以在这里最好及时出局观望。从其后走势可以看到，股价跌破下边支撑线之后，就开始连续下跌行情，不及时出局就会造成盈利回吐，甚至由盈利变为亏损。

　　如果股价在下跌初期或下跌途中出现了上升楔形形态，很多投资者都会认为到阶段性底部或要大力反弹，所以很多散户开始买进，并且反弹一波高于一波，但投资者一定要清醒，这是下跌趋势，并且要知道这有可能是上升楔形形态，可能是主力在诱多，即抛售手中没有发完的货，所以投资者要警惕。

　　如图11.29所示的是凯利泰（300326）2020年7月7日至2021年2月1日的日K线图。

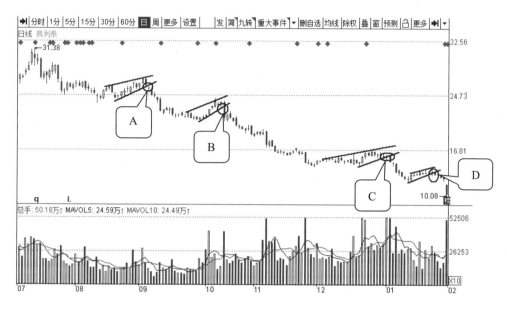

图11.29　凯利泰（300326）2020年7月7日至2021年2月1日的日K线

　　凯利泰（300326）的股价经过长时间、大幅度上涨之后，创出 31.38 元高点，然后股价就开始震荡下跌。在震荡下跌的初期和过程中，不断出现上升楔形，当股价跌破下边线支撑时，有抄底的多单都要及时卖出，否则就会被套在半山腰，将会损失惨重，所以 A、B、C 和 D 处，都要果断卖出手中的股票筹码。

　　如果股价经过大幅下跌，已探明底部区域，然后震荡上升，在震荡过程中出现了上升楔形，即使股价跌破了下方支撑线，也不要恐慌，毕竟只是回调，而不是新的下跌行情，所以短线投资者可以减仓应对风险，而中长线投资者可以持仓不动。

　　如图 11.30 所示的是西藏药业（600211）2021 年 2 月 2 日至 2021 年 5 月 14 日的日 K 线图。

　　西藏药业（600211）的股价经过长时间、大幅度的下跌之后，从 182.07 元一路下跌到 44.40 元，然后开始在低位震荡。在低位震荡后，出现了一波上涨，即在上涨初期出现了上升楔形，在 A 处，股价跌破了上升楔形的下边线，短线投资者可以减仓，然后逢低再买进来，而中长线投资者可以持仓不动。原因是股价才刚刚转势，下跌是为了清洗短线获利筹码，骗取散户手中的低廉筹码，不要轻易上主力的当。

　　从其后走势可以看出，股价跌破上升楔形下边线后，连续大阴线杀跌，但在前期震荡平台的高点附近企稳，再度上涨，所以中线持有者往往会获得较大的收益。

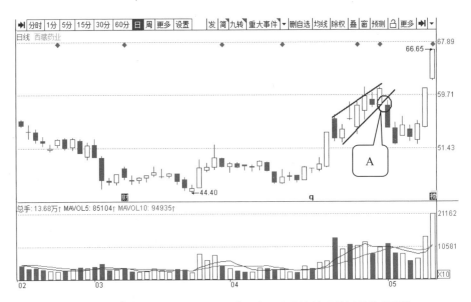

图11.30　西藏药业（600211）2021年2月2日至2021年5月14日的日K线

11.9　下降楔形实战分析

下降楔形是常见的 K 线整理形态，当个股中出现这种 K 线形态时，继续上涨的概率很大，下面就来具体讲解该形态的特征、技术含义及实战分析案例。

11.9.1　下降楔形的特征

下降楔形出现在涨势中，每次上涨的高点连线与每次回落低点的连线相交于右下方，其形状构成一个向下倾斜的楔形图。最后股价突破压力线，并收于其上方。下降楔形的图形如图 11.31 所示。

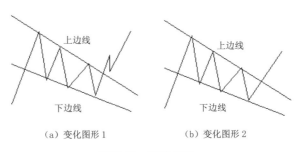

（a）变化图形 1　　　　　　（b）变化图形 2

图11.31　下降楔形

11.9.2 下降楔形的技术含义

下降楔形在形成过程中，成交量不断减少，向上突破压力线时要放大量，并且突破后一般会有回抽，在原来高点连接处止跌回升，从而确认突破有效。下降楔形是诱空陷阱，是一个买进信号，为了安全，最后在股价突破压力线后，可以小幅回调再创新高时买进。

11.9.3 下降楔形实战分析案例

如果股价经过几波下跌之后，开始震荡盘升，在盘升的过程中出现了下降楔形，当股价放量突破下降楔形的上边线时，要果断加仓做多。

如图 11.32 所示的是马应龙（600993）2021 年 1 月 25 日至 2021 年 7 月 1 日的日 K 线图。

图11.32 马应龙（600993）2021年1月25日至2021年7月1日的日K线

马应龙（600993）的股价从 2020 年 7 月 22 日的 28.19 元，一路震荡下跌至 2021 年 2 月 4 日的 17.40 元，随后股价开始长时间震荡筑底。震荡筑底成功后，股价开始沿着 10 日均线上涨，经过两波上涨之后，股价出现回调，这时出现一个下降楔形，即反弹不创新高，下跌创新低，很多投资者在这里就认为下跌行情又开始了，纷纷止损离场观望，这恰恰中了主力的诱空之计。因为主力这是低位利用技术形态来诱空，骗取散户投资者手中低廉的筹码。

从其后走势上看，股价在 A 处，突破了下降楔形的上边线之后，就开始新的波段上涨，并且不断创新高。

如果股价已经上涨了一段时间，并且有一定的涨幅，但如果经过调整，并且调整中出现了下降楔形，当股价有效突破上边线时，也可以顺势做多。

如图 11.33 所示的是探路者（300005）2021 年 3 月 25 日至 2021 年 6 月 30 日的日 K 线图。

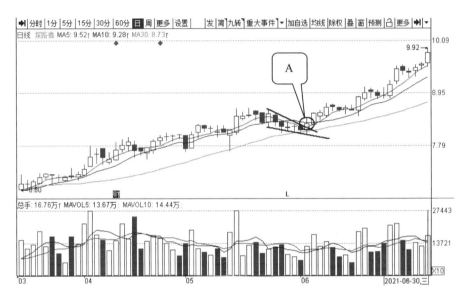

图11.33　探路者（300005）2021年3月25日至2021年6月30日的日K线

探路者（300005）的股价在明显的上涨行情中，出现了调整，在调整过程中出现了下降楔形，正好回调到 30 日均线附近，股价企稳，然后一根中阳线突破下降楔形的上边线，即 A 处，所以 A 处可以顺势加仓做多。

另外，要注意，底部买入的投资者常常在上升震荡中被主力淘汰出局，原因是当股价连续拉升后，已获得不错的收益，这时来个下降楔形或上升旗形清洗，很多投资认为行情已到顶，就纷纷抛股离场，而主力通过打压洗盘后，就开始重新拉升，所以投资者一定要注意下降楔形这处空头陷阱。

如果股价已经经过长时间的上涨，并且涨幅较大，在高位震荡中出现了下降楔形形态，这时一定要注意假突破，特别是股价再次跌破下降楔形下方支撑线时，一定要果断出局。

如图 11.34 所示的是福耀玻璃（600660）2020 年 12 月 14 日至 2021 年 3 月 24 日的日 K 线图。

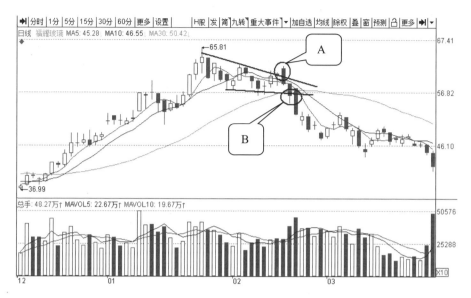

图11.34 福耀玻璃（600660）2020年12月14日至2021年3月24日的日K线

福耀玻璃（600660）的股价经过长时间、大幅度上涨之后，开始在高位震荡。在高位震荡过程中出现了一个下降楔形，在这里一定要明白，这是在高位震荡，主力很可能会利用技术来诱多，所以投资者想当然地去按技术做多，只会把自己套在高高的山顶上。

在 A 处，股价盘中高开站上了下降楔形的上边线，但收盘却收了一根大阴线，这表明向上突破是假，下跌是真，所以投资者在 A 处要减仓或清仓。

随后股价继续下跌，并且跌破30日均线，然后继续下跌，跌破下降楔形的下边线，即 B 处。这意味着股价要开始新的一波下跌了，所以手中还有筹码的投资者，要及时卖出。

11.10 矩形实战分析

矩形既可以出现在跌势中，也可以出现在涨势中，是常见的 K 线整理形态，下面就来具体讲解该形态的特征、技术含义实战分析案例。

11.10.1 矩形的特征

矩形是股价由一连串在两条水平的上下界线之间变动而成的形态。股价在其范围之内反复运动，好价上升到某水平线时遇阻力回落，但很快又获得支持并反弹，但回升到上次同一高点时再次受阻，而再回调到上次低点时又获得支撑。如果将股价的最高点和最低点分别用直线连接起来，就形成一个长方形，最后寻求向下或向上突破。矩形的图形如图 11.35 所示。

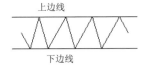

图11.35　矩形

11.10.2 矩形的技术含义

在矩形形成过程中，成交量不断减少，在上下反反复复运行，直到一方力量耗尽，出现突破方向为止。在矩形盘整过程中，投资者不介入为宜，如果向上突破，可采取做多策略；如果向下突破，则采取做空策略。

11.10.3 矩形实战分析案例

股价已经经过大幅下跌，然后在底部震荡盘整，在这个过程中出现矩形形态，当股价突破矩形上边线时，及时跟进，则会有不错的收益。

如图 11.36 所示的是第一创业（002797）2020 年 3 月 11 日至 2020 年 7 月 9 日的日 K 线图。

第一创业（002797）的股价经过较大幅度、较长时间下跌之后，在低位窄幅震荡，上方压力为 7.40 元附近，下方支撑为 6.80 元附近。在这个窄幅区域中震荡了 4 个多月，形成了矩形形态。

如果投资者长期关注该股，在投资者的潜意识中要明白，低位横有多长，将来竖有多高，所以耐心关注何时向上突破。在 A 处，股价突破了短形的上边线，在这里要敢于加仓做多。

> 📶提醒：为了防止是假突破，又怕错过行情，可以分批建仓，例如先建1/3仓位，然后再根据行情走势，不断加仓。

如果股价已经大幅上涨，然后在高位进行横盘整理，这时出现矩形形态，投资者就要小心了，特别是突破矩形的下边支撑线后，要果断清仓出局，否则就会被套牢。

图11.36　第一创业（002797）2020年3月11日至2020年7月9日的日K线

如图 11.37 所示的是宁波联合（600051）2020 年 6 月 30 日至 2021 年 2 月 4 日的日 K 线图。

图11.37　宁波联合（600051）2020年6月30日至2021年2月4日的日K线

　　宁波联合（600051）的股价经过较长时间、较大幅度上涨之后，创出 14.50 元高点。需要注意的是，在创出高点这一天，股价收了一根带有长长上影线的中阴线（螺旋线），这表明股价有转势的可能。

　　随后股价在高位震荡，形成矩形形态。投资者一定要明白，股价已大幅度上涨，在高位震荡，如果不能向上突破，一旦向下跌，就可能大跌。所以当股价跌破矩形下边线时，要第一时间果断、坚决卖出所有的股票筹码，否则就会损失惨重。

　　在 A 处，股价跌破矩形下边线，这意味着震荡结束，要开始下跌行情了，所以投资者要果断卖出手中所有筹码。从其后走势可以看出，如果不卖出筹码，就会由盈利变为亏损，甚至被深套。

第 12 章

K 线缺口实战分析

　　在 K 线的运行过程中，有一种极为特殊而又重要的现象，那就是跳空缺口。通常情况下，K 线的运行是连贯的，缺口的出现使 K 线运行有了中断，这种当日 K 线与前日 K 线之间的中断就是跳空缺口。本章首先讲解 K 线缺口的基础知识，即缺口的类型、作用、意义及实战中要注意的事项；然后讲解底部反转阶段缺口、上涨阶段缺口的、顶部反转阶段缺口和下跌阶段缺口的实战分析。

12.1　K线缺口概述

缺口是指股价在快速大幅变动中有一段价格没有发生交易，显示在 K 线图上是一个真空区域，即缺口就是盘面交易的真空地带。

12.1.1　向上跳空缺口和向下跳空缺口

股价在明显的上升趋势中，某 1 个交易日的最低价高于前 1 个交易日的最高价，就会在 K 线图上留下一段当时价格不能覆盖的缺口或空白，这就是向上跳空缺口，如图 12.1 所示。

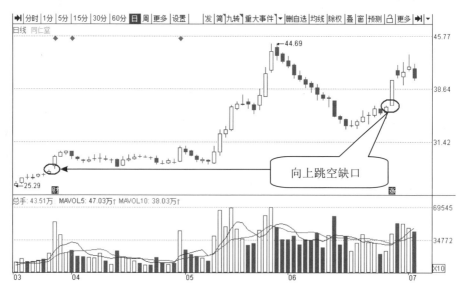

图12.1　同仁堂（600085）2021年3月19日至2021年7月2日的日K线

股价在明显的下跌趋势中，某 1 个交易日的最高价低于前 1 个交易日的最低价，这样也会在 K 线图上留下一段当时价格不能覆盖的缺口或空白，这就是向下跳空缺口，如图 12.2 所示。

📎提醒：向上跳空缺口表明市场趋势大步向上；向下跳空缺口表明市场趋势大步向下。为什么会形成交易的真空地带呢？这就是多空双方其中一方以较大优势压倒对方造成的盘面状况，常常发生在开盘交易、信息突然刺激、力量突然失衡时，根本原因是多空双方的情绪发生了较大变化。缺口在实战中具有相当重要的作用，通过分析缺口，投资者可以更好地感知主力的一些动向，再结合大势采取相应的策略。

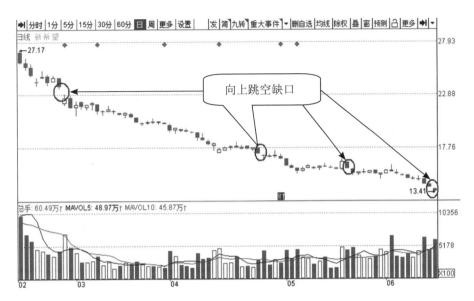

图12.2　同仁堂（600085）2021年2月23日至2021年6月15日的日K线

12.1.2 缺口的类型

按缺口对趋势的影响来分，这也是经典的缺口分类方法，缺口共有 4 种类型，分别是普通缺口、突破缺口、持续缺口和衰竭缺口。

（1）普通缺口

普通缺口常常发生在股票交易量很小的市场情况下，或者是股价作横向整理运动的中间阶段，或者是在诸多价格形态的内部。发生原因往往是市场投资者毫无兴趣，市场交易清淡，相对较小的成交量便足以导致价格跳空。一般情况下，普通缺口会在极短的时间内给予回补，即可以忽略不计。普通缺口如图 12.3 所示。

（2）突破缺口

突破缺口通常发生在重要的价格区间，例如在股价横向整理到需要一举突破支撑线的时候，或者是在头肩顶（底）形成之后股价需要对颈线进行突破时，或者在股价对重要均线进行跨越式突破的时候，就常常会出现跳空缺口。它反映着市场投资者的一致思维和意愿，也预示着后市的价格运动会更大、更快。

由于突破缺口是在突破重要价格区域发生的，所以此处不看好突破的抛盘将被全部吃掉，而看好突破的抛盘则高价待售，因此买盘不得不高价成交，故而形成向上跳空缺口，所以这里常常伴有较大的成交量。这种重要区域价格突破一旦成功，其跳空缺口往往不易被完全封闭。

📶提醒：如果缺口很快被封闭，价格重新回到缺口下方，说明突破是假突破。

总之，突破缺口具有强烈的方向性选择意义，一旦出现，往往在短时间内市场不会回补缺口。突破缺口如图 12.4 所示。

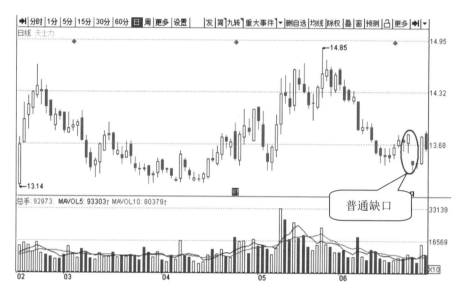

图12.3　天士力（600535）2021年2月9日至2021年6月29日的日K线

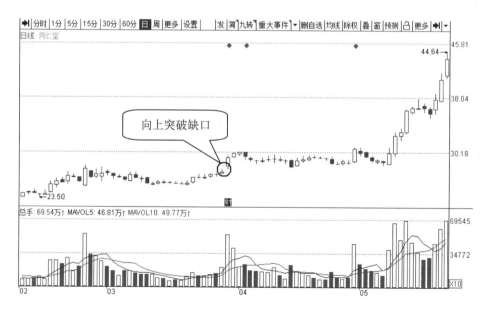

图12.4　同仁堂（600085）2021年2月1日至2021年5月27日的日K线

（3）持续缺口

在突破缺口发生之后，如果市场上涨趋势依然明显，一方推动热情高涨，那么价格会再度跳跃前进，即再次形成一个跳空缺口或一系列跳空缺口，这种缺口被称为持续缺口。持续缺口常常伴随着中等的成交量，表明对趋势发展有利。在上升趋势中，持续缺口的出现表明市场坚挺；在下降趋势中，则显示市场疲软。注意，持续缺口一般也不会很快被封闭，如果价格重新回到持续缺口之下，对原趋势不利。

一般而言，在突破缺口发生之后，第二个明显的缺口往往是持续缺口，而不是衰竭缺口。持续缺口的出现，意味着行情将会突飞猛进，其运动空间至少为第一个跳空缺口到这个缺口之间的距离。如果出现了多个持续缺口，则价格运动空间的预测变得比较困难，但也意味着衰竭缺口将随时来临，或者最后一个持续缺口就是衰竭缺口。持续缺口如图 12.5 所示。

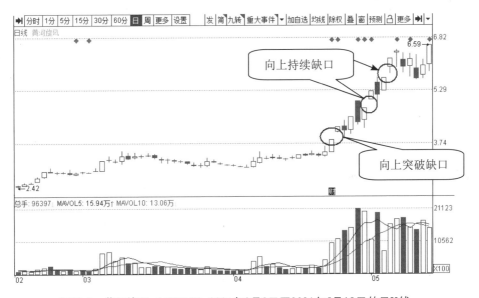

图12.5　黄河旋风（600172）2021年2月8日至2021年5月19日的日K线

（4）衰竭缺口

衰竭缺口常常出现在行情趋势将要结束的末端。在突破缺口和持续缺口均已清晰可辨，同时测量的价格目标已经到达后，很多投资者就开始预期衰竭缺口的降临。在上升趋势的最后阶段，股价往往会随着盲从者的疯狂进入快速拉升行情，但清醒的投资者则开始平仓了结。随着主力的平仓动作，衰竭缺口出现后往往会有一段时间的价格滑落，并伴随着巨大的成交量。当后续的价格低于最后一个缺口时，意味着衰竭缺口形成，后市多方开始回撤。衰竭缺口如图 12.6 所示。

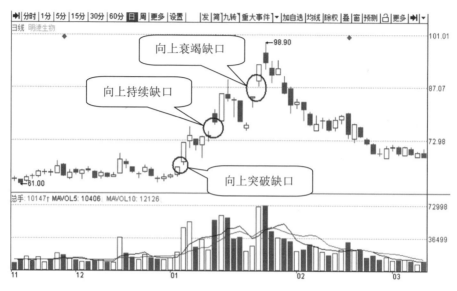

图12.6 明德生物（002932）2020年11月27日至2021年3月8日的日K线

> 提醒：衰竭缺口出现后，价格可能还继续走高，但它预示着价格在最近一段时间内要回撤，最后的疯狂要结束。

当缺口达到 3 个或 3 个以上时，在没有出现价格回撤并对前一缺口进行封闭前，很难知道哪一个缺口是衰竭缺口，只可能从测量目标中获得一点答案，即如果在第二个缺口来临后，价格运动空间没有达到从第一个缺口到这个缺口之间的距离，那么，在此阶段出现的第三个缺口就可能是持续缺口，直到所测量的价格目标达到为止。

12.1.3 缺口的作用和意义

缺口如同多、空双方挖的战壕，争斗双方会在这里对峙一段时间，但一方一旦发力突破并稳住了阵脚，就会乘胜追击，而败者或且战且退，或败如山倒。如果胜利的一方追击过远，则往往会面临严重的补给问题，要么主动后退，要么在前线防御，但防御反而更易被对方攻破。当曾经的胜方退至战壕（缺口）时，往往又会建立据点，严防死守，期望重新夺回阵地。

所以，跳空缺口往往是曾经的胜方回撤时的重要支撑位，一旦被对方突破，这个支撑位就会变成阻力位，使曾经的胜方难以逾越，这就是跳空缺口处为什么常常会出现激烈争夺的原因。可见，一个缺口在成为一方的支撑位时，就必然是另一方的阻力位。

每发生一个缺口，都会使进攻方雀跃，但每回填一个缺口则使退回方恐惧，即缺口是技术分析中极其重要的部位。短期内缺口被封闭，表示原先取胜的一方缺乏后劲，未能继续向前推进，由进攻变成防守，处境不利；长期存在的缺口被封闭，表示价格趋势已经反转，原先主动的一方已变成被动的一方，原先被动的一方则控制了大局。

根据多年实战经验，如果缺口在 3 个交易日内没有被封闭，那么在随后的 13 个交易日内，市场有力量向缺口产生的方向发展。这说明缺口不一定会被立即封闭，即没有被小级别的回调所封闭，但很可能被其后的中级回调封闭；如果仍然没有，则极可能被更远一些的反转大趋势封闭，即涨有多高，跌有多深。

一般说到的缺口是在日 K 线图上的缺口，但缺口更频繁的是出现在分钟 K 线图上，当然，也会出现在周 K 线图和月 K 线图上，只是随着时间的周期越长，缺口就越不易表现出来。但在周期长的 K 线图上一旦出现缺口，其意义就更加重大，也越有利于长期趋势的判断。

有些时候，日内分钟 K 线图上的缺口往往比日间缺口更重要，如 30 分钟或 60 分钟 K 线图中的缺口，因为它们的出现，才带动了日内重要趋势线的突破，形成了重要的价格形态，并造就了中期趋势的持续或反转。所以，投资者对日内分钟 K 线图中的缺口也要重点关注。

📶 提醒：过于频繁出现的缺口，会降低缺口的有效性。

12.1.4 缺口实战中要注意的事项

在利用缺口判断股市行情时，要注意以下 4 个方面，分别是成交量、时间、阶段性和形态。

（1）成交量

普通缺口处往往没有什么成交量；突破缺口处往往会有大成交量；持续缺口处会有适当的成交量；衰竭缺口产生的当天或次日也往往会有大成交量。

（2）时间

普通缺口经常产生，也最易被封闭；衰竭缺口的封闭需要一点时间；持续缺口的封闭会需要更多的时间；突破缺口则往往等到衰竭缺口和持续缺口都被封闭后才会被封闭。

（3）阶段性

突破缺口意味着价格终于突破了整理形态而开始移动；持续缺口是价格快速移动至行情中点的信号；衰竭缺口则是行情趋势将至终点的信号。

（4）形态

普通缺口往往是在整理形态内发生；突破缺口是在要超越形态特定部位时发生；持续缺口是在超越形态特定部位之后、持续拉升的行情中产生；衰竭缺口则是在行情趋势末端出现。

当价格以猛烈的方式向上跳空突破原有盘整区域，并在第 2 个交易日没有回头时，投资者可以建仓，当价格回调到缺口附近没有破缺口，然后又开始震荡攀升时，投资者可以加仓，直至衰竭缺口来临或市场出现回撤迹象时离场。一般来说，在连续出现三个缺口后，投资者就要准备减仓，但在最近一个缺口没有回补之前，中线投资者不适合卖出所有的股票。

在分析缺口时，还要注意缺口的大小。缺口有大有小，越大则说明其中一方占据的优势越大，能量越充足。例如，个股开盘时就以一字形开盘并封死涨停形成的跳空向上缺口，毫无疑问，这个向上跳空缺口背后的多方能量是极其足的；相反，如果仅仅是跳空高开不到几个点，那么说明多方能量虽然占据优势，但并不明显，缺口随时都可能封闭。

> 📶提醒：有些缺口是主力为欺骗中小散户故意制造出来的，对于这一点投资者也要注意。

在分析缺口时，对于个股因送股、转股、配股、分红等原因形成的缺口，要忽略不计，因为这些缺口不是真正意义上的缺口，是由于技术原因带来的缺口，而不是市场博弈过程中出现的缺口；另外，对于新股或新上市的权证等，由于市场机制导致上市后连续涨停，这些缺口也要忽略不计。

> 📶提醒：面对缺口，投资者要学会区别对待，看清楚是什么原因造成的缺口。只有真正的市场博弈形成的缺口才是投资者需要重点关注的，也才是真正有价值的缺口；对于其他因历史遗留问题、计划原因导致的缺口，要忽略不计。

12.2 底部反转阶段缺口的实战分析

股价经过大幅下跌并探明了底部区域后，开始震荡盘升，如果在这个期间产生缺口，一般都为普通缺口，只有最后一个突破重要阻力线（如底部反转形态的颈线）形成的缺口才是突破缺口。

股价在底部反转阶段，常常会出现很多普通缺口，投资者要认真识别，特别是对于看似不起眼的小缺口，千万别粗枝大叶，以免错过可以获利的缺口。即使只有一分钱的跳空缺口，也是一种缺口，并且具有意义，即可以反映多空双方的一些蛛丝马迹。通过小小的缺口，可以揭示深层次的博弈，可以预测其后的行情，即暴风雨或艳阳天。

12.2.1 普通缺口必回补实战分析

在底部反转阶段形成的过程中，不论缺口有多少，投资者都要清楚，缺口最终大多都会回补。

如图12.7所示的是ST德威（300325）2021年1月25日至2021年7月5日的日K线。

图12.7 ST德威（300325）2021年1月25日至2021年7月5日的日K线

在 A 和 B 处，股价在下跌过程中出现向下跳空缺口，首先确认这里是底部区，所以这个向下跳空缺口不是向下突破缺口，而是普通向下跳空缺口，根据缺口要回补的理论，在该次回调后，要抓住反弹行情，即要回补 A 和 B 处缺口。

> 📶提醒：可以根据K线技术及时跟进，最少要看到把A处缺口回补。

由图 12.7 可以看到，股价快速下跌后，开始反弹上涨，回补了 A 和 B 处缺口。股价回补缺口后，再度回调，但没有再创新低，然后又继续震荡盘整。

在 C 处，股价出现一个向上跳空缺口，这里是普通缺口，往往会回补，所以这一波反弹上涨出现长十字线后，就会卖出。

随后股价开始下跌，在 D 处出现向下跳空缺口，这也是普通缺口，也会回补，所以股价企稳后，就可以继续做多，看缺口回补。

同样，在 E 和 F 处也出现跳空缺口，可以根据缺口回补理论，进行短线操作，也会有不错的投资收益。

> 提醒：在底部反转阶段的左边出现向上跳空缺口，基本上是一种普通缺口，这里要回避这次反弹，耐心等待回补缺口。在震荡下行中，出现向下跳空缺口，一般都要考虑把握补缺带来的反弹行情。

12.2.2 除权除息缺口实战分析

因发放股票股利或现增而向下调整股价就是除权，因发放现金股利而向下调整股价就是除息。

如图 12.8 所示的是英飞特（300582）2021 年 2 月 4 日至 2021 年 7 月 5 日的日 K 线。

图12.8 英飞特（300582）2021年2月4日至2021年7月5日的日K线

投资者要注意 A 处的缺口太大，不可能是市场博弈产生的缺口，因为在涨跌停为 20% 的交易规则下，不可能出现这么大缺口，所以这里的缺口可以忽略不计。实际上，A 处的缺口是除权除息缺口，仅仅是技术缺口。

单击该缺口下方的"q"，就可以看到该股的权息资料信息，即可以看到最近几年配股分红的信息，如图 12.9 所示。

图12.9　权息资料信息

单击"财务分析"选项卡，就可以看到该股最近几年的季报、中报、年报的时间及标题信息，如图 12.10 所示。

图12.10　财务分析

除权除息的产生是因为投资者在除权或除息日之前与当天的购买者两者买到的是同一家公司的股票，但是内含的权益不同，这显然相当不公平。因此，必须在除权或除息日当天向下调整股价，成为除权或除息参考价。

（1）除权参考价的计算

当公司发放股票股利时，流通在外的股数增多，但发放股票前后，公司整体价值不变，但股数增多了，所以在除权后，每股价值就会下降，成为除权参考价。

除权参考价＝前 1 交易日该股票收盘价 ÷（1＋配股率）

例如：某上市公司决定在 2021 年 7 月 15 日发放股票股利，每 10 股转增 5 股，这样配股率为 5÷10=0.5 元。7 月 14 日的收盘价为 36 元。那么在 7 月 15 日除权当天的参考价将为 36÷（1+0.5）=24 元。

（2）除息参考价的计算

为使除息前（含现金股利）与除息后所买到的价格一致，公司在发放现金股利时，将股票的价格，按照现金股利，予以同等金额的下降，此为除息参考价。

除息日申报参考价＝前1交易日收盘价－现金股利金额

例如：某上市公司决定在 2021 年 7 月 15 日发放现金股利，每 10 股红利为 12 元，那么现金股利金额为 12÷10=1.2 元。7 月 14 日的收盘价为 36 元。那么在 7 月 15 日除息当天的参考价将为 36－1.2=34.8 元。

（3）既除权又除息的参考价计算

现在很多上市公司在发放股利时，会采取配股加配息的方式。其参考价的计算方法为：

除权又除息参考价＝（前 1 交易日该股票收盘价－现金股利金额）÷（1＋配股率）

下面来计算一下英飞特（300582）2021 年 5 月 14 日（星期五）这一次配股的参考价。英飞特（300582）的收盘价为 17.96 元，配股信息为每 10 股，转增 5 股，红利为 1.19 元。

除权又除息参考价＝（前 1 交易日该股票收盘价－现金股利金额）÷（1＋配股率）＝（17.96－1.19÷10）÷（1+5÷10）＝17.841÷1.5＝11.894 元。

为了更好地查看股票的趋势，需要对股票进行复权。所谓复权就是对股价和成交量进行权息修复，按照股票的实际涨跌绘制股价走势图。复权又分两种，分别是向前复权和向后复权。

（1）向前复权

向前复权，就是保持现有价位不变，将以前的价格缩减，将除权前的 K 线向下平移，使图形吻合，保持股价走势的连续性。在日 K 线图的空白处，单击右键，在弹出菜单中单击"复权／向前复权"命令，这时如图 12.11 所示。

（2）向后复权

向后复权，就是保持先前的价格不变，而将以后的价格增加。

在股市中，除权除息多半被看成偏多，常有所谓除权行情，其实这是股数增多造成的错觉。若要参加除权除息，要选择股本小、产业前景好且获利丰富的公司，采取中长期投资策略，填权的可能性较大，能将参加除权除息的风险降到最低。

图12.11　向前复权

12.3　上涨阶段缺口的实战分析

股价在底部反复盘整后，形成底部反转形态，股价突破底部形成的颈线后，就开始进入上涨阶段，下面来看看该阶段缺口的特点及实战技巧。

12.3.1　上涨阶段缺口的特点

上涨阶段缺口的特点有五项，具体如下：

（1）关注第二个重要缺口

一般情况下，上涨阶段是从底部反转形态的突破缺口开始的，一直到最后衰竭缺口出现作为进入结尾的信号。在突破缺口和衰竭缺口之间必然存在着中续缺口，特别是突破缺口后的第二个重要缺口。所谓重要缺口，就是持续缺口，但不是指在上涨过程中很快回补的普通缺口。

（2）利用周 K 线图识别缺口

对于小的上涨行情，投资者易于把握。但是，对于一波较大的行情，常常出现很多缺口，投资者很难对缺口进行判断，这时可以利用周 K 线图来观察，即利用时间跨度比较长的波动来化繁为简，从而找到大行情中的缺口，通过这些缺口找出一些规律和信号。

（3）重要缺口不会轻易回补

面对上涨阶段的缺口，有一点必须记住，那就是对于这个阶段出现的重要缺口，市场不会轻易回补。毕竟，在上升趋势前面，重要的向上跳空缺口带来的更多是打开阶段性上升空间，是更多的机会，其所蕴涵的风险只有在市场完全转势时才有可能发生。

（4）认清向下跳空缺口的本质

在上涨阶段，多空双方有时候在关键的位置博弈是相当激烈的，或者说多空双方在特定的环境下博弈比较反复，特别是当空方占据一定优势时，向下跳空缺口可能随时产生。此时，投资者要认清其产生的区域以及是否会对大的上升趋势带来质的改变，如果仅仅是震荡洗盘，对大的上升趋势没有威胁，那么，对这样的缺口，更多的是机会，短期回补继续向上的概率很大。

（5）衰竭缺口要在日 K 线图中寻找

上涨阶段的尾声是由于加速后的再加速的反转，这个过程很多时候都意味着时间跨度短，因此，在周 K 线上，衰竭缺口未必能体现出来。鉴于此衰竭缺口常常需要在日 K 线图中寻找，所以在上升阶段的尾声，要学会化简为繁，把重点放在日 K 线图上。

总之，上涨阶段是个重要的环节，对中小散户而言，是个黄金时期，关键在于如何充分把握和利用缺口进行操作。

12.3.2 上涨阶段缺口的实战技巧

图 12.12 所示的是比亚迪（002594）2020 年 6 月 23 日至 2021 年 1 月 4 日的日 K 线。

在 A 处，股价在上涨过程中跳空高开，形成一个向上跳空缺口，根据其后走势可以看出，该缺口在上涨过程被回补，所以这是一个普通缺口。

在 B 处，股价在回调的过程中出现向下跳空缺口，这是一个送钱行情，投资者只要能看懂，应该就可以跟进获利。在 C 和 D 处，都是回调过程中出现向下跳空缺口，也是送钱行情，投资者只要能看懂，应该也可以跟进获利。在 E 处，股价在上涨过程中跳空高开，形成一个向上跳空缺口，根据其后走势可以看出，该缺口在上涨过程中没有被回补，所以这是一个重要的持续缺口。同理，F 处也是一个重要的持续缺口，因为在上涨过程中没有被回补。在 G 处，股价在上涨过程中跳空高开，形成一个向上跳空缺口，根据其后走势可以看出，该缺口在上涨过程被回补，所以这是一个普通缺口。

在 H 处，股价在回调的过程中出现向下跳空缺口，这是一个送钱行情，投资者只要能看懂，应该可以跟进获利。

同理，在 K 处也是一个向下跳空缺口，也是一个送钱行情。

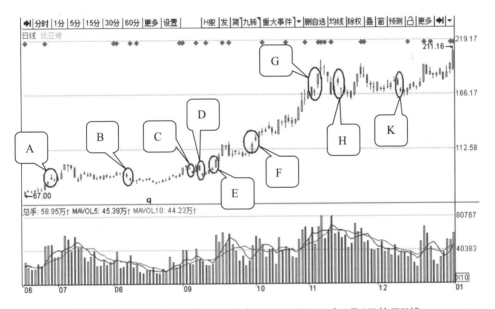

图12.12　比亚迪（002594）2020年6月23日至2021年1月4日的日K线

12.4 顶部反转阶段缺口的实战分析

在股价上涨阶段，缺口无所不在，而且机会异常丰富，总体来说，缺口就是机会。但在顶部反转阶段，出现缺口，则风险大于机会，下面来看看该阶段缺口的特点及实战技巧。

12.4.1 顶部反转阶段缺口的特点

顶部反转阶段缺口的特点有四项，具体如下所述。

（1）要用日 K 线分析顶部反转阶段缺口

顶部反转阶段是大起大落四个阶段中最为短暂的一个阶段，道理也简单，顶部往往都是在疯狂状态下形成的，疯狂状态在市场的具体表现形式就是剧烈快速，所以顶部一般都比较短暂。因此，不能利用大周期来分析顶部，因为大周期中顶部很少出现缺口。

（2）两个重要的缺口

在日K线图中，要重点关注顶部反转阶段中的两个重要缺口，第一是疯狂顶部小形态的向下突破缺口；第二是顶部大形态形成的向下突破缺口，即向下突破顶部形态的颈线缺口。小形态中的缺口告诉投资者形势有些不妙，需要警惕；大形态中的缺口告诉投资者股价开始大幅下跌，前期没有逃的，此时要快逃。这两个缺口都是方向性非常明确的缺口，投资者要特别关注其存在的巨大风险。

（3）普通缺口多看少动

在顶部反转阶段，股价来回反复是难免的，在这个过程中就可能出现缺口，但要记住的是，这些缺口的出现是在顶部小形态的突破缺口与最后大形态确认的突破缺口之间出现的，所以这些缺口投资者最好多看少动，不要进行实战操作，如果是短线高手，可以利用少量资金进行小区域内的操作。

> 📶 提醒：顶部反转阶段的缺口显示的是风险，而不是机会，最好不要参与。

（4）缺口必补

在上涨阶段，积累了大量的向上跳空缺口没有被回补，那么一旦大势走坏，这些上涨阶段形成的缺口就具有相当大的牵引力，一般情况下都会被回补，即当市场异常疯狂或个股异常疯狂时，这个阶段出现的缺口如果短期没有被回补的话，那么中期是必须被回补的。这一点在实战中具有相当重要的实用价值。

顶部反转阶段一旦有形成的雏形，就要看看那些在上涨阶段接近尾声时形成的向上跳空缺口离现在股价有多远，如果还很远，则意味着调整还有相当一段时间；如果比较近，则意味着调整即将结束。

12.4.2 顶部反转阶段缺口的实战技巧

如图12.13所示的是比亚迪（002594）2020年1月4日至2021年5月7日的日K线。

比亚迪（002594）的股价经过长时间、大幅度上涨之后，进入高位震荡区。在A处是一个向上跳空缺口，但很快被回补，所以是一个普通缺口。

在B处是这一波最后一个向上跳空缺口，可以认为是衰竭缺口，缺口也很快被回补。股价在高位震荡之后，在C处出现一个向下跳空缺口，这是一个向下突破跳空缺口，表示股价要开始下跌了。注意C处的缺口短时间内是不会被回补的。

在 D 处，股价又出现一个向下跳空缺口，这是一个普通缺口，很快被回补。但需要注意，在明显的下跌行情中或下跌初期，最好不要抢反弹，因为很容易被套在高位。

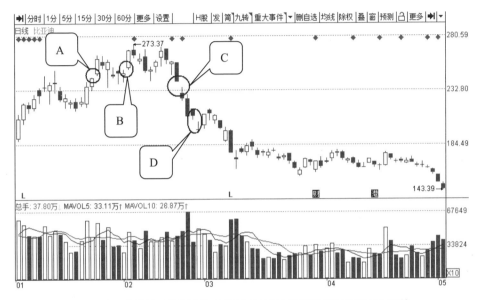

图12.13　比亚迪（002594）2020年1月4日至2021年5月7日的日K线

12.5　下跌阶段缺口的实战分析

　　一旦进入下跌阶段，投资者就会发现原来那些在上涨阶段积累的未回补缺口，一下子就从原来的"低低在下"开始变得"逐渐触手可及"，下面来具体看看下跌阶段缺口的特点、操作原则及实战技巧。

12.5.1　下跌阶段缺口的特点

　　下跌阶段缺口的特点有三项，具体如下：
　　（1）利用周 K 线图识别下跌阶段缺口
　　下跌阶段是一个较为漫长的过程，不可能一步到位，此时可以利用周 K 线进行分析。在整个下跌阶段，投资者要耐得住，不要轻易去抢反弹，只有探明底部后才进行操作。投资者要重点关注关键性的缺口是否已被回补，如果没有被回补，就只能进行短线的快进快出操作。

（2）周线缺口显示下跌容易上涨难

下跌阶段在周K线上的缺口往往会明显少于上涨阶段，尤其是少了一些普通缺口，这样会大大加强对市场走势的准确判断。

（3）周线缺口明思路，日线缺口找战机

通过周K线的视野，可以指导投资者大方向的具体策略，但具体的短期实战策略，必须站在日K线视野上来剖析。日K线图比起周K线图，无疑会复杂得多，但正是因为复杂，才有可能发现一些阶段性的机会。

12.5.2 下跌阶段缺口的操作原则

下跌阶段缺口的操作原则有四点，具体如下：

（1）机会出现在明显向上跳空缺口后

在下跌过程中，一旦出现明显的向上跳空缺口，就意味着短期多方能量达到相对优势，要进行宣泄。而在该过程中，多方能量往往不会很快消失，会有一定的反复，而这正是最好的作战机会。当向上跳空缺口出现后，很容易激发那些伤痕累累的投资者的希望，有希望就有折腾，虽然这最后的结果依然是下跌，但这短暂的折腾对于短线机会而言是足够的。

（2）下跌初期不参与

下跌过程可以细分为三个部分，分别是初期下跌、继续下跌和最后一跌。这三部分往往都会伴随着一定的反弹，道理很简单，多空双方都是在博弈中前行的，有空方就有多方。

初期下跌后对于多方而言，幻想必然是存在的，一旦空方能量阶段性变弱，多方就会抓住机会进行反攻，不过在大趋势面前，最终往往都是回天无力，只能做稍微的挣扎而已，因此，其反弹时间相当短暂，所以在这里参与面临的风险太多。

（3）继续下跌在明显向上跳空缺口参与

继续下跌部分由于空方力量已消耗一部分，市场短期机会就会多一些，在出现明显向上跳空缺口后，投资者可以采取快进快出策略，用优势兵力迅速获取收益，然后套现出局，再耐心等待新的缺口机会。

（4）最后一跌不参与

最后一跌，发生在继续下跌之后，市场进入彻底绝望状态，此时下跌是非理性的，因为有时跌起来不知道要跌到哪里才会止跌，所以投资者在这个过程中最好不要参与。

12.5.3 下跌阶段缺口的实战技巧

如图 12.14 所示的是新希望（000876）2020 年 2 月 1 日至 2021 年 6 月 17 日的日 K 线。

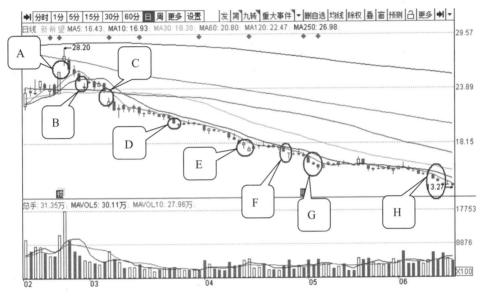

图12.14 新希望（000876）2020年2月1日至2021年6月17日的日K线

新希望（000876）的股价在明显的下跌行情中，出现了反弹，这一波反弹正好反弹到 120 日均线附近，创出 28.20 元反弹高点。

在 A 处，出现一个向上跳空缺口，注意这是下跌行情中的反弹行情，所以抄底多单注意止盈。反弹结束之后，股价就开始下跌，把 A 处的缺口补上，这表明 A 处的缺口是普通缺口。在 B 处，出现一个向下跳空缺口，但很快就反弹补上该缺口，这表明 B 处的缺口也是普通缺口。股价在 30 日均线上方反弹震荡后，然后在 C 处，一个向下跳空缺口跌破 30 日均线，这是一个向下突破缺口，意味着反弹结束，开始新的下跌行情。注意 C 处的缺口短时间是不会被回补的。在 D 处，出现一个向下跳空缺口，但很快就反弹补上该缺口，这表明 D 处的缺口也是普通缺口。

同理，E 和 F 处的缺口，都是普通缺口，很快就被回补。在 G 处，股价连续出现缺口，即有两个缺口，但随后股价出现反弹，回补了缺口，所以 G 处的两个缺口也是普通缺口。

同理，在 H 处，股价也连续出现缺口，即有两个缺口。对于这种缺口，由于股价已处于下跌后期，股价企稳后，投资者可以进场做反弹，但一定要在股价回补缺口后卖出。

第13章

K 线与成交量实战分析

　　成交量是市场人气的温度计，显示着市场中有多少人怀着急不可耐的心情在寻找着买家和卖家。所以，对于价量关系，投资者一定要高度关注，特别是股价大幅上涨后，成交量急剧放大，说明行情快到头了，是一个危险信号。本章首先讲解成交量的基础知识，即成交量的定义、意义和类型；然后讲解成交量与价格同步或背离的关系；接着讲解成交量图形实战分析，即逐渐放量、逐渐缩量、快速放大量、快速出小量和量平的实战分析；最后讲解成交量实战分析的注意事项。

359,464   0.3%
8,632,724   7.7%
59,087   0.1%
13,963,095   12.4%
5,266,055   4.7%
10,323,178   9.2%
5,283,470   4.7%
4,330,582   3.8%
490,555   0.4%
12,036,658   10.7%
121,056   0.1%
4,162,809   3.7%
33,607,969   29.9%
1,987,731   1.8%
1,665,228   1.5%
5,014,932   4.5%
5,255,312   4.7%

13.1 成交量概述

在股市中，有四大要素，分别是量、价、时、空。成交量排在四大要素的第一位，即先有量，后有价。成交量的大小反映了多空双方交战的规模和争夺的激烈程度。通过成交量的分析，可以知道哪些是强庄股，哪些是弱庄股，哪些是无庄股，哪些是当前热门股，哪些是当前无人问津的冷门股。投资者可以根据具体情况，采取合适有效的投资策略，提高收益率。

13.1.1 什么是成交量

成交量就是在一定交易时间内买卖双方所成交的量，其计算单位为股和手，1手等于100股。成交量指标（VOL）可以将单位时间内总成交量用条形实体地直观地表示出来，如图13.1所示。

图13.1　同仁堂（600085）2021年3月25日至2021年7月8日的日K线图和成交量

如果K线是阳线，则其成交量对应的是红柱；如果K线是阴线，则其成交量对应的是绿柱。柱体的长度越高，表示其对应的时间内成交量越大；柱体的长度越低，表示其对应的时间内成交量越小。

在同花顺炒股软件上，成交量是内盘和外盘之和，也就是主动性买盘和主动性卖盘之和。通常投资者所说的大盘成交量，就是指大盘的成交金额，因为人们对 1 个交易日多少股票没有概念，但总的交易金额则能够说明市场的活跃度和入场的资金规模，非常便于投资者理解。

13.1.2 成交量的意义

成交量是股票市场供求关系的表现形式，它的大小表明了买卖双方对某一股票即时价格的认同程度，记录了投资者在不同价位上买卖股票的数量，代表着股票的活跃程度和流通性，并由此透露出市场的人气买卖意愿。

投资者买卖股票，主要取决于股价高低和市场人气，人气越旺盛，则投资者进出场越自由，同时也意味着入场资金越充足，盈利的可能性要大于亏损的可能性。因此，成交量的价值是从市场人气的角度，透露了市场的参与意愿和参与深度。

13.1.3 成交量的类型

从时间上来说，成交量可分为分时成交量、日成交量、周成交量、月成交量、季成交量、年成交量。其中，分时成交量又可分为 1 分钟成交量、5 分钟成交量、15 分钟成交量、30 分钟成交量、60 分钟成交量。这些各不相同的成交量，通过名称就可以识别出它们的不同。例如，日成交量就是 1 日内买卖双方所成交的量；周成交量就是 1 周内买卖双方所成交的量。

从形态上来说，成交量可分为逐渐放量、逐渐缩量、快速放大量、快速出小量和量平。这些各不相同的成交量，通过名称就可以识别出它们的不同。例如，逐渐放量就是随着时间的推移成交量呈现越来越大的态势；逐渐缩量就是随着时间的推移成交量呈现越来越小的态势。

13.2 量价关系

量价关系是指成交量与价格同步或背离的关系，同步为正相关关系；背离为负相关关系，它们充分反映出多、空双方对市场的认可程度。

一般来说，多方会买进股票，空方会卖出股票。当多、空双方的意见分歧增大时，看多的会大量买进，看空的则会大量卖出，股票的成交量自然就会增大，这种成交剧烈的情况，往往会导致股价波动幅度增大；相反，当多、空双方的意见分歧变小，即当投资者一致看空或看多时，会形成一致性的买入或卖出行为，导致成交量萎缩，使股价呈现一边倒的态势，这就是单边市场。量价关系在市场中有两种观点，如图 13.2 所示。

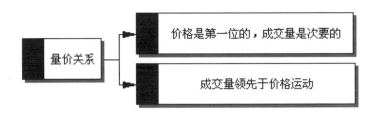

图13.2　量价关系

（1）价格是第一位的，成交量是次要的

投资者买卖股票的原因是股票的高低程度而不是成交量，价格是因，而成交量是果，成交量是次要的。这种观点是正确的，但在分析股价时，再加上成交量的辅助判断，则预测成功率会更高。

（2）成交量领先于价格运动

当股价将要发生变化前，投资者买卖股票的数量会预示一些股价变动的趋势和规律，即成交量可以判断市场上的买气与卖压，成交量大是买气和卖压都很大的表现，后市早晚会发生与原趋势不同的变化，具体表现为在股价上涨运动中，当成交量增加时，价格会上涨；当成交量减少时，价格会掉下来，因为没有量的价格没有意义。

事实上，有实战经验的投资者都知道，大成交量只是多、空双方意见分歧增大的表现，跟股价是否涨跌没有必然的联系。但是，在股价运动过程中，从无量到有量，再到大量，本身透露了多、空双方意见分歧正在加大的事实，股价运动趋势发生反转就是必然的结果。

13.3　成交量图形实战分析

成交量图形共有 5 种，分别是逐渐放量、逐渐缩量、快速放大量、快速出小量和量平，下面来具体讲解各种成交量图形的形状、特征、技术含义及实战分析。

13.3.1　逐渐放量和逐渐缩量

逐渐放量的特征是：虽然有时会出现忽大忽小的成交量，但是成交量总体呈上升态势。逐渐放量的图形如图 13.3 所示。

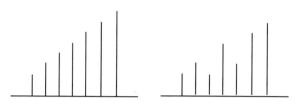

图13.3 逐渐放量

逐渐放量意味着买进的量越来越大的同时，卖出的量也相应越来越大，所以投资者不能简单地理解为增量资金在源源不断地注入，后市可看高一线。其实，与此同时，也有相同的存量资金在不断地退出，后市究竟如何还是个变数。所以投资者应该把成交量的变化和股价的位置结合起来分析与研究，这样才能对行情的演变作出较为正确的判断。

逐渐缩量的特征是：虽然有时会出现忽大忽小的成交量，但是成交量总体呈下降态势。逐渐缩量的图形如图 13.4 所示。

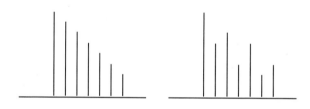

图13.4 逐渐缩量

逐渐缩量意味着买进的量越来越小的同时，卖出的量也相应越来越小。但投资者不能简单地理解为股市资金在源源不断地减少，后市看淡。股价在不同的位置，引起成交量减少的原因也是不同的，投资者一定要认真分析，从而对行情的演变作出较为正确的判断。

13.3.2 逐渐放量和逐渐缩量实战分析

如图 13.5 所示的是士兰微（600460）2016 年 12 月 26 日到 2017 年 9 月 15 日的日 K 线图和成交量。

士兰微（600460）经过大幅下跌后，创出股价新低 5.56 元，然后从底部开始震荡上升。在涨势初期，股价震荡上升时是逐渐放量的，但放量不大，而下跌或横向整理时是逐渐缩量的。原因是虽然行情开始止跌回升，但无奈长期下跌已导致市场心态不稳，股价上升时敢于追涨的散户不多，只有主力在震荡上升中吃进少量筹码，所以逐渐放量，但放量不大。在涨势初期，主力往往要利用少量资金进行试盘，即股价小幅上升，但主力为了吃到更低、更便宜的筹码，就利用手中少量的筹码向下砸盘，即股价快速回调，但回调幅度不大，因为如果打压幅度太大，打出去的筹码就"肉包子打狗"，即很可能无法再买回。面对这种局势，投资者采取的对策，只能是看多但不做多，只用少量资金参与。

图13.5　涨势初期区域

📶提醒：一般情况下，上涨初期是指从股价的低点回升后的5%~20%范围之内，低于5%只能视为小幅波动，参考意义不大；上涨途中是指股价涨幅在30%~50%范围之内；涨势后期是指股价涨幅超过70%以上，有的可能高达100%及以上。

按下键盘上的"→"键，向右移动 K 线图，就可以看到士兰微（600460）上涨途中的日 K 线图和成交量，如图 13.6 所示。

在上涨初期，主力已吃进不少筹码，然后开始拉升上涨，即在上涨途中。在这个阶段，也是上涨时逐渐放量，下跌时逐渐缩量，原因是主力完成原始仓位的建立后，为了今后能更轻松自如地控盘，还需要继续吃进筹码，以充当第二梯队。另外，这时市场人气转旺，散户也开始大量买进，筹码供不应求。面对这种局势，投资者应该采取的对策是及时逢低买入并持股待涨。

图13.6　士兰微（600460）上涨途中的日K线图和成交量

有些主力在底部建仓时间很长，震荡幅度很小，而在上涨途中的前段进行放量再吃进，如图 13.7 所示的是海王生物（000078）的日 K 线和成交量。

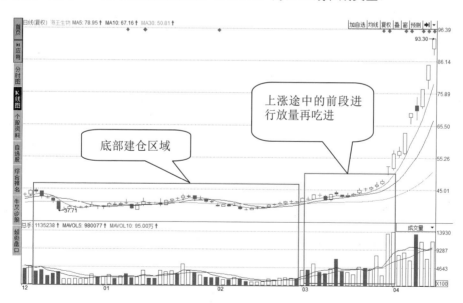

图13.7　海王生物（000078）的日K线和成交量

在涨势后期的前段时间，有些股票是上涨时逐渐放量，下跌时逐渐缩量，目的是为了迷惑散户或鼓励散户，主力还会少量吃进，进行高抛低吸，即通过不断的洗盘、震仓，甚至波段套利，最后将股价推升到出货的目标价格，如图 13.8 所示。

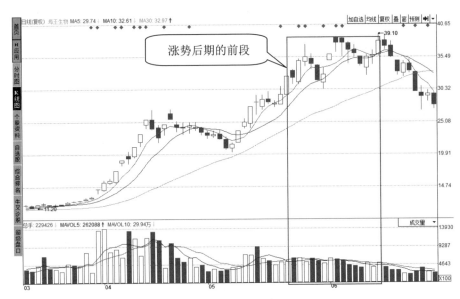

图13.8　海王生物（000078）的涨势后期的前段操作

　　在涨势后期，有些股票是上涨时逐渐缩量，下跌时放量，原因是主力通过拉高来出货，即在拉高出货之前，主力锁定了筹码，具有筹码的散户也看涨，这就造成上涨时逐渐缩量，但最后一根 K 线则是拉高出货，即主力开始派发手中的筹码，促使股价快速下跌而放量。四川长虹（600839）的涨势后期就是这种走势，如图 13.9 所示。

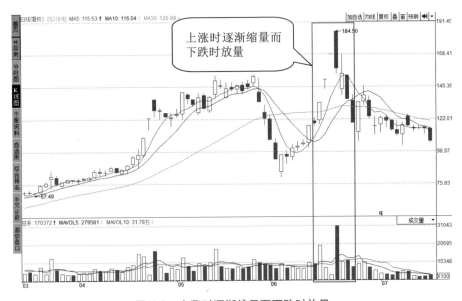

图13.9　上涨时逐渐缩量而下跌时放量

提醒：在股市中有句俗话"放量上涨，有望继续上升"，这句话是不全面的，在股票上涨初期或上升途中是适用的，但在上涨后期这句话是危险的。

在下跌初期，有些股票是逐渐放量的，其原因是主力已在高位出逃，但还没有出完手中的筹码，但这时行情转弱，一些对市场敏感的投资者见情况不妙，也开始加入出货行列，即纷纷斩仓出局。长春经开（600215）的下跌初期就是这种走势，如图 13.10 所示。

图13.10　下跌初期逐渐放量

提醒：一般情况下，下跌初期是指股价从高点回落到5%~15%范围之内，低于5%只能视为小幅波动，参考意义不大。下跌途中，分两种情形，强势股一般跌幅在25%~35%范围之内，冷门股一般跌幅在40%~50%范围之内。跌势后期，也分两种情况，强势股跌幅超过50%就应视为跌势后期，而冷门股跌幅超过70%或以上才可视为跌势后期。

在下跌初期，有些股票是逐渐缩量的，原因是主力在拉升过程中，边拉升边派发手中的筹码，为了把手中剩余不多的筹码卖个好价钱，主力采取小单缓跌出货的方式，同时，股价刚下跌，散户还看不清方向，抛盘也不重，从而导致逐渐缩量。民生银行（600016）的下跌初期就是这种走势，如图 13.11 所示。

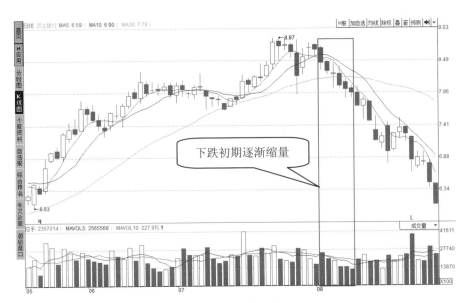

图13.11　下跌初期逐渐缩量

在下跌途中，有些股票是逐渐放量的，其原因是越来越多的投资者开始看淡后市，加入空方队伍。浙江广厦（600052）的下跌途中就是这种走势，如图 13.12 所示。

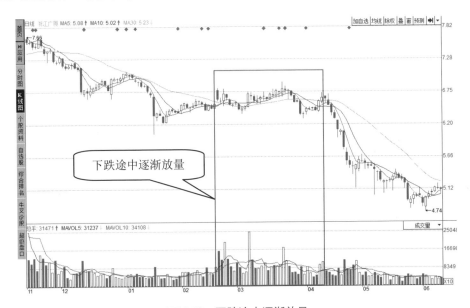

图13.12　下跌途中逐渐放量

在下跌途中，有些股票是逐渐缩量的，其原因是股价已处于下跌趋势中，主力和大部分散户都采取谨慎观望态度，只有一些"散兵游勇"在搞零星的抢反弹，所以就连绵缩量下跌。华东电脑（600850）的下跌途中就是这种走势，如图 13.13 所示。

图13.13　下跌途中逐渐缩量

在下跌后期的前段，股票是逐渐放量的，而在下跌后期的后段，是逐渐缩量的，其原因是一些被深套的投资者因忍受不了长期套牢的折磨，开始"割肉"出逃，此时主力为了捡得廉价筹码，一边利用手中的股票向下砸，引发套牢盘恐慌杀跌，一边又在低位承接了大量抛盘。民生银行（600016）的下跌后期的 K 线图和成交量如图 13.14 所示。

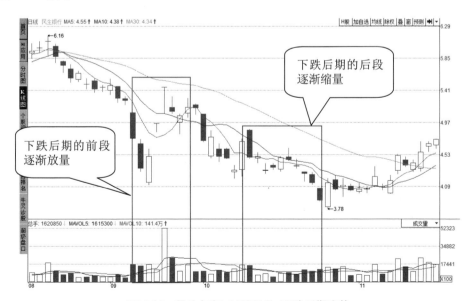

图13.14　民生银行（600016）下跌后期走势

> 提醒：顶部放量，是绝对危险信号；底部不放量，难言底。

13.3.3 快速放大量实战分析

快速放大量的特征很明显，就是在连续出现较小量后，突然出现了很大的成交量，即多空换手积极，在此展开了一场殊死搏杀。快速放大量的图形如图 13.15 所示。

图13.15　快速放大量

下面通过具体实例进一步讲解。

在涨势初期出现快速放大量，原因有两种：第一，突发性利好消息为市场某些人获悉，从而进场大量抢购筹码。第二，主力在低位吸足筹码，即建仓完毕，为了使股价迅速脱离他们的建仓成本区，采取了快速放量拉升的动作。无论哪一种情况，投资者都应顺势而为，果断建仓。

民生银行（600016）在涨势初期就出现快速放大量情况，如图 13.16 所示。

图13.16　涨势初期出现快速放大量

在上涨途中出现快速放大量，其原因很可能是股票在上攻到某一关键阻力位时，多空双方分歧加剧，看淡后市的人纷纷出货，看好后市的人蜂拥而入，因而快速放大量。这时，买卖双方搏杀十分激烈，哪方获胜，一时难料。不过根据多年的经验，在上涨途中，特别是底部扎实的个股出现这种情况，不出意外，多方主力会继续向上推进，即向上突破的可能性很大。投资者面对这种情况，可以密切关注盘面变化，如日后重心上移，就可适量吃进，继续做多。

民生银行（600016）在上涨途中就出现快速放大量情况，如图 13.17 所示。

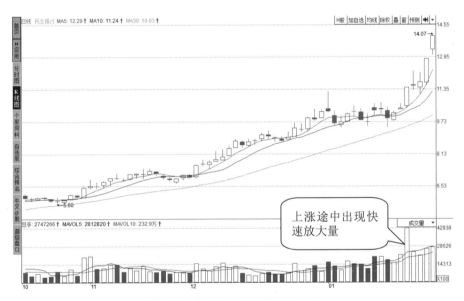

图13.17　上涨途中出现快速放大量

在上涨后期出现快速放大量，其原因是股票连续大幅上涨后，再加利好消息不断，媒体和股评的渲染，诱使市场上一些踏空者或刚入市不久的新股民冒险追高买入，这时主力就开始派发手中的筹码。因此，一些炒股高手一再指出，高位快速放大量，无论是拉大阳线还是大阴线，对多方来说，都是相当危险的信号。投资者面对这种情况，可以果断清仓或卖出手中大部分仓位，以后的几个交易日如发现股价掉头向下，就毫不犹豫地斩仓出局。

恒顺醋业（600305）在上涨后期就出现快速放大量现象，如图 13.18 所示。

📶 提醒：上涨后期快速放量或放大量，是相当危险的信号。

在下跌初期出现快速放大量，其原因是主力出货坚决，只要盘口出现买盘就毫不手软地坚决砸掉，市场上已形成一股较大的做空力量。投资者面对这种情形，应全线抛空，及时斩仓出局。

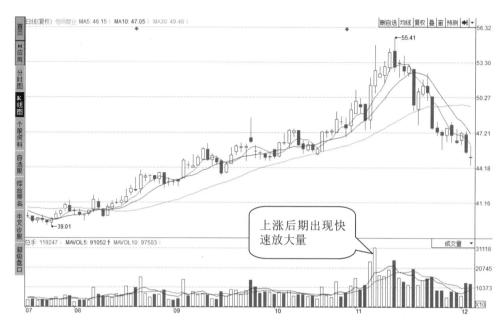

图13.18　上涨后期出现快速放大量

上海梅林（600073）在下跌初期就出现快速放大量情况，如图 13.19 所示。

图13.19　下跌初期出现快速放大量

在下跌途中出现快速放大量，其原因有两种：第一，主力第一次出货没有出完，现利用股价下跌趋缓，场中有人接盘时，再次集中出货所致。第二，有相当多的投资者，包括中长线买家在此时已看清后市，在大量抛售筹码。不管是哪种情况，都说明市场做空能量还很大，投资者应继续做空，退出观望。如果某些投资者还有筹码，应果断"割肉"出局，否则会一路深套下去；持币者要保持冷静，切不可轻举妄动，去做逢低吸纳的傻事。

博信股份（600083）在下跌途中就出现快速放大量情况，如图 13.20 所示。

图13.20　下跌途中出现快速放大量

在下跌后期出现快速放大量，原因是当股票经过连续大幅下跌后，股价已跌得"面目全非"，市场主力感到做多时机已到，但苦于短时期内在低位难以收到足够的廉价筹码，就借利空消息或先以向下破位的方式，制造市场恐怖情绪，让一些长期深套者觉得极端失望后，向外大量出逃，这样主力就可以乘机把投资者低位"割肉"的筹码照单全收，这就是下跌后期快速放大量的原因。面对这种情况，可以随主力试着做多，适低吸纳，分批建仓。持股者此时一定要清楚，切不可再轻易抛出筹码。

弘业股份（600128）在下跌后期就出现快速放大量情况，如图 13.21 所示。

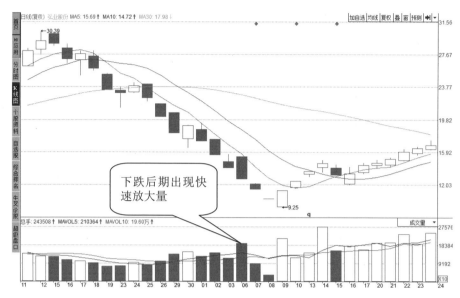

图13.21　下跌后期出现快速放大量

13.3.4　快速出小量实战分析

快速出小量的特征是：在连续出现较大量之后，突然出现很小的成交量。快速出小量的图形如图 13.22 所示。

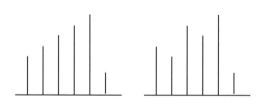

图13.22　快速出小量

快速出小量意味着买进数量突然缩小的同时，卖出的量也相应突然缩小，所以，投资者不能简单地判断市场上是做空力量强，还是做多力量强，而应根据具体情况进行分析。下面通过实例来进行讲解。

在涨势初期出现快速出小量，原因有两种：第一，股价见底后，前面下跌过程中建仓的主力，在震荡上行时成交量逐渐放大，但由于参与这次上攻的短线客太多，还有前期套牢盘的涌出，主力感到有必要对盘子进行一次清洗，蓄势后再继续上攻，这时主力突然停止做多，盘面上就出现成交量急剧减少的现象。第二，由于突发事件，主力突然放弃做多，这时成交量也会立即减少，虽然这种情况很少见，但也要注意。无论哪一种情况，投资者都要暂时不做多，等股价回落并冲过上一轮高点后再做多。

中科曙光（603019）在涨势初期就出现快速出小量现象，如图 13.23 所示。

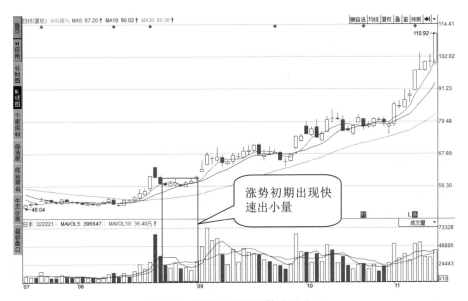

图13.23　涨势初期出现快速出小量

在上涨途中出现快速出小量，原因有两种：第一，股票有一段升幅后，获利筹码逐渐多了起来，多空双方出现了分歧。主力为了减轻日后上升压力，往往会进行短线震荡洗盘，但回调力度不大，又被快速拉起，这个过程中持筹者不愿意在此价位抛售，就形成了成交量减少的局面。第二，由于突发事件，主力突然放弃做多，这时成交量也会立即减少，虽然这种情况很少见，但也要注意。无论哪一种情况，投资者都要暂时不做多，等股价回落并冲过上一轮高点后再做多。

中科曙光（603019）在上涨途中就出现快速出小量现象，如图 13.24 所示。

在上涨后期出现快速出小量，原因是股价连续大幅上涨后，主力通过边拉升边撤退的方法抛出了大量筹码。当主力胜利大逃亡后，自然不会再拉升股价，但由于惯性作用，股价仍有继续上冲动力。所以盘面上有时会出现成交量大幅减少，但股价仍继续上涨的现象，但由于主力已撤退，这种现象维持不了几天。一旦等市场参与者醒悟过来，行情很快就会逆转，投资者见到这种情况，要果断清仓出局。

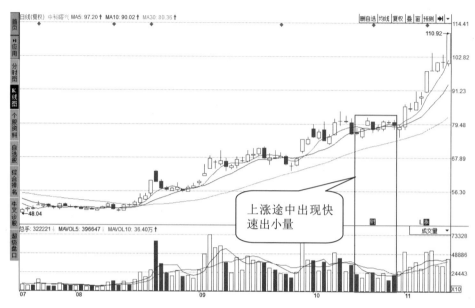

图13.24 上涨途中出现快速出小量

华能国际（600010）在上涨后期就出现快速出小量现象，如图 13.25 所示。

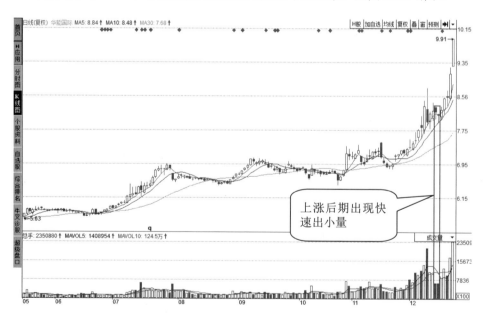

图13.25 上涨后期出现快速出小量

在下跌初期出现快速出小量，原因是主力在上涨后期边拉升边出货，到股价转跌时，已无货可发，而一般散户见股价回落，都会产生一种强烈的惜售心理，这样在下跌初期，只有一些非主力机构或散大户在抛售，开始下跌时还会出现较大的量，但紧接着成交量就会急剧减少。对于没有主力，只有散户撑着的行情走势，日后大多会走向漫漫阴跌之路。对于这种情况，投资者应果断出货，及早撤退，如果这时举棋不定，则拖的时间越长损失越大。根据操作经验看，在跌势初期出现快速出小量，一般日后下跌空间将会很大，而要想行情再次启动，也要一个漫长时间寻底后才能出现，投资者一定要清楚认识。

航天晨光（600501）在下跌初期就出现快速出小量现象，如图 13.26 所示。

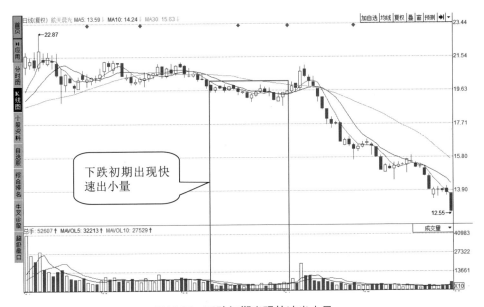

图13.26　下跌初期出现快速出小量

在下跌途中出现快速出小量，原因是股价经过一段时间下跌后，跌势开始趋缓，此时有一部分投资者认为行情已经着底，开始进货，但这时参与炒作的都是短线客，主力和中长线买家并没有进场，而这些短线客没有能力拉高股价，当股价上不去时，无法再吸引新的资金入场，并且前面进入的短线客也开始出货，这时成交量就会略有放大，但很快成交量又会萎缩下来，即快速出小量。面对这种情况，投资者不抄底，不抢反弹。

湖南天雁（600698）在下跌途中就出现快速出小量现象，如图 13.27 所示。

在下跌后期出现快速出小量，原因是股价经过长期大幅下跌后出现快速出小量，说明市场做空能量也大大释放。从股价最后下跌先放量后快速缩量来看，此时看空、做空的投资已很少，该出局的基本上都走了，所以空方打压就成强弩之末。面对这种情况，投资者应转空头为多头，做好充分准备，可以分批建仓。

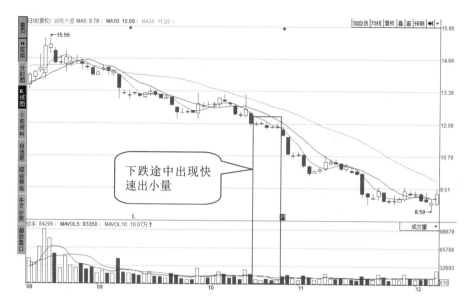

图13.27　下跌途中出现快速出小量

物产中大（600704）在下跌后期就出现快速出小量现象，如图 13.28 所示。

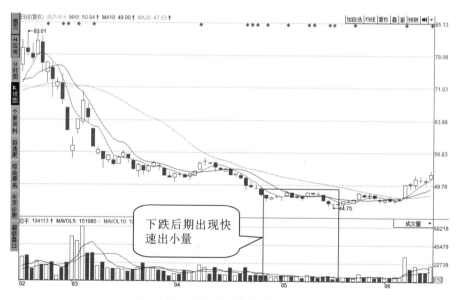

图13.28　下跌后期出现快速出小量

13.3.5 量平实战分析

量平的特征是虽然有时会出现忽大忽小的成交量，但是总体呈基本相同态势。

量平根据某一时间段成交量的大小，可分成量小平、量中平和量大平。量平的图形
如图 13.29 所示。

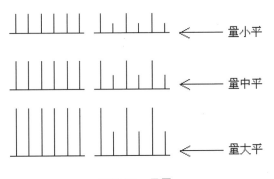

图13.29　量平

　　量平不能认为风平浪静，其实，多空双方始终在相互交战。下面通过实例来讲
解量平的形成原因及应采取的对策。

　　在涨势初期出现量大平，原因是多方主力采取稳扎稳打的策略，虽然上攻时动
用了很多"兵力"，但在一段时间内投入的"兵力"基本相同。主力步步为营推高
股价，这在盘面就出现量大平现象，主力在涨势初期就投入这么多"兵力"，绝对
是个实力超强的主力，不出意外，日后股价会有很大一段涨幅。面对这种情况，投
资者应采取重仓出击策略，跟着主力做多。

　　天汽模（002510）在涨势初期就出现量大平现象，如图 13.30 所示。

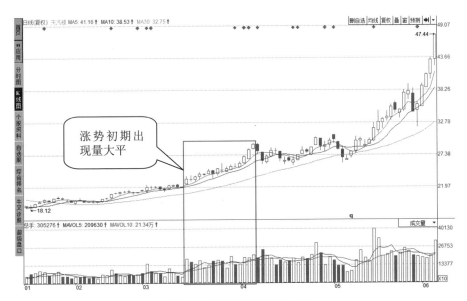

涨势初期出
现量大平

图13.30　涨势初期出现量大平

　　在上涨途中出现量小平、量中平，原因是当股价经过一段时间上升后，主力感到上升阻力越来越大，就无意再把股价做上去，但又不想让股价深幅回落，让做空者有机可乘，因而采取了一种不温不火的作战方式，和空方打起了太极，以此慢慢消化上档浮筹，以达到用时间来换取上升空间的目的。这时，盘面就会出现量小平、量中平现象。但投资者一定要注意，如果出现量大平，就要提高警惕，谨防主力连续用量大平出货。如果是量小平，说明主力很强，可以持股做多；如果是量中平，要谨慎做多；如果是量大平，可以退出观望，当放量冲过前期高点再进入。

　　汇川技术（300124）在上涨途中就出现量中平现象，如图 13.31 所示。

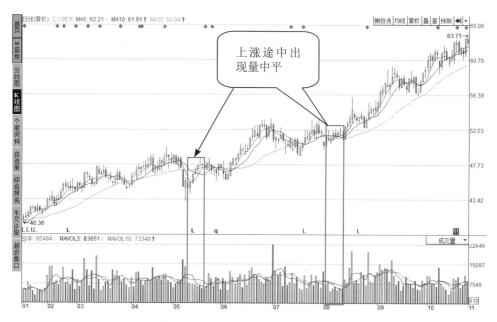

图13.31　上涨途中出现量中平

　　在上涨后期出现量中平、量大平，原因是股价连续大幅上涨后，主力需要通过出货将利润放入口袋，这时他们常常趁别人看好股票时不断向外发货，反映在盘面上就是量中平、量大平的现象。面对这种情况，投资者要高度注意，盯住 K 线，一旦出现见顶信号，就要果断减仓或清仓出局。如果是量小平，投资者可以再持股一段时间，因为主力一时是出不完货的。

　　恒顺醋业（600305）在上涨后期就出现量大平的现象，如图 13.32 所示。

　　在下跌初期出现量平，原因是主力如果边拉边出货，货出的差不多了，则在下跌初期出现量小平；如果主力接近目标位后再大量出货，则会出现量大平、量中平，但无论哪种情况，投资者都要全线做空，及时停损离场。

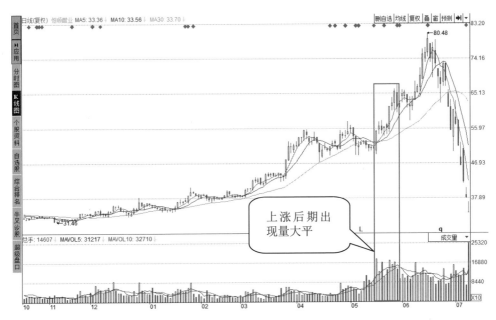

图13.32　上涨后期出现量大平

曙光股份（600303）在下跌初期就出现量小平的现象，如图 13.33 所示。

图13.33　下跌初期出现量小平

在下跌途中出现量小平、量中平，原因是股价经过一段时间下跌后，下跌趋势已明显，持股者中每日总有一批人醒悟过来，尽管很不情愿，但也只得咬牙抛出一部分筹码或全部。从概率上讲，这种情况虽然时间上先后不一，但每日的成交量大致相同。只要没有突发性的利好或利空消息，这种平静而又趋弱的走势就会继续下去。面对这种情况，投资者还是早点儿离场为好。

商业城（600306）在下跌途中就出现量小平的现象，如图 13.34 所示。

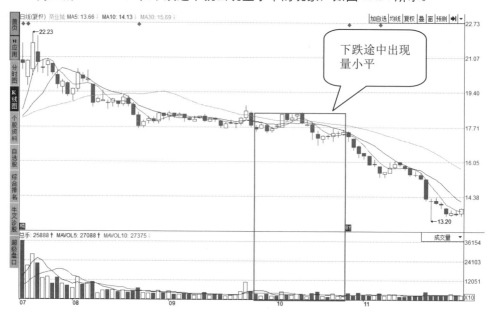

图13.34　下跌途中出现量小平

在下跌后期出现量小平，原因是当股票经过连续大幅下跌后，股价已跌得面目全非，市场中的大多数人已经麻木不仁，这种零零星星的抛盘和买盘，很容易造成量小平现象。面对这种情况，投资者不宜再看空，而是做好准备，盯住 K 线图，见到见底信号，可以分批建仓。

盘江股份（600395）在下跌后期就出现量小平的现象，如图 13.35 所示。

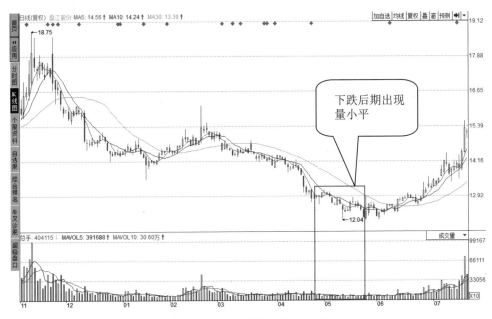

图13.35 下跌后期出现量小平

13.4 成交量实战分析的注意事项

成交量往往会被主力做假，但主力只能让成交增量，不能让成交缩量，所以成交量萎缩是自然成交的结果，是真实的。放量时，投资者要站在主力的角度去思考，为什么要放量，主力真正的意图是什么？

（1）放量打压股价以建仓或震仓

在大盘走势不好的时候，或者有利空消息出现的时候，主力常常会通过对敲手段制造放量下跌的股价走势，迫使投资者恐慌性低价筹码抛出，以达到低价建仓或震仓的目的。

（2）放量拉升股价以减仓或出货

在大盘走势好或者有利好消息出台时，主力常常会通过对敲手段制造放量上涨的股价走势，引诱投资者追高，以达到高价出货的目的。

（3）逆市放量以引诱市场跟风或暗中建仓

当大盘走势不好时，常常是满盘皆绿，而部分个股此时则会逆市走强，显示自己强庄股的风范，吸引跟风者介入。当然，个股逆市走强有时却是因为主力在逆市吸筹。这两者的区别在于前者价格处于高位，后者价格处于低位。

第 14 章

K 线与均线实战分析

股票市场的波动性很大，有时让人摸不着头脑，但均线可以平滑地处理这种波动问题，使价格过于随意的波动幅度减小。均线技术是最基本的分析技术，在股票、基金、外汇、期货等证券市场得到广泛的应用，甚至可以说是行情的一部分。均线是股价的生命线，是对交易成本的最直观反映。本章首先讲解均线的基础知识，即均线的定义、类型、特性及设置；其次讲解利用均线和 K 线买入实战分析；再次讲解利用均线和 K 线卖出实战分析；最后讲解葛兰碧的均线买卖八法则。

14.1 均线概述

在炒股实战中，均线占有相当重要的地位。那么均线究竟是什么呢？其实均线是一条弯曲的趋势线，是用来追踪趋势的，目的在于识别和显示旧趋势已经终结或反转、新趋势正在诞生。

14.1.1 均线的定义

均线是美国投资专家格兰维尔创建的，由道氏股价分析理论的"三种趋势说"演变而来，将道氏理论具体地加以数字化，从数字的变动中去预测股价未来短期、中期和长期的变动趋势，为投资决策提供依据。

均线是指一定交易时间内的算术平均线。下面以5日均线为例来说明一下。将5日内的收盘价逐日相加，然后除以5，就可以得出5日的平均值，再将这些平均值依先后次序连接成一条线，这条线就叫5日移动平均线，其他平均线算法依此类推。均线图形如图14.1所示。

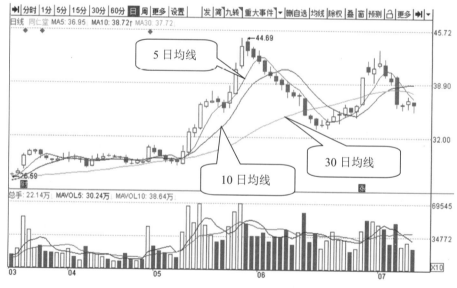

图14.1 同仁堂（600085）2021年2月3日至2021年7月9日的日K线图和均线

14.1.2 均线的类型

均线按时间长短可分为三类，分别是短期均线、中期均线和长期均线。

（1）短期均线

在各类短期均线中，比较常用的有 3 日、5 日、10 日、20 日和 30 日均线，下面分别进行讲解。

3 日均线：一般是炒股软件中最短时间周期的均线，由于时间短，波动非常敏感，不能很好地起到价格平滑作用。该均线对于超短线操作者来说是比较有用的。

5 日均线：是默认的均线，即 1 周交易日的平均价格，这是因为 1 周只有 5 个交易日。因为在实际生活中，人们常常用周作为时间单位，所以 5 日均线是短线判断者的依据，只要股价不跌破 5 日均线，就说明股价处于极强势状态。

10 日均线：又称半月线，是连续两周交易的平均价格，是考察股价在半个月内走势变化的重要参考线。相对于 10 日移动平均线而言，5 日移动平均线起伏较大，特别是在震荡时期，买卖的信号很难把握，所以很多短线投资者常以 10 日移动平均线作为进出的依据。只要股价不跌破 10 日均线，就说明股价处于强势状态。

20 日均线：又称月线，标志着股价在过去 1 个月的平均交易价格达到了怎样的水平。在这 1 个月中，市场交易者是处于获利状态还是被套状态。20 日均线是考虑股价短期走势向中期走势演变的中继线。

30 日均线：具有特殊的重要性，它是股价短期均线和中期均线的分界线，日常使用频率非常高，常被用来与其他均线组合使用。30 日均线是短线主力的护盘线，这意味着股价突破 30 日均线，是市场短线主力进场的表现，只要不跌破 30 日均线，表明短线主力仍在其中。

> 📶 提醒：有些短线主力会使用25日均线或34日均线作为短期的护盘线。

（2）中期均线

在各类中期均线中，比较常用的有 45 日、60 日、90 日均线，下面分别进行讲解。

45 日均线：1 个月的交易时间是 22 天，那么 45 天均线基本上是两个月线，该均线是一条承接短期均线和中期均线的中继线，对于研判股价的中期行情，常常起到先知先觉的作用。

60 日均线：是 3 个月的市场平均交易价格，也被称为季度线。这是一条比较常用也是比较标准的中期均线，对于判断股价的中期走势有着重要的作用。

90 日均线：是中期均线和长期均线的分界线，其特点是走势平滑、有规律，可作为判断中期运行趋势的重要依据。90 日均线常被主力相中，作为其中期护盘线。这意味着股价突破 90 日均线，是市场中线主力进场的信号，只要不跌破 90 日均线，表明中线主力仍在其中。

> 📶 提醒：有些中线主力会使用75日均线或100日均线作为中期的护盘线。

（3）长期均线

在各类长期均线中，比较常用的有 120 日、250 日均线，下面分别进行讲解。

120 日均线：又称半年线，其使用频率在长期均线组合中较高，利用该均线可以观察股价的长期走势。一般来说，在下降趋势中，它是年线的最后一道"护身符"；而在上升趋势中，它又是年线的前一个"挡箭牌"。半年线被股价突破的市场震撼力比较大，它意味着将进入长期上升趋势或长期下降趋势。

250 日均线：又称年线，是股价运行一年后市场平均交易价格的反映，它是股市长期走势的生命线，也是"牛熊分界线"，是判断牛市是否形成或熊市是否来临的主要依据。250 日均线常被主力相中，作为其长期护盘线。这意味着股价突破 250 日均线，是市场长线主力进场的信号，只要不跌破 250 日均线，表明长线主力仍在其中。

> 📶提醒：有些长线主力会使用225日均线或255日均线作为长期的护盘线。

14.1.3 均线的特性

均线可以反映真实的股价变动趋势，即通常所说的上升趋势、下降趋势。借助各种移动平均线的排列关系，可以预测股票的中长期趋势，同时再灵活应用K线技术，就可以实现低买高卖，从而获得较高的收益。

在使用移动平均线时，还要注意平均股价与实际股价在时间上有所超前或滞后，很难利用移动平均线把握股价的最高点和最低点。另外，股价在盘整时期，移动平均线买卖信号过于频繁。

在使用均线分析股票时，要注意均线的 5 个特性，如图 14.2 所示。

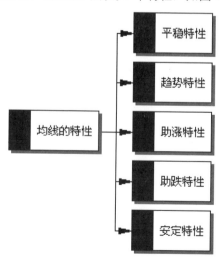

图14.2　均线的特性

（1）平稳特性

由于均线采用的是"平均"股价，所以它不会像日K线图那样忽高忽低地震荡，而是起落平稳。

（2）趋势特性

均线反映了股价的变动趋势，所以具有趋势特性。

（3）助涨特性

在多头市场中，均线向一个方向移动，持续一段时间后才能改变方向，所以在股价的上涨趋势中，均线可以看成多方的防线，具有助涨特性。

（4）助跌特性

与助涨特性相反，在股价的下跌趋势中，均线可以看成空方的防线，具有助跌特性。

（5）安定特性

通常越长期的均线，越能表现出安定特性，即股价涨势必须真正明确后，移动平均线才会往上走；股价下落之初，移动平均线还是向上走的，只有股价下落显著时，移动平均线才会向下走。

14.1.4 均线的设置

在同花顺炒股软件中，均线默认是显示的，如图14.3所示。

图14.3　上证指数（000001）2021年2月3日至2021年7月9日的日K线和均线

（1）删除和添加均线

鼠标指向均线，然后单击右键，在弹出菜单中单击"删除均线"命令，就可以删除均线，如图 14.4 所示。

图14.4 删除均线

均线被删除后，如果再想添加均线怎么办？在 K 线图的空白处，单击右键，在弹出菜单中单击"常用线型和指标 / 均线"命令，就可以重新显示均线。

> 提醒：按下键盘上的"Tab"键，可以实现均线的显示和隐藏。

（2）设置不同日期的均线及个数

一般情况下，只显示 5 日、10 日和 30 日均线，其实可以随意设置不同日期的均线和个数。

鼠标指向均线，然后点击右键，在弹出菜单中点击"修改指标参数"命令，弹出"技术指标参数设置"对话框，如图 14.5 所示。

图14.5 技术指标参数设置对话框

在这里可以看到，最多可以显示 8 条均线。要显示多少日的均线，可以任意设置。例如设置显示 6 条均线，分别是 5 日、10 日、30 日、60 日、120 日和 250 日均线，设置好后，单击"确定"按钮，如图 14.6 所示。

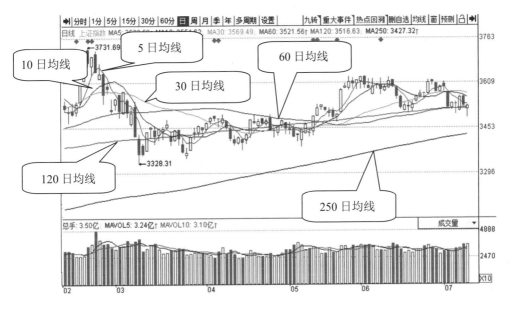

图14.6　显示6条均线

14.2　利用均线和K线买入实战分析

均线在实战炒股中应用相当广泛，下面来讲解如何利用均线和 K 线来买进股票。

注意，直线"———"表示短期移动平均线；虚线"------"表示中期移动平均线；点线"·········"表示长期移动平均线。

14.2.1　利用黄金交叉来买入

黄金交叉出现在上涨初期，由两根移动平均线组成，一根时间短的均线由下向上穿过一根时间长的均线，并且时间长的均线是向上移动的。黄金交叉的图形如图 14.7 所示。

（a）变化图形1　　（b）变化图形2　　（c）变化图形3

图14.7　黄金交叉

　　股价经过大幅下跌后，出现黄金交叉，这就是一个明显的见底信号，投资者可以积极做多。在黄金交叉中，两线交叉的角度越大，见底信号越明显。在图14.7中，（c）的见底信号最强，其次是（b），见底信号最差的是（a）。

　　如图14.8所示的是泰格医药（300347）2020年10月12日至2021年1月25日的日K线。

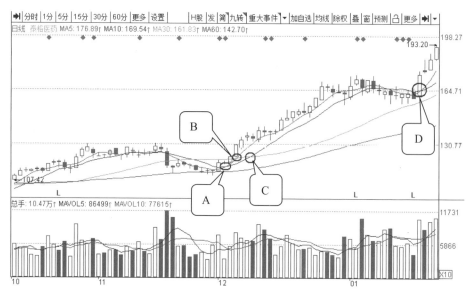

图14.8　泰格医药（300347）2020年10月12日至2021年1月25日的日K线

　　泰格医药（300347）的股价在明显的上涨行情中，出现了回调，经过10个交易日的回调，正好回调到60日均线附近，股价开始企稳。

　　在A处，股价一根中阳线站上5日和10日均线，然后股价继续小阳线上涨，这时5日均线上穿10日均线，即出现第一个黄金交叉，这是一个买入信号，如果手中有该股筹码，则可以继续持有，如果没有该股票筹码，则可以买入该股票。

　　随后股价继续上涨，在B处出现了第二个黄金交叉，即5日均线上穿10日均线。接着股价继续上涨，在C处出现了第三个黄金交叉，即10日均线上穿30日均线。

A、B、C 处，都是买入信号。只不过 C 处的买入成本最高，B 处次之，A 处成本最低。

随后股价继续沿着 5 日和 10 日均线上涨，及时买进的投资者盈利丰厚。

经过一波上涨之后，股价再次回调，注意这一波回调空间很小，仅仅回调到 30 日均线附近就企稳了，然后在 D 处，再度出现黄金交叉，即 5 日均线上穿 10 日均线，这是一个新的买入信号，投资者在 D 处仍可以继续买进该股票。

从其后走势可以看出，及时介入的投资者，短时间就会有不错的盈利。

14.2.2 利用首次和再次黏合向上发散形来买入

首次黏合向上发散形可以出现在下跌后横盘末期，也可以出现在上涨后横盘末期，几根黏合在一起的均线同时以喷射状向上发散。首次黏合向上发散的图形如图 14.9 所示。

在首次黏合向上发散形中，黏合时间越长，则向上发散的力度越大，还要注意在向上发散时，要有成交量的支持，否则均线系统刚发散又会重新黏合，股价上升也会昙花一现。此外，在黏合向上发散初期买进风险较小，越到后面风险越大。还有一点要注意，当均线发散时，距离越大，则回调风险越大，如 5 日均线与 30 日均线距离大，一般都会回调。

再次黏合向上发散形，即第二次黏合向上发散形，少数情况下也有第三次、第四次，它们的技术特征是相同的。再次黏合向上发散形的图形如图 14.10 所示。

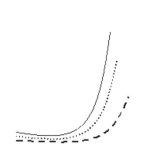
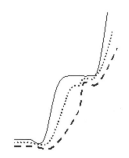

图14.9 首次黏合向上发散形　　　　图14.10 再次黏合向上发散形

首次黏合向上发散形的出现，说明第一次向上发散，是过去积弱太久或主力做盘故意打压，经过调整后，多方又发动一次进攻，即再次发散，这时是投资者买入的机会，买入后成功机会将很大。

如图 14.11 所示的是同仁堂（600085）2021 年 2 月 8 日至 2021 年 5 月 27 日的日 K 线。

同仁堂（600085）的股价在明显的上涨行情中，经过一波上涨之后，出现了回调，在 A 处，5 日、10 日、30 日均线黏合，这表明股价面临着变盘。一旦股价上攻，就会向上发散，即出现一波上涨行情，所以这时要重点关注。

从其后走势可以看出，均线黏合之后，股价一根中阳线向上突破，随后股价开始沿着 5 日均线上涨，所以如果投资者手中有该股票筹码，则继续持有，如果投资者还没有该股票筹码，则可以沿着 5 日均线继续买入。

股价经过一波上涨之后，再度横盘整理，然后在 B 处再度出现均线黏合，所以这里也要重点关注，一旦向上突破，均线向上发散，新的买入机会就来了。

从其后走势可以看出，股价在 B 处黏合，一根中阳线向上突破，开始了一波上涨行情。手中有多单的投资者，可以继续持有；没有多单的投资者，可以沿着 5 日均线继续买入，短时间就会有不错的投资收益。

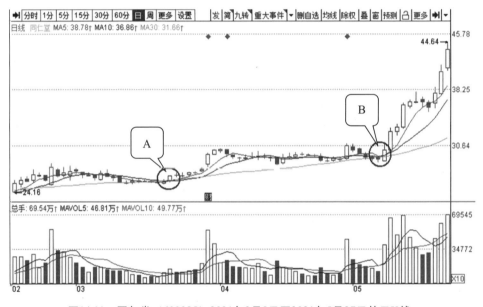

图14.11　同仁堂（600085）2021年2月8日至2021年5月27日的日K线

14.2.3 均线买入的技术陷阱

如果股价已经经过长时间的大幅上涨，然后在高位震荡，这时均线出现黄金交叉或黏合向上发散，只可轻仓跟随，并且要万分小心，一有不好信号就要及时出局，否则就会被主力套在高位。

如图 14.12 所示的是赣锋锂业（002460）2020 年 12 月 18 日至 2021 年 3 月 8 日的日 K 线。

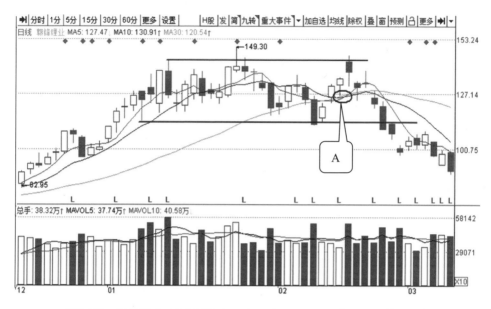

图14.12　赣锋锂业（002460）2020年12月18日至2021年3月8日的日K线

赣锋锂业（002460）的股价经过长时间、大幅度上涨之后，在高位震荡，这时再出现均线黏合，仍可以关注做多机会，但一定要注意，一旦有不好信号，要及时出局。

在A处，均线再度黏合，然后一根中阳线向上突破，这表明股价有可能继续上涨一波，所以这时可以买入，但投资者要明白，这里是高位，一旦股价没有按预期走，要第一时间卖出。从其后走势可以看出，股价沿着均线仅上涨2个交易日，然后就出现低开回调，虽然没有跌破均线，但也可以看出已经上涨无力。随后股价低开跌破5日、10日和30日均线，均线黏合向下发散，所以投资者要及时卖出手中的股票筹码，否则就会越套越深。

如果股价处于明显的下跌趋势中，均线出现黄金交叉或黏合向上发散，最好是多看少动。投资者为了怕错过行情，可以轻仓跟随，一旦有不好信号就快速出局观望。

如图14.13所示的是乐普医疗（300003）2020年7月9日至2020年12月24日的日K线。

乐普医疗（300003）的股价经过长时间、大幅度上涨之后，创出46.96元高点，然后在高位震荡。股价在高位震荡后，一根中阴线跌破5日、10日和30日均线，这样股价就进入震荡下跌行情。

在明显的震荡下跌行情中，股价经过一波下跌之后，有所反弹，这时就会出现均线的黄金交叉，如A、B、C、D、E和F处，这些位置短线高手虽然可以轻仓做多，但一旦有不好信号，就要及时卖出，否则就会被套在半山腰。

总之，在下跌趋势中，如果想参与反弹行情，一定要轻仓，并且见好就收，千万不能有被套就死扛的想法。

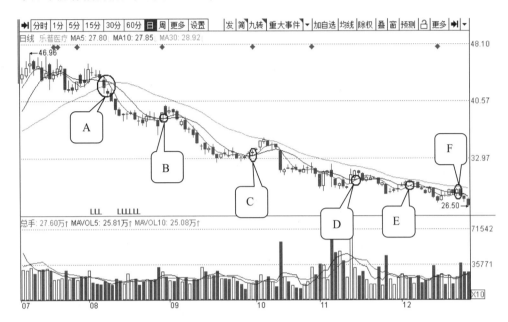

图14.13　乐普医疗（300003）2020年7月9日至2020年12月24日的日K线

14.3　利用均线和K线卖出实战分析

下面讲解如何利用均线和K线卖出手中的股票筹码。

14.3.1　利用死亡交叉和死亡谷来卖出

死亡交叉出现在下跌初期，由两根移动平均线组成，一根时间短的均线由上向下穿过一根时间长的均线，并且时间长的均线是向下移动的。死亡交叉的图形如图14.14所示。

股价经过大幅上涨后，出现死亡交叉，这就是一个明显的见顶信号，投资者可以积极做空。在死亡交叉中，两线交叉的角度越大，见顶信号越明显。在图14.14中，（c）的见顶信号最强，其次是（b），见顶信号最差的是（a）。

📶提醒：如果在周K线或月K线中出现死亡交叉，见顶信号就更明显，并且会有一段较大的跌幅，投资者清仓出局为妙。

死亡谷出现在下跌初期，由三根移动平均线交叉组成，形成一个尖头向下的不规则三角形。死亡谷的图形如图 14.15 所示。

（a）变化图形 1　　（b）变化图形 2　　（c）变化图形 3

图14.14　死亡交叉　　　　　　　　　图14.15　死亡谷

在死亡谷形成过程中，尖头向下的不规则三角形的出现，表明空方力量积聚了相当大的杀跌能量，是一个见顶信号，投资者见此信号还是逃跑为妙，如果逃不及，会弄得遍体鳞伤。死亡谷见顶信号要比死亡交叉强。

如果股价已经经过较长时间较大幅度的上涨，然后在高位震荡，在震荡过程中出现了死亡交叉和死亡谷，一定要及时出局，否则就会被深套。

如图 14.16 所示的是金龙鱼（300999）2020 年 12 月 25 日至 2021 年 3 月 24 日的日 K 线。

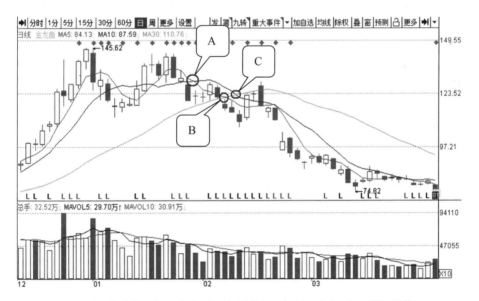

图14.16　金龙鱼（300999）2020年12月25日至2021年3月24日的日K线

金龙鱼（300999）的股价经过几波上涨之后，创出 145.62 元高点，然后开始在高位震荡。

在 A 处，5 日均线下穿 10 日均线，即出现死亡交叉，这是一个不好的信号，最好减仓或清仓出局观望。

随后股价继续下跌，在 B 处，股价跌破了 30 日均线，并且 5 日均线下穿 30 日均线，又一次出现死亡交叉，如果还没有出局的话，现在最好及时出局。

股价继续下跌，10 日均线下穿 30 日均线，即 C 处，到这时，A、B 和 C 就组成了死亡谷，在这里就不要再心存幻想了，一定要果断止盈或止损出局。

股价虽有反弹，但没有突破 30 日均线压制，这是最后的卖出机会，如果在这里投资者还没有认识到股价已经转势，即由上升趋势已转为下跌趋势，并且是下跌初期，那么其后必然被深套。

如果股价处在明显的下跌行情中，出现了反弹，在反弹的末端出现了死亡交叉和死亡谷，也要果断地出局观望，否则也会被套在半山腰。

如图 14.17 所示的是华海药业（600521）2020 年 8 月 17 日至 2021 年 4 月 12 日的日 K 线。

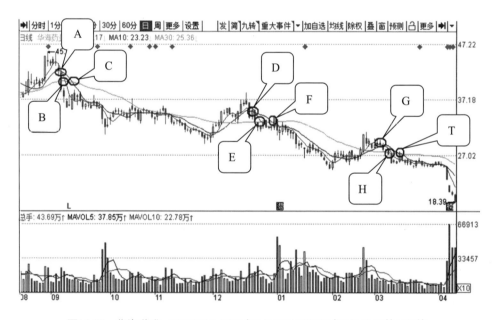

图14.17　华海药业（600521）2020年8月17日至2021年4月12日的日K线

华海药业（600521）的股价经过长时间、大幅度上涨之后，创出 45.70 元高点，随后股价在高位略震荡之后，就开始下跌。

在 A 处，5 日均线下穿 10 日均线，即出现死亡交叉，这是一个不好的信号，最好减仓或清仓出局观望。

随后股价继续下跌，在 B 处，股价跌破了 30 日均线，并且 5 日均线下穿 30 日均线，又一次出现死亡交叉,如果还没有出局的话,现在最好及时出局。

股价继续下跌,10 日均线下穿 30 日均线,即 C 处,到这时,A、B 和 C 就组成了死亡谷,在这里就不要再心存幻想了,一定要果断止盈或止损出局。

股价经过一大波下跌之后,出现了反弹,在反弹末端先是出现一根带有长上影线的中阴线,然后一根大阴线跌破 5 日和 10 日均线。随后在 D 处,5 日均线下穿 10 日均线,即出现死亡交叉,投资者抄底多单要清仓出局了。

在 E 处,股价跌破了 30 日均线,并且 5 日均线下穿 30 日均线,又一次出现死亡交叉。在 F 处,10 日均线下穿 30 日均线,到这时,D、E 和 F 就组成了死亡谷,在这里就不要再心存幻想了,一定要果断出局,否则就会被套在半山腰。

股价经过一波下跌之后,再度反弹,反弹结束后,在 G 处,5 日均线下穿 10 日均线;在 H 处,5 日均线下穿 30 日均线;在 T 处,10 日均线下穿 30 日均线,到这时,G、H 和 T 就组成了死亡谷,在这里就不要再心存幻想了,一定要果断出局,否则就会被套在半山腰。

14.3.2 利用首次和再次黏合向下发散形来卖出

首次黏合向下发散形可以出现在上涨后横盘末期,也可以出现在下跌后横盘末期,几根黏合在一起的均线同时以喷射状向下发散。首次黏合向下发散的图形如图 14.18 所示。

在首次黏合向下发散形中,黏合时间越长,则向下发散的力度越大。还要注意在向下发散时,如果成交量放大,则情况更加不妙,还是止损离场为好。

再次黏合向下发散形,即第二次黏合向下发散形,少数情况下也有第三次、第四次,它们的技术特征是相同的。再次黏合向下发散形的图形如图 14.19 所示。

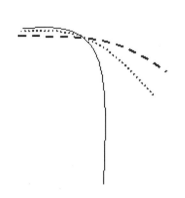
图14.18　首次黏合向下发散形

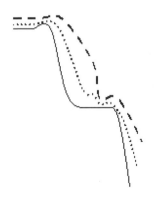
图14.19　再次黏合向下发散形

如果股价已经经过较长时间较大幅度的上涨，然后在高位震荡，在震荡过程中出现了首次和再次黏合向下发散，一定要及时出局，否则就会被深套。

如图14.20所示的是老百姓（603883）2020年12月31日至2021年7月7日的日K线。

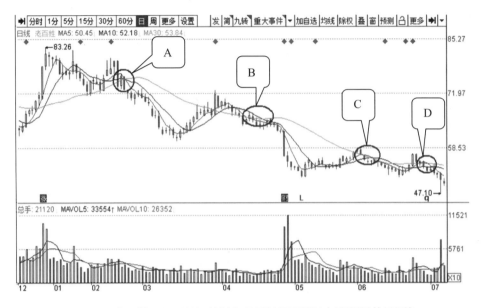

图14.20　老百姓（603883）2020年12月31日至2021年7月7日的日K线

老百姓（603883）的股价经过一波上涨，创出83.26元高点，然后在高位震荡，在高位震荡之后，在A处出现了均线的黏合，即第一次黏合。注意股价跌破了所有均线，所以手中还有该股筹码的投资者要及时卖出。

经过一波下跌之后，股价出现了反弹，反弹结束后，在B处出现了第二次均线黏合，这也是卖出信号，抄底的多单要及时卖出。

同理，C处出现第三次均线黏合，D处出现第四次均线黏合，都是卖出信号，抄底多单要及时卖出。

14.3.3　均线卖出的技术陷阱

如果股价已经经过长时间的大幅下跌，探明了底部区域，开始震荡上涨，并且上涨幅度不大，这时均线出现死亡交叉或死亡谷，也不要害怕。短线投资者可以减仓应对风险，而中线投资者可以持仓不动。

如图 14.21 所示的是道森股份（603800）2020 年 12 月 7 日至 2021 年 7 月 9 日的日 K 线。

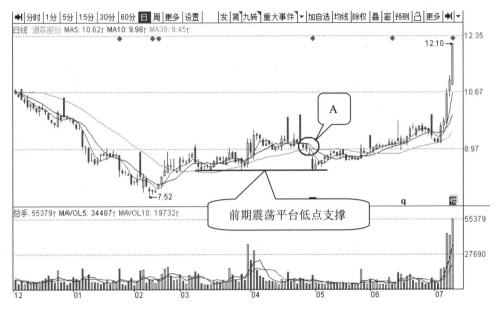

图14.21　道森股份（603800）2020年12月7日至2021年7月9日的日K线

道森股份（603800）的股价经过长时间、大幅度下跌之后，创出 7.52 元低点，然后开始震荡盘升。需要注意，刚开始上涨，上涨时间虽然很长，但上涨幅度很小。经过一段时间上涨之后，股价出现了回调，在 A 处出现死亡谷看空信号，短线投资者可以卖出手中的股票筹码，等低点再接回；中线看好该股其后走势的投资者可以耐心持有，因为股价已探明底部，并且上涨幅度很小。

从其后走势来看，股价回调到前期震荡平台的低点附近，再度得到支撑，然后股价继续震荡盘升，最后开始快速上涨，这样中线持有的投资者往往会有较大的盈利。

如果股价处于明显的上升趋势中，这时均线出现死亡交叉或死亡谷，不要太恐慌，要认真分析一下，是主力在洗盘，还是出货。只要上升趋势保持完好，就可以耐心持仓。

如图 14.22 所示的是比亚迪（002594）2020 年 10 月 9 日至 2021 年 1 月 25 日的日 K 线。

比亚迪（002594）的股价经过一波上涨之后，出现了矩形横盘整理，在这种整理行情中，只要股价不跌破下方的支撑线，中线多单就可以耐心持有。

在矩形横盘整理过程中，出现了死亡谷看空信号，即 A 处。这时不要过分害怕，只要不跌破矩形的下方支撑线，耐心持有即可。

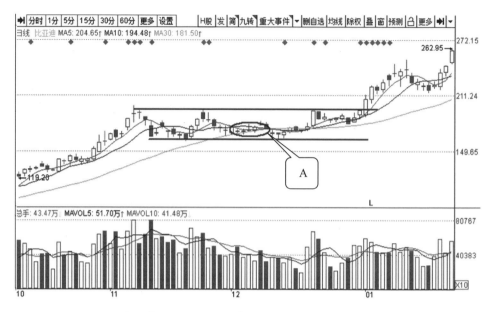

图14.22　比亚迪（002594）2020年10月9日至2021年1月25日的日K线

从其后走势可以看出，股价横盘整理之后，实现了向上突破，又开始了新的一波上涨行情，所以中线持有的投资者往往会有较大的投资收益。

14.4　葛兰碧的均线买卖八法则

葛兰碧的"均线买卖八法则"分为两类，即四大买入法则和四大卖出法则，下面通过实例具体进行讲解。

14.4.1　四大买入法则

第一买入法则：均线从下降状态开始走平，同时股价从平均线下方突破平均线时，为买进信号，如图14.23所示。A处阳线就是一个不错的买点。

> 📶 提醒：采用的均线，一般为5日、10日、20日、30日、60日等，日数越多，画出的曲线越平滑，日数越少，画出的曲线越陡。这里用的是20日均线。

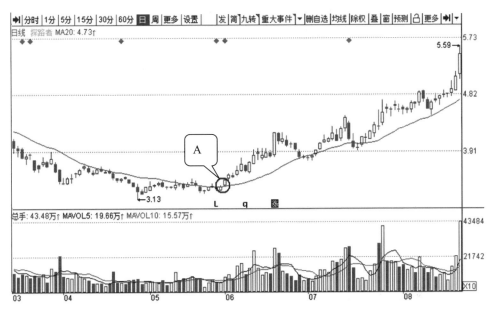

图14.23　探路者（300005）2020年3月16日至2020年8月21日的日K线

第二买入法则：股价下穿均线，而均线仍在上行，不久股价又回到均线之上时，为买进信号，如图 14.24 所示。A 处阳线就是一个不错的买入点。

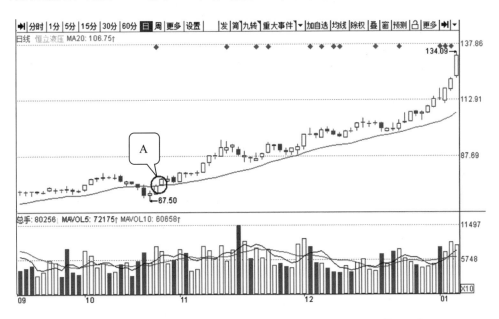

图14.24　恒力液压（601100）2020年9月16日至2021年1月7日的日K线

第三买入法则：股价原在均线之上，现股价突然下跌，但未跌破均线又上升时，为买进信号，如图 14.25 所示。A 处阳线就是不错的买入点。

图14.25　西藏药业（600211）2021年1月25日至2021年5月14日的日K线

第四买入法则：股价原在均线之上，突然暴跌，从而远离均线，物极必反，是买进时机，如图 14.26 所示。A 处阳线就是不错的买入点。

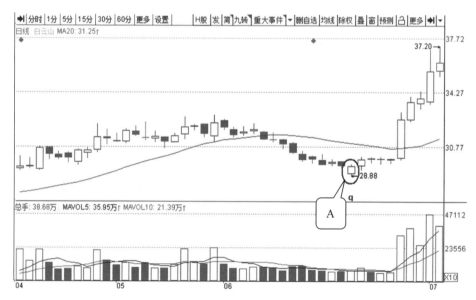

图14.26　白云山（600332）2021年4月28日至2021年7月2日的日K线

14.4.2 四大卖出法则

第一卖出法则：均线从上升状态开始走平，同时股价从均线上方向下跌破均线时，为卖出信号，如图 14.27 所示。A 处阴线就是一个不错的卖出点。

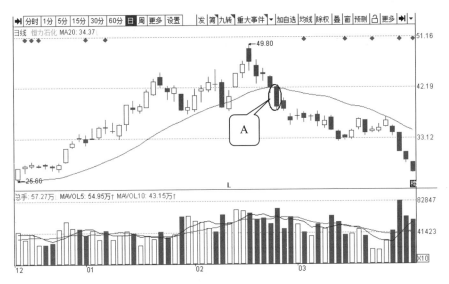

图14.27　恒力石化（600346）2020年12月24日至2021年3月24日的日K线

第二卖出法则：股价上穿均线，而均线仍在下行，不久股价又回到均线之下时，为卖出信号，如图 14.28 所示。A 处阴线就是一个不错的卖出点。

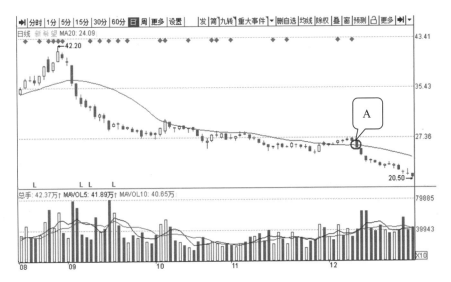

图14.28　新希望（000876）2020年8月21日至2020年12月25日的日K线

第三卖出法则：股价原在均线之下，现股价突然上涨，但未涨到均线处又开始下跌时，为卖出信号，如图14.29所示。A处阴线就是一个不错的卖出点。

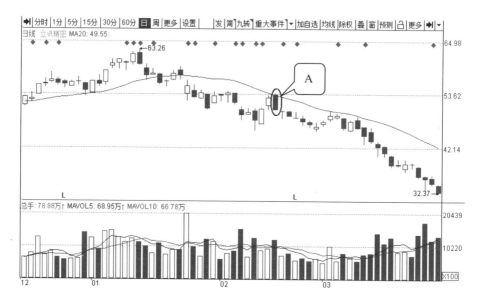

图14.29　立讯精密（002475）2020年12月21日至2021年3月24日的日K线

第四卖出法则：股价原在均线之上，现突然暴涨而远离均线时，物极必反，是卖出信号，如图14.30所示。A处大阳线就是不错的卖出点。

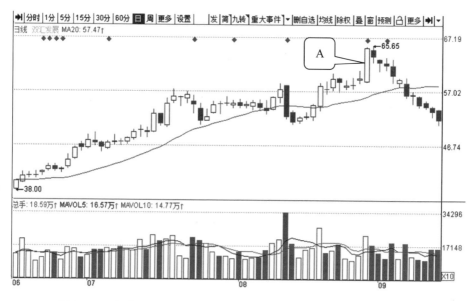

图14.30　双汇发展（000895）2020年6月12日至2021年9月14日的日K线

第 15 章

K 线与趋势实战分析

　　在实战操作中，顺势而为是散户操作的灵魂。追随市场大的趋势，而不能看不到趋势，更不能逆势操作；同时在趋势的发展过程中，要根据行情的发展，注意把握趋势的节奏，既要"权死生之机"，又要"辨动静之理"。本章首先讲解趋势的基础知识，即趋势的定义、方向；其次讲解 K 线与趋势线买入、K 线与趋势线卖出、K 线与通道线、K 线与黄金分割线实战分析。

15.1 趋势概述

　　股市行情有起有伏，股价有涨有跌，但趋势是行情的方向，把握了趋势就等于把握了行情的主线；节奏是趋势的韵律，把握了节奏就等于把握了趋势的脉搏。抓住趋势、把握节奏是每个投资者在股市征程中不得不面临的技术难题，这是股市投资战斗力的源泉。

> 📶 提醒：对于趋势和节奏准确而敏锐的感觉和把握，必须来自殚精竭虑的思考，必须来自千万次的实战经验。

15.1.1 趋势的定义

　　趋势是指股市何去何从的方向，更确切地说，趋就是未来股价运动的方向，势就是未来股价在运动方向上的力量。

　　趋势的形成是由于股票市场中参与的人和资金都是大规模的数据，一旦上升趋势或下降趋势形成，就将延续，直到被新的趋势所代替。

　　任何一支股票在不同时期都会沿着一定的趋势持续运行，所以通过趋势分析，可以预测和判断未来股价的走势，投资者只要根据具体情况采取适宜的、高效的投资策略，从而把握一些大机会，少犯一些原则性错误，即可成为股市中的大赢家。

15.1.2 趋势的方向

　　趋势具有三种方向，分别是上升、水平趋势和下降。很多投资者习惯性地认为股市只有两种趋势方向，要么上升，要么下降。但实际上，还有一种横向盘整，据统计至少有 1/3 的时间，股价处于横向盘整之中，对于这一点投资者一定要注意。

　　（1）上升趋势

　　如果随着时间的推移，K 线图中的每个价格高点依次上升，每个价格低点也依次上升，那么这种价格运动趋势就是上升趋势，即每当价格回调时，还没有等到跌到前一次的低点时，买家就迫不及待地涌入，推动价格继续上涨；而当价格临近前一次高位时，买家又毫不犹豫地持续买入，使价格再创新高。如此来回几次，便形成一系列依次上升的波峰和波谷，这是牛市特征。

　　（2）水平趋势

　　水平趋势又称横向盘整趋势，即随着时间的推移，K 线图中的股价没有创出新高，也没有创出明显的新低，基本上就是在两条水平线之间做折返运动。这种趋势不适合判断未来的股价运动方向，股价只有突破上面的水平压力线或下面的水平支撑线时，才能使我们看到市场真正的运动方向，这就是"牛皮市特征"。

（3）下降趋势

如果随着时间的推移，K 线图中的每个价格高点依次下降，每个价格低点也依次下降，那么这种价格运动趋势就是下降趋势，即每当价格反弹时，还没有等涨到前一次的高点时，卖家就迫不及待地抛售，促使价格回落；而当价格临近前一次低点时，卖家又毫不犹豫地卖出，使价格再创新低。如此来回几次，便形成一系列依次下降的波峰和波谷，这是熊市特征。

如图 15.1 所示的是上证指数（000001）2018 年 2 月 2 日至 2019 年 12 月 27 日的周 K 线，在这里可以看到上升趋势、水平趋势和下降趋势。

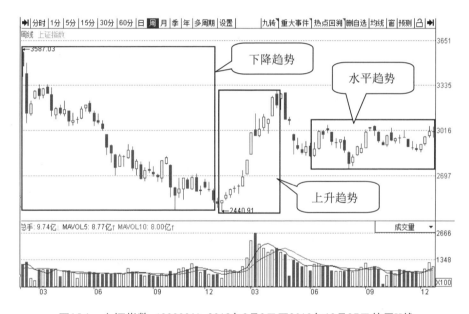

图15.1　上证指数（000001）2018年2月2日至2019年12月27日的周K线

15.2　K线与趋势线买入实战分析

在分析趋势时，常常通过绘制趋势线来进行分析。画趋势线是衡量趋势发展的手段，通过趋势线的方向可以明确地看到价格的发展方向。

15.2.1　趋势线的定义

趋势线的绘制方法很简单，在上升趋势中，将两个明显的反转低点连成一条直线，就可以得到上升趋势线，上升趋势线起支撑作用；在下降趋势中，将两个明显的反转高点连成一条直线，就可以得到下降趋势线，下降趋势线起阻力作用，如图 15.2 所示为上证指数的上升趋势线和下降趋势线。

图15.2　上证指数的上升趋势线和下降趋势线

从方向上来说，趋势线分为上升趋势线和下降趋势线。上升趋势线预示股价或指数的趋势是向上的；下降趋势线预示股价或指数的趋势是向下的。

从时间上来说，趋势线分为长期趋势线、中期趋势线和短期趋势线。

第一，长期趋势线是连接两大浪的谷底或峰顶的斜线，时间跨度为几年，它对股市的长期走势将产生巨大影响。

第二，中期趋势线是连接两中浪的谷底或峰顶的斜线，时间跨度为几个月，甚至一年以上，它对股市的中期走势将产生巨大的影响。

第三，短期趋势线是连接两小浪的谷底或峰顶的斜线，时间跨度不超过 2 个月，通常只有几个星期，甚至几天时间，它对股市的走势只会产生短暂影响。

15.2.2　利用上升趋势线买入

上升趋势形成后，股价将沿着上升趋势线向上运行，在运行过程中，股价可能会有短时间的回调，很多时候会回落至趋势线附近，这时投资者如果利用少量资金及时跟进，然后再顺势加仓，常常会有相当不错的收益。

如图 15.3 所示的是宏发股份（600885）2021 年 2 月 22 日至 2021 年 7 月 12 日的日 K 线。宏发股份（600885）的股价经过一波快速下跌之后，创出 45.00 元低点，然后开始震荡盘升。

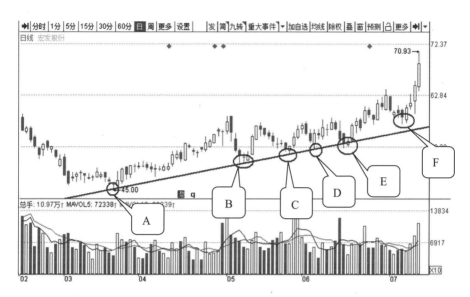

图15.3　宏发股份（600885）2021年2月22日至2021年7月12日的日K线

利用 A 和 B 处的两个低点绘制一条上升趋势线。在 C 处，股价连续小幅回调 8 个交易日，正好回调到上升趋势线，所以 C 处是不错的买入点。股价在 C 处企稳后，连续上涨 3 个交易日，正好上涨到前期高点附近，短线高手可以止盈。随后股价再度回调，再度回调到上升趋势线附近企稳，即 D 处，所以 D 处又是新的买入位置。股价在 D 处企稳后，再度上涨，上涨到前期高点附近，短线高手仍可以止盈。股价再度回调，回调到上升趋势线附近，即 E 处，所以 E 处仍是一个不错的买入点。随后股价开始震荡上涨，突破了前期高点附近的压力，但接着再度回调。注意这一波没有回调到上升趋势线，而是在其上方止跌，这就要根据 K 线技术来操作了，所以 F 处是一个买入点，从其后走势可以看出，F 处企稳后，开始一波快速上涨，也是盈利最丰厚的一段时间。

15.2.3　利用下降趋势线买入

如果股价处在明显的下降趋势中，即股价一直处在长期下降趋势线下方运行，最好的操作策略是不要碰这支股票，耐心观察这支股票什么时候能有效突破长期下降趋势线，一旦突破，则需要重点关注，然后逢低买进，就可以轻松实现赢利。

如图 15.4 所示的是川恒股份（002895）2021 年 2 月 9 日至 2021 年 7 月 12 日的日 K 线。

图15.4　川恒股份（002895）2021年2月9日至2021年7月12日的日K线

川恒股份（002895）的股价从 43.00 元开始下跌，用了 4 年多的时间下跌到 9.60 元，下跌幅度高达 77.67%。

川恒股份（002895）的股价创出 9.60 元低点之后，在低位又盘整十几个交易日，然后一根中阳线向上突破，突破了下降趋势线，即 A 处，这意味着下跌行情要结束了，新的上涨行情要开始了。

A 处突破了下降趋势线，所以 A 处是一个比较好的买入点。随后股价开始震荡盘升，虽然刚开始上涨得很慢，但主力在低位吸筹完毕后，就开始快速拉升。所以在 A 处买进的投资者，只要拿住手中的筹码，往往都会有巨大的投资收益。

如果股价已处于明显的上升趋势中，然后出现了回调，回调后股价又突破了中期下降趋势线，那么这也是相当不错的加仓点。

如图 15.5 所示的是通威股份（600438）2020 年 4 月 28 日至 2020 年 12 月 25 日的日 K 线。

通威股份（600438）的股价在明显的上涨行情中，如果出现回调，正好回调到上升趋势线附近，就是新的买入点，所以 A 和 C 处都是不错的买入点。

股价回调可以绘制出下降趋势线，当股价突破下降趋势线时，也是不错的买入点，所以 B 和 D 处也是较好的买入点。

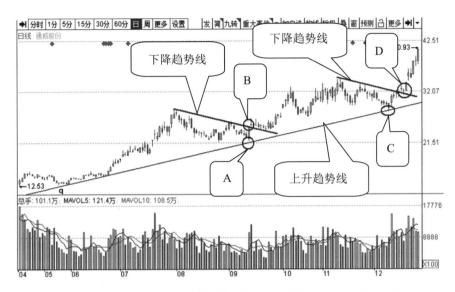

图15.5　通威股份（600438）2020年4月28日至2020年12月25日的日K线

15.3　K线与趋势线卖出实战分析

前面讲解了如何利用 K 线和趋势线买入股票，下面来讲解如何利用 K 线与趋势线卖出股票。

15.3.1　利用上升趋势线卖出

如果股价已经经过长时间的大幅上涨，然后在高位震荡，并在震荡中跌破了上升趋势线的支撑，一定要及时出局观望，否则就会损失惨重。

如图 15.6 所示的是恒立液压（601100）2020 年 11 月 27 日至 2021 年 5 月 10 日的日 K 线。

恒立液压（601100）的股价经过长时间、大幅度上涨之后，创出 137.66 元高点，然后在高位震荡。在高位震荡的末端，又开始拉高。投资者一定要明白，这是在高位拉升，很可能是主力在诱多。但为了不错过行情，在这里可以轻仓跟进，但心中要明白，一有不好信号，就要出局，即短线思维。

股价上涨到前期高点附近，收了一根大阴线，并且跌破了上升趋势线，即 A 处，这意味着这一波反弹结束，所以高位进的筹码，要及时卖出。

随后股价继续大跌，并且在 B 处跌破双顶的颈线，这意味着股价双顶形成，要开始新的大跌行情，所以要果断卖出手中的所有筹码，否则就会被深套。

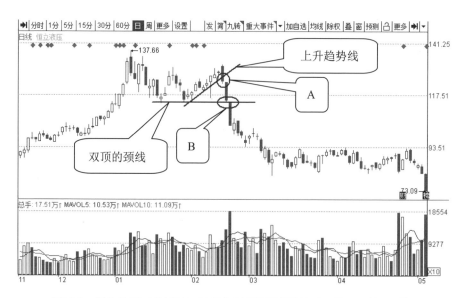

图15.6　恒立液压（601100）2020年11月27日至2021年5月10日的日K线

如果股价处在明显的下降趋势中，出现了反弹，而且参与了反弹行情，一旦股价跌破上升趋势线，要及时出局观望。

如图 15.7 所示的是安车检测（300572）2020 年 8 月 21 日至 2021 年 5 月 13 日的日 K 线。

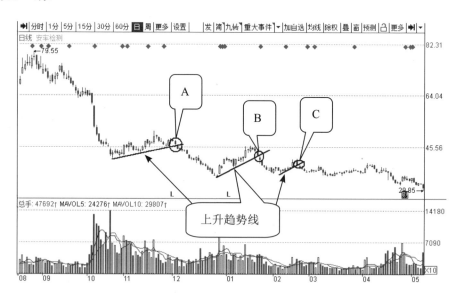

图15.7　安车检测（300572）2020年8月21日至2021年5月13日的日K线

安车检测（300572）的股价经过长时间、大幅度上涨之后，创出 79.55 元高点，然后高位略做震荡，就开始下跌。

股价经过一大波下跌之后，开始震荡反弹。在明显的下跌行情中，股价出现反弹，可以轻仓参与，但股价一旦跌破上升趋势线，就要果断卖出手中的筹码，即 A、B、C 处都要坚决卖出手中的筹码。

15.3.2 利用下降趋势线卖出

股价经过大幅上涨，然后在高位震荡出局后，就开始快速下跌，再反弹，但反弹高点一次比一次低，就形成下降趋势。连接两个关键高点，就可以绘制一条下降趋势线。

如图 15.8 所示的是凯利泰（300326）2020 年 10 月 12 日至 2021 年 2 月 1 日的日 K 线。

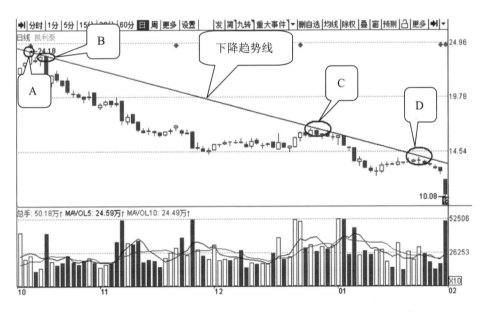

图15.8　凯利泰（300326）2020年10月12日至2021年2月1日的日K线

凯利泰（300326）的股价经过一波反弹，创出 24.18 元高点，然后开始下跌。连接 A 和 B 两个高点，就可以绘制下降趋势线。

在 C 处和 D 处，股价在反弹中高点都受到下降趋势线的压制，即股价没有突破下降趋势线，所以 C 和 D 处都是不错的卖出时机。

15.4 K线与通道线实战分析

通道线又称管道线，是在趋势线的反方向上面画一根与趋势线平行的直线，且该直线穿越近期价格的最高点或最低点。这两条线将价格夹在中间运行，有明显的管道或通道形状。

如图15.9所示的是上证指数（000001）2020年10月28日至2021年3月15日的日K线。

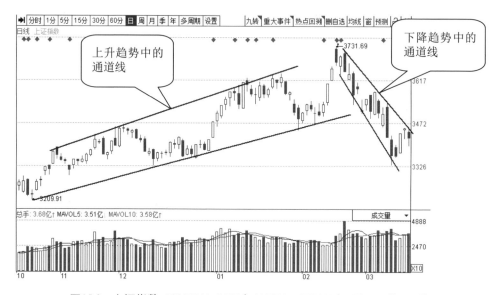

图15.9　上证指数（000001）2020年10月28日至2021年3月15日的日K线

通道线的主要作用是限制价格的变动范围，让它不能变得太离谱。通道线一旦得到确认，那么价格将在这个通道里变动。如果通道线一旦被价格有效突破，往往意味着趋势将有一个较大的变化。当通道线被价格突破后，趋势上升的速度或下降的速度就会加快，而出现新的价格高点或低点，原有的趋势线就会失去作用，要重新依据价格新高或新低画趋势线和管道线。

在明显的上升趋势中，价格上涨到通道线的上边压力线时，可以减仓，然后等回调到通道线的下边支撑线时再加仓。

如图15.10所示的是歌力思（603808）2020年12月9日至2021年7月13日的日K线图。

歌力思（603808）的股价经过长时间、大幅度下跌之后，创出12.19元低点，随后股价开始震荡上涨，这样可以利用A和B两点来绘制通道线的下边线，利用D和F两点绘制通道线的上边线。

这样，C、E、G、H、K、N 处都是较好的加仓点，而 J、L、M 和 X 处都是较好的减仓点。

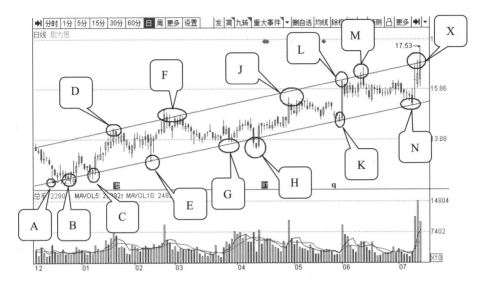

图15.10　歌力思（603808）2020年12月9日至2021年7月13日的日K线

通道线被价格突破后，往往不会发生价格反抽现象，即通道线起不到支持回抽运动的作用。当价格突破通道线后，要么一飞冲天，要么迅速跌回趋势通道中，而不会在通道线附近做任何停留。图 15.10 中的 F 和 M 点都是突破管道线后，迅速跌回趋势通道中。

如图 15.11 所示的是同仁堂（600085）2020 年 12 月 18 日至 2021 年 5 月 28 日的日 K 线，其股价突破管道线后一飞冲天。

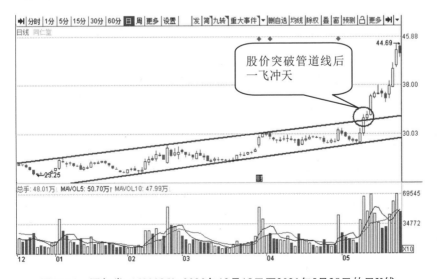

图15.11　同仁堂（600085）2020年12月18日至2021年5月28日的日K线

在下降趋势中，价格上涨到通道线的上边压力线时，要果断出局，然后等回调到通道线的下边支撑线时尽量不加仓，如果是快速下跌，可以利用少量资金搏反弹。

如图 15.12 所示的是鹏鼎控股（002938）2020 年 11 月 20 日至 2021 年 5 月 10 日的日 K 线。

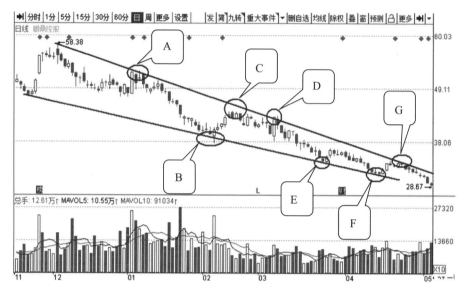

图15.12　鹏鼎控股（002938）2020年11月20日至2021年5月10日的日K线

在 A、C、D 和 G 处，即在股价的反弹高点是卖出的好时机，而在 B、E 和 F 处，原则上是不要参与，如果投资者已成为短线高手，则可以利用少量资金做快进快出的反弹行情，不过风险很大，因为下降趋势中的通道线往往起不到支撑作用，常常被价格迅速跌破。

15.5　K线与黄金分割线实战分析

黄金分割是一个古老的数学方法。它的各种神奇的作用和魔力，屡屡在实际中发挥我们意想不到的作用。

15.5.1　什么是黄金分割线

黄金分割线源于一组奇异数字组合，即 1、2、3、5、8、13……任何一个数字都是前两个数字的和，例如：2=1+1，3=2+1，5=3+2；13=8+5。

这一组数字的任一个数字与相邻的后一个数字之比，均趋向于 0.618；而任意一个数字与相邻的前一个数字之比，约等于 1.618。这组数字被称为神秘数字，而 0.618 和 1.618 被称为黄金分割率。

在上涨行情时，投资者关心上涨到什么位置将遇到压力。黄金分割线提供的位置是基点价位乘上特殊数字。假设，基点价格为 10 元，则：

10.00=10×1.000

13.82=10×1.382

15=10×1.500

16.18=10×1.618

20.00=10×2.000

26.18=10×2.618

这几个价位可能成为未来的压力位。其中 16.18、26.18 成为压力线的可能性最大。超过 20 的几条很少用到。如果处在活跃程度很高、股价上下波动较为剧烈的市场，这个方法容易出现错误。

同理，在下降行情时，投资者极为关心下落将在什么位置获得支撑。黄金分割线提供的是如下几个价位，它们是由这次上涨的最高价位分别乘上上面所列特殊数字中的几个数。假设基点价格是 10 元，则：

8.09=10×0.809

6.18=10×0.618

5=10×0.5

3.82=10×0.382

1.91=10×0.191

这几个价位极有可能成为支撑，其中 6.18 元和 3.82 元的可能性最大。

15.5.2 黄金分割线实战分析

如果股价已经经过长时间的大幅下跌，探明底部区域后，开始震荡上升，并且上涨幅度不大，然后出现回调，这时可以利用黄金分割线来预测其回调的位置，从而实现抄短底。

如图 15.13 所示的是航天信息（600271）2021 年 1 月 22 日至 2021 年 4 月 7 日的日 K 线。

航天信息（600271）的股价经过长时间、大幅度下跌之后，创出 10.26 元低点。股价创出低点这一天，收了一根带有长长下影线的锤头线，这是一根见底 K 线。随后几天，股价继续在低点震荡，震荡 4 个交易日后，股价跳空高开，出现了反弹，这一波反弹最高上涨到 11.75 元。

需要注意，股价这一波上涨到 11.70 元附近，就涨不动了，然后在 11.30 元到 11.75 元之间来回震荡，经过十几个交易日的窄幅震荡之后，股价就出现了回调，这一波回调到什么位置可以抄底呢？下面利用黄金分割线来计算。

首先利用最低点 10.26 和最高点 11.75 来绘制黄金分割线，然后就可以看到其重要支撑位，即 0.618（11.18 元）、0.5（11.0 元）、0.382（10.83 元）黄金分割支撑位。

在这里可以看到，股价两根大阴线下跌，回调到 50% 的位置，即 11 元附近。随后在 11 元到 11.18 元之间震荡 4 个交易日，即 A 处，所以 A 处是一个抄底做多的位置。接着股价开始上涨，一根中阳线涨到 80.9%（11.47 元），即 B 处，然后略回调，回调到 61.8%（11.18 元），即 C 处，接着股价继续上涨，突破前期高点。

需要注意，突破前期高点是一根带有上影线的中阳线，最高上涨到 138.2%（12.32 元）附近，即 D 处。股价突破前期高点后，继续上涨，最高上涨到 180.9%（12.95 元）附近，即 E 处。需要注意，股价创出 13.50 元高点后，随后几天出现上涨无力的情况，所以短线高手要注意止盈。

总之，一波上涨行情完成后，开始回调，一般会在 0.5 黄金分割位有支撑，如果支撑无效，一般会找 0.382 黄金分割位。如果是回调，很少会跌破 0.382 黄金分割位，然后开始上涨，上涨过程也许很复杂，但在重要的黄金分割位都会有压力或支撑。

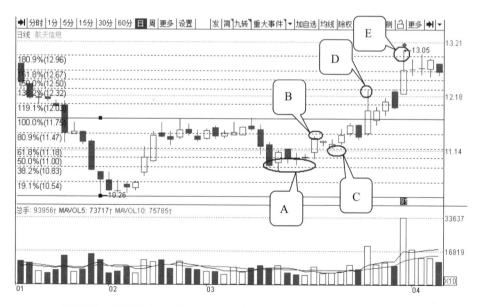

图15.13　航天信息（600271）2021年1月22日至2021年4月7日的日K线

在明显的上升行情中，如果股价出现回调，也可以利用黄金分割线来抄底。

如图 15.14 所示的是隆基股份（601012）2020 年 7 月 20 日至 2021 年 1 月 4 日的日 K 线。

隆基股份（601012）的股价在明显的上涨行情中，经过一波上涨之后，出现了回调，到底回调到什么位置可以抄底，下面利用黄金分割线来计算。

利用 2020 年 8 月 20 日的低点 51.30 元和 10 月 13 日的高点 83.27 元来绘制黄金分割线。

在这里可以看到，股价回调到 50% 附近，即 A 处，出现了反弹。这一波反弹，反弹到 80.9% 附近，即 B 处，震荡近 10 个交易日后，再度下跌回调，正好回调到 38.2% 附近，即 C 处，股价企稳，开始新的一波上涨，所以 C 处是最佳抄底位置。

随后股价开始震荡上涨，虽然上涨速度很慢，但股价的重心在上移，最后在 D 处，股价跳空高开突破前期高点，所以 D 处是一个短线加仓做多位置。

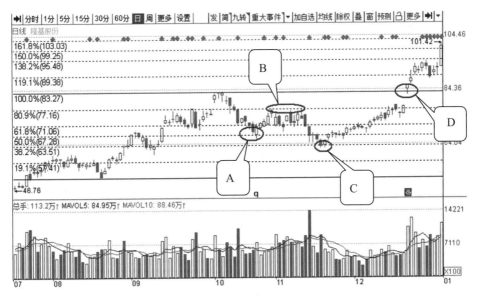

图15.14　隆基股份（601012）2020年7月20日至2021年1月4日的日K线

如果股价处于明显的下跌行情中，下跌过猛，然后出现反弹，这时可以利用黄金分割线预测其反弹的高度。

如图 15.15 所示的是分众传媒（002027）2021 年 2 月 1 日至 2021 年 7 月 5 日的日 K 线。

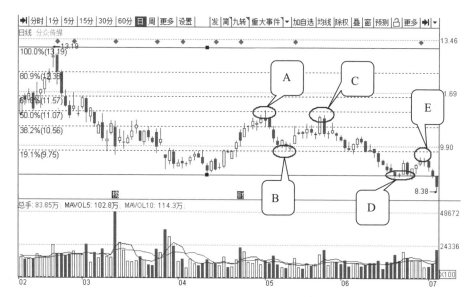

图15.15　分众传媒（002027）2021年2月1日至2021年7月5日的日K线

分众传媒（002027）的股价经过长时间、大幅度上涨之后，创出 13.19 元高点，然后开始下跌，经过连续下跌之后，创出 8.94 元低点。接着股价开始反弹，下面来预测一下其反弹高度。

首先利用高点 13.19 元和低点 8.94 元来绘制黄金分割线。在这里可以看到，股价反弹到 50%（11.07 元）附近，即 A 处，开始受压下行，回调到 19.1%（9.75 元）附近，即 B 处。

股价在 B 处企稳后，再度反弹，但这一波反弹力量有点儿弱，没有再创反弹新高，而是在 C 处，即 50% 以下受压下行，这一波下跌再度回到前期低点（8.94 元）附近，即 D 处。

股价在 D 处企稳后，再度反弹，但这一次反弹更弱，并未反弹到 19.1%（9.75 元），即 E 处，就再度下跌，这一波下跌创出了新低，即开始了新的下跌行情。

总之，每次反弹到 0.382 和 0.5 重要阻力位时，都要特别小心，一旦出现不好信号，就要及时出局观望。

15.5.3　黄金分割线对强势股股性的实战分析

假设一支强势股，上一轮由 10 元涨至 15 元，呈现一种强势，然后出现回调，它将回调到什么价位呢？黄金分割的 0.382 位为 13.09 元，0.5 位为 12.50 元，0.618 位为 11.91 元，这就是该股的三个支撑位。

第一，若股价在 13.09 元附近获得支撑，该股强势不变，后市突破 15 元创新高的概率大于 70%。若创了新高，该股就会运行在第三主升浪中。能上冲什么价位呢？用一个 0.382 价位，即（15 − 13.09）+ 15 = 16.91 元，这是第一压力位；用两个 0.382 价位（15 − 13.09）×2 + 15 = 18.82 元，这是第二压力位；第三压力位为 10 元的倍数，即 20 元。

第二，若该股从 15 元下调至 12.50 元附近才获得支撑，则该股的强势特征已经趋淡，后市突破 15 元的概率只有 50%，若突破，高点一般只能达到一个 0.382 价位，即 16.91 元附近；若不能突破，往往形成 M 头，后市下破 12.50 元颈线位后回到起点 10 元附近。

第三，若该股从 15 元下调至 0.618 位（11.91 元）甚至更低才获得支撑，则该股已经由强转弱，破 15 元新高的概率小于 30%，大多仅上摸下调空间的 0.5 位附近，假设回调至 11.91 元，反弹目标位大约在（15 − 11.91）×0.5 + 11.91 = 13.46 元，然后再行下跌，运行该股的下跌 C 浪。大约跌到什么价位呢？用 11.91 −（15 − 13.09）= 10 元，是第一支撑位，也是前期低点；11.91 −（15 − 13.09）×2 = 8.09 元，是第二支撑位。

15.5.4 黄金分割线对弱势股股性的实战分析

假设一支弱势股上一轮由 40 元跌至 20 元，然后出现反弹，黄金分割线的 0.382 位为 27.64 元；0.5 位为 30 元；0.618 位为 32.36 元。

第一，若该股仅反弹至 0.382 位（27.64 元）附近即遇阻回落，则该股的弱势特性不改，后市下破 20 元创新低的概率大于 70%。

第二，若该股反弹至 0.5 位（30 元）遇阻回落，则该股的弱势股性已经有转强的迹象，后市下破 20 元的概率小于 50%。大多在 20 元之上再次获得支撑，形成 W 底，日后有突破 30 元颈线上攻 40 元前期高点的可能。

第三，若该股反弹至 0.618 位（32.36 元）附近才遇阻回落，则该股的股性已经由弱转强，后市基本可以肯定不会破 20 元前低，更大的可能是回探反弹空间的 0.5 位，假设反弹至 32.36 元，回档目标为（32.36 − 20）×0.5 + 20 = 26.18 元，后市上破 40 元前高的概率大于 50%。第一压力位 40 元，是前高，也是前低 20 元的倍数；第二压力位是 2 浪底，即 26.18 元的倍数 52.36 元。此时该股已经运行在新一上升浪的主升 3 浪中。

> 📶提醒：黄金分割线对具有明显上升或下跌趋势的个股有效，对平台运行的个股无效，一定要加以区别。